Hans Buob

Die Geheime Offenbarung

Eine Auslegung der Geheimen Offenbarung des heiligen Johannes.
Ihre Aktualität für uns und für unsere Zeit.

Hans Buob

Die Geheime Offenbarung

Eine Auslegung der Geheimen Offenbarung des heiligen Johannes. Ihre Aktualität für uns und für unsere Zeit.

UNIO VERLAG

ISBN 978-3-935189-29-3

Bibliografische Information Der Deutschen Bibliothek
Die Deutsche Bibliothek verzeichnet diese Publikation in der Deutschen Nationalbibliografie; detaillierte bibliografische Daten sind im Internet über http://dnb.ddb.de abrufbar.

Hochaltingen, St.-Ulrich-Straße 4, D-86742 Fremdingen
Gestaltung, Layout und Satz: Gernot Stuchlik UAC
Gesamtherstellung: Druckerei Steinmeier, Deiningen

Inhaltsverzeichnis

Vorwort des Autors

Schon in meiner Jugendzeit las ich in der Geheimen Offenbarung und machte mir Gedanken, was manche Aussage, vor allem das eine oder andere Bild, bedeute. Ein Nachmittag ist mir noch lebendig vor Augen. Einer meiner Cousins und ich lasen in unserer Hausbibel die Geheime Offenbarung. Es war während des 2. Weltkrieges. Auf dem Hintergrund des Krieges und der Luftangriffe glaubten wir beide kleine „Forscher" etwas erkannt zu haben. Wir haben es aber ganz für uns behalten als ein Geheimnis. Später suchte ich in verschiedenen Erklärungen hinter das Geheimnis dieser Schrift des Apostels Johannes, meines Namenspatrons, zu kommen. Viele Kommentare sprachen mich nicht an. Erst der Kommentar von Prof. Eduard Schick war für mich schlüssig. „Komm zurück zur ersten Liebe"

Zu einem Jubiläum wurde mir eine Reise auf die Insel Patmos ermöglicht. Dort war der Apostel Johannes viele Jahre in Gefangenschaft. Die Höhle, in welcher er die Offenbarungen empfangen hat, kann heute noch besucht werden.

Dort las ich den Kommentar von Prof. Eduard Schick, betete und meditierte darüber. Anschließend schrieb ich meine gewonnenen Erkenntnisse nieder. Ich erfuhr dabei, dass die Apokalypse ein Trostbuch nicht nur für die damalige Zeit der Verfolgung, sondern gerade auch für unsere Zeit ist.

Von Herzen möchte ich all denen danken, die mit viel Mühe und Zeitaufwand, mir bei der Erstellung dieses Buches geholfen haben.
Herrn Studiendirektor Helmut Arz, der Theologe und Germanist ist, danke ich für seine gute Übertragung vom gesprochenen ins geschriebene Wort; und zum Teil vom Schwäbischen ins Hochdeutsche.

Frau Antonia Egger gilt mein Dank für die Niederschrift des gesprochenen Textes.
Bei Herrn Gernot Stuchlik bedanke ich mich ganz herzlich bei der vielseitigen Unterstützung bei der Produktion des Buches.

Mir ist bei der Arbeit anhand der wunderbaren Texte der Geheimen Offenbarung viel aufgegangen, viel bewusst geworden. Sie ist nicht nur eine Offenbarung für damals oder für unsere Zeit, sondern für alle Zeiten. Ich wünsche, dass dieses Buch für den Leser eine Hilfe ist, den Texten nachzuspüren und das herauszuhören, was ihm hilft seine Zeit zu verstehen.

Pater Hans Buob SAC

Hochaltingen, am Fest des hl. Johannes

I. Komm zurück zur ersten Liebe

Der Eingang zur Geheimen Offenbarung

Offb 1,1–20

Das Hauptthema der Apokalypse ist der zentrale Gegenstand der Verkündigung Jesu in den ersten drei (den sog. synoptischen) Evangelien. Es geht um die Gottesherrschaft, um das Schicksal der Gottesherrschaft (basileia tou theou) in dieser Welt, nicht in der Kirche. Ferner geht es um ihren Sieg in der Geschichte, nicht erst danach. Die Geheime Offenbarung gibt uns zwar immer wieder einen Ausblick auf das Endziel, damit wir das Schwere, was wir bei ihr lesen, verkraften können; gleichsam als einen Trost im tiefsten Sinne. Dadurch wird dann auch die Gottesherrschaft in dieser Welt schon erfahrbar, nicht erst in der kommenden.

Die Bilder

Die Geheime Offenbarung spricht vielfach in Bildern, die zeitloser sind als Worte. Wenn wir Worte lesen, müssen wir sie immer wieder gleichsam übersetzen, weil Sprache sich ständig entwickelt. Ein Bild aber versteht man leichter zu jeder Zeit, wie es gemeint ist, weil Bilder eher bestehen bleiben. Die Apokalypse beginnt in Bildern von dem ewigen Ursprung der Gottesherrschaft zu erzählen. Es geht um deren Begründung inmitten der Menschheitsgeschichte. Das ist die „basileia tou theou", von der Jesus immer wieder spricht, die von Ewigkeit her schon da ist. Darüber hinaus künden diese Bilder auch vom Schicksal der Gottesherrschaft, und zwar in der Weltgeschichte, in der wir jetzt stehen, bis hin zu ihrem endgültigen Durchbruch und ihrem Erscheinen in vollendeter Gestalt auf Erden. Das ist nämlich das Faszinierende, dass diese Herrschaft Gottes irgendwann einmal in der ganzen Welt durchbricht. Denn das ist Gott sich – könnte man sagen – im Grunde schuldig, wenn er die Welt erlöst und seine Herrschaft aufbaut.

Abriss der Heilsgeschichte

Die Geheime Offenbarung nun bietet einen anschaulichen Abriss der gesamten christlichen Heilsverkündigung. Dieses letzte Buch der Heiligen Schrift, also der gesamten Offenbarung Gottes, ist gleichsam der Höhepunkt und der krönende Abschluss des „Ewigen Evangeliums", wie es in Offb 14,6 heißt: *Dann sah ich: Ein anderer Engel flog hoch am Himmel. Er hatte den Bewohnern der Erde ein* ***ewiges Evangelium*** *zu verkünden, allen Nationen, Stämmen, Sprachen und Völkern.* Hier sehen wir, wie wichtig es ist, sich mit diesem Buch zu befassen. Manche meinen, dieses Buch brauche man gar nicht erst zu lesen, das gehöre eigentlich nicht mehr zur Hl. Schrift (und ähnliche Irrtümer).Wir dagegen fragen, was Gott uns in diesem Text offenbaren will, dem Höhepunkt und krönenden Abschluss des „Ewigen Evangeliums", und zwar angefangen von den Verheißungen im Alten Testament bis zu ihrer Erfüllung im Neuen Testament.

Apokalypse: Enthüllung

Betrachten wir zunächst einmal die ersten drei Verse des ersten Kapitels:
Offenbarung Jesu Christi, die Gott ihm gegeben hat, damit er seinen Knechten zeigt, was bald geschehen muss; und er hat es durch seinen Engel, den er sandte, seinem Knecht Johannes gezeigt. Dieser hat das Wort Gottes und das Zeugnis Jesu Christi bezeugt: alles, was er geschaut hat. Selig, wer diese prophetischen Worte vorliest und wer sie hört und wer sich an das hält, was geschrieben ist; denn die Zeit ist nahe.

Dieses letzte Buch des Neuen Testamentes bezeichnet sich selbst als „apokalypsis", das meint: eine Enthüllung, und zwar über Wirklichkeiten, die für den Menschen von Natur aus weder durch Erfahrung noch durch Überlegung erreichbar sind. Es will also etwas aufdecken, was wir nicht wissen können, was wir nur auf dem Weg der Offenbarung erkennen können. Das ist das Ziel. Deshalb ist es verständlich, dass man die Geheime Offenbarung oft nicht versteht. Neutestamentliche Prophetien bezeichnen in erster Linie nicht Voraussagen künftiger Ereignisse (nach Ort und Zeit), wie wir sie manchmal im Alten Testament finden, sondern sie versuchen uns eher göttliche Weisungen in Form von Mahnungen nahezubringen, manchmal auch in Form von Drohungen oder Verheißungen. Diese Aussagen sind auf ganz bestimmte geschichtliche Verhältnisse, auch Erfahrungen bezogen. In 1 Kor 14,3 beschreibt Paulus, was neutestamentliche Prophetie ist: Ermahnung, Erbauung, Trost. Das brauchen wir, nicht aber ein Vorauswissen; denn wir haben einen Gott, der für uns sorgt. Weil wir Menschen aber so schrecklich neugierig sind, gehen zu allen Zeiten – auch heute – viele zu den Okkultisten und Wahrsagern, weil sie doch etwas vorauswissen wollen. Gott jedoch verlangt von uns Vertrauen und nicht Vorauswissen. Wir alle wissen, wie wir da innerlich immer versuchbar sind, vor allem, wenn wir irgendwo wieder von einer „Offenbarung" oder „Erscheinung" hören. Dann fragen wir sogleich: Was kommt dann? Das ist im Grunde für mich uninteressant. Wenn ich dagegen weiß, dass Gott ein Gott der Liebe ist, dem ich ganz gehöre, dann kann letztlich kommen, was will!

Prophetisches Wort

Die Geheime Offenbarung will prophetisches Wort in dem Sinn sein, dass Gott uns mitteilt: *Wenn ihr Menschen so weitermacht, hat das bestimmte Folgen. Wenn ihr aber damit aufhört, treten sie nicht ein. Alles folgt aus eurer eigenen Tat!* Gott straft nicht, wir bestrafen uns immer selbst! Die neutestamentlichen Prophetien wollen helfen, geschichtliche Erfahrungen, die Verhältnisse, in denen wir leben, zu verstehen und zu bewältigen. Es gibt ja so viele Ereignisse, die kein Mensch erklären kann. Hier in der Apokalypse finden wir sie gedeutet. Wir aber müssen hellhörig, wach werden und dürfen nicht blind wie die Ungläubigen in die Dunkelheit, in die Sinnlosigkeit, in die Angst rennen und nichts verstehen. Die zwei Worte, die hier hervorgehoben sind, *„was bald geschehen muss"*, drücken aus, dass diese Verheißungen mit unbedingter Sicherheit eintreten werden. Deshalb ist Bereitschaft der Betroffenen angebracht, und die Betroffenen sind wir! Das will besagen, dass gegen alle Widerstände in der Geschichte dieser Welt der göttliche Heilsplan sich durchsetzen wird. Wenn es noch so nebelhaft und total dunkel erscheint, so dass man nicht mehr weiß, was morgen sein wird, wie es weitergehen soll in der Politik, in der Geschichte, im eigenen Leben usw. Hier darf ich wissen: Alles, auch alle Widerstände gegen das Reich Gottes, müssen dem göttlichen Heilsplan dienen. Er wird sich durchsetzen. Das wird uns hier verheißen, und das ist für uns wichtig! Was brauche ich denn mehr zu wissen als das! Das soll Trost und Zuversicht in der Bedrängnis schenken. Bedrängnis kennt die Kirche zu allen Zeiten.

Anbetung und Lobpreis

Diese Botschaft geht, wie es heißt, an Gottes Knechte. Ihnen wird bedeutet, dass Gott der absolute Herr der Welt und der Geschichte ist. Als solcher muss er auch von den Seinen anerkannt werden. Wir tun das in der Form der Anbetung und des Lobpreises. Dabei anerkennen wir Gott ohne Bedingung. Wir sagen Ihm: *Du machst keine Fehler. Ich habe nichts an Dir auszusetzen.* So wird Gott angebetet und gepriesen! In seiner Ekstase wird Johannes über die Enge des eigenen Ich, über alle seine menschlichen Möglichkeiten und seine menschlichen Grenzen hinausgehoben, um die Wege Gottes mit der Welt und mit den Menschen zu erkennen. Seine uns vorgelegte Offenbarung bedarf aber einer Bürgschaft, sonst könnte ja jeder behaupten, er habe Visionen gehabt. Diese Bürgschaft wird ausgedrückt in dem Weg, wie diese Offenbarung zu Johannes kam, nämlich: *Offenbarung Jesu Christi, die Gott ihm gegeben hat,* (Offb. 1,1) dann auch ein Engel (ebd.) und dann: *Dieser hat das Wort Gottes und das Zeugnis Jesu Christi bezeugt.* (1,2) Gott, ein Engel und Jesus Christus sind der Weg, wie die Offenbarung zu uns gekommen ist.

Die Bürgschaft der Zeugen

Das ist gleichzeitig die Bürgschaft, nämlich eine Kette von zuverlässigen Zeugen. In der Geheimen Offenbarung ist der Mensch mitten hineingestellt zwischen Geistmächte, zwischen Engel und Dämonen, und somit auch in die Entscheidung zwischen Gut und Böse. Johannes, das letzte Glied dieser Kette der Zeugen, bekundet also die Wahrheit. Sein Zeugnis beruht auf dem Zeugnis Jesu, der ein „getreuer Zeuge" ist (Offb. 1,5). Sein Name bezeichnet auch sein Wesen, und er heißt *der Treue und Wahrhaftige* (Offb 19,11). Er ist somit der Zeuge für diese offenbarte Wahrheit. Er kann nämlich das Wort Gottes zuverlässig bezeugen, weil er den Vater kennt, wie wir aus Mt 11,27 wissen. Hier finden wir den Kern der ersten drei Evangelien, ganz kurz und knapp gefasst. Nur Jesus kann aus unmittelbarer Anschauung des Vaters vom Vater reden, wie es auch Joh 3,11 bezeugt. Es ist interessant, dass im Vers 3 vom Vorlesen und vom Hören dieser Weissagung die Rede ist. Das heißt, dass dieses Wort zum Vorlesen im Gottesdienst geschrieben ist. Das Wort, *die Zeit ist nahe,* drückt die Kürze der noch zur Verfügung stehenden Zeit aus. Es nimmt das Wort bald von Offb 1,1 wieder auf. In diesem Ruf ist die Mahnung zu wacher Bereitschaft zu hören. Das ist auch die ständige Ermahnung Jesu und der Apostel an uns: Seid wachsam! Wir schlafen leider allzu leicht ein, gewöhnen uns zu schnell an die Wahrheit. Was haben wir doch schon alles in unserm Leben erkannt! Wie oft haben wir uns schon für Christus entschieden, und was ist dann anschließend wieder geschehen! Wir sind wieder „eingeschlafen" wie die Jünger am Ölberg!

Ein Trostbuch

Fragen wir uns doch einmal ganz ehrlich, ob wir hundertprozentig damit rechnen, dass Christus heute Abend noch kommt. Daran erkennen wir, wie wachsam wir sind, wie ernst wir das alles nehmen. Jetzt hat es schon 2000 Jahre gedauert – so meinen wir – dann überlebe ich das auch noch. Nein! Alles ist für mich jetzt ganz konkret gemeint. Das ganze Buch will dafür eine Stärkung sein, will uns Trost vermitteln, auf keinen Fall Angst. Zwar hat manchmal der eine oder andere Leser dieses Buches angedeutet, er habe nicht mehr weiterlesen können, weil er Angst bekommen habe. Dass das eine falsche Meinung ist, kann man spüren, wenn man die ganze Apokalypse durchliest; obwohl sie manchmal bedrohlich wirkt; reißt dann in ihr gleichsam der Himmel wieder auf, und Johannes wirft einen Blick hinein, schaut auf das Ziel, damit der Anflug der Angst verschwindet. Dann wissen wir erneut, wohin es geht, was unser Ziel ist, wofür wir bestimmt sind, worauf wir uns freuen können.

Briefeinleitung

Im Vers 4 steht die Briefeinleitung, wie wir sie auch beim hl. Paulus kennen: *Johannes an die sieben Gemeinden in der Provinz Asien: Gnade sei mit euch und Friede von Ihm, der ist und der war und der kommt, und von den sieben Geistern vor seinem Thron.* Hier müssen wir an eine Schriftrolle denken, die man ja nicht ganz aufrollen konnte, um nachzuschauen, wer der Absender sei; der Briefkopf mit dem Absender stand über dem Text, gleich am Anfang, dann folgt der Gruß: *Gnade sei mit euch und Friede von Ihm...,* ebenso wie bei Paulus. Es ist interessant, dass Johannes nur mit seinem Rufnamen genannt wird. Das ist ein Zeichen dafür, dass er den Adressaten der sieben Gemeinden bekannt sein muss. Er lebte in den sieben Gemeinden, bevor er auf Patmos verbannt wurde. Wichtig ist hier – wie in der gesamten Apokalypse – die Zahlensymbolik. Diese Siebenzahl spielt nämlich in der ganzen Apokalypse eine wichtige Rolle: Auf sieben Briefe folgen drei weitere Siebener-Gruppen, in denen die Schicksalsvisionen zusammengefasst sind, nämlich die sieben Siegel, die sieben Posaunen und die sieben Schalen. Mit der Sieben war gleichsam alles, die ganze Schöpfung, abgeschlossen. Im Hebräischen kann man das leichter erklären, weil dort jeder Buchstabe auch eine Zahl bedeutet. *Alef* ist eins, *bet* ist zwei usw. Die Zahl sieben taucht auch in der Sieben-Tage-Woche auf, das meint die irdische Zeit. Acht ist bereits das Hereinbrechen des Ewigen. Das sehen wir z.B. wunderbar in der Liturgie zwischen

Ostern und Pfingsten. Sieben mal sieben sind neunundvierzig Tage, und Pfingsten ist als achter Tag der letzten Sieben der fünfzigste der Tage nach Ostern. Das bedeutet dann das Hereinbrechen des Ewigen in die Zeit, das Kommen des Heiligen Geistes.

Die Siebenzahl

Die Sieben meint also Ganzheit, Fülle. Wenn Johannes an die sieben Gemeinden schreibt, meint diese Sieben nicht nur die sieben Gemeinden, sondern alle Gemeinden zu allen Zeiten an allen Orten. Deshalb ist es wichtig, bei jeder Gemeinde, die wir in der Apokalypse beschrieben finden, die eigene Gemeinde und uns selbst vor Augen zu halten, ob das zutrifft, was Johannes aufzeigt und was der Geist dieser Gemeinde sagt; ob er sie lobt oder ob er sie tadelt. Es kann sein, dass ich in jeder der sieben Gemeinden etwas entdecke, was mich selbst betrifft, denn die Geheime Offenbarung gilt auch für mein Leben ganz konkret, meint ganz konkret mich, meine Gemeinde, Pfarrgemeinde, Ordensgemeinde, je nachdem, wozu ich gehöre. So höre ich am besten bei jeder der Gemeinden genau hin, was der Herr bei mir aufdecken will. Wir sprachen von der Sieben. Es gibt ja auch die sieben Gaben des Heiligen Geistes: Zeichen der Fülle. Es ist ganz wichtig, sich das ins Gedächtnis zu rufen, denn dann hat man schon eine Art Schlüssel für vieles, was uns in der Geheimen Offenbarung gezeigt wird. So steht also – wie gesagt – hinter der Siebenzahl dieser kleinasiatischen Kirche die Gesamtheit der Gemeinde Jesu Christi auf der ganzen Welt, die Kirche an allen Orten und zu allen Zeiten. Deshalb dürfen wir den Blick auf die Gemeinde richten, wo wir als Apostel tätig sein sollten, denn jeder von uns ist dazu berufen, Apostel zu sein, so sagt es Vinzenz Pallotti. Johannes entbietet dann den Segensgruß, das ist nicht nur ein Wunsch, er wird für die Begrüßten nun auch Wirklichkeit. (Offb. 1,4)

Segensvollmacht

Die Segensvollmacht wird in der Priesterweihe dem Priester eigens übertragen, und Johannes spricht hier als Priester, als Apostel, den Segensgruß. Die Formel *„der ist"* nimmt Bezug auf den Jahwe-Namen in Ex 3,14, das ist der Name Gottes: ER ist der ewig Seiende, der immer Gewesene, der ist und der sein wird. Er hat sich so offenbart im brennenden Dornbusch. Das *„der war"* drückt die Ewigkeit und die Unvergänglichkeit Gottes aus. Der Hinweis *„der kommen wird"* meint hier die Vollendung der ganzen Weltgeschichte, das Offenbarwerden seiner Herrlichkeit. Diese Formel *„der ist und der war und der kommen wird"* wiederholt sich immer wieder. Wenn seine Ankunft geschildert wird, heißt es nur noch *„der ist und der war"*, nicht mehr *„der kommen wird"*, denn dann ist er ja bereits gekommen.

Die Erfüllung des Segenswunsches wird darüber hinaus noch abhängig gemacht *von den sieben Geistern vor seinem Thron.* Hier haben wir wieder die Siebenzahl. Die sieben Geister bezeichnen die Fülle des Heiligen Geistes, seine Vollkommenheit ohne Maß und Grenzen. Diese sieben Geister sind nicht einzelne Geister, sondern meinen Vollendung, die ganze Fülle des Heiligen Geistes, so wie es auch in Jesaja 11,1f schon angedeutet ist. In Offb 4,5 und Offb 5,6 dann werden diese sieben Geister *„sieben Geister Gottes"* genannt. Sie stehen vor Gottes Thron.

Dieser Gottesgeist bringt in sieben Kirchen das Wort des Herrn zu Gehör. Deshalb die Formulierung *Gnade sei mit euch und Friede von Ihm, der ist und der war und der kommt, und von den sieben Geistern vor seinem Thron.* Er ist der vollkommene Geist, der in die ganze Fülle Gottes einführen wird. Er bringt den Gemeinden das Wort Gottes, das Johannes verkündet. Wir denken hier an das Wort Jesu im Johannesevangelium: *Wenn aber jener kommt, der Geist der Wahrheit, wird er euch in die ganze Wahrheit führen.* (Joh 16,13) Die Apokalypse ist – wie gesagt – ein Höhepunkt, eine Zusammenfassung der Evangelien.

Gott liebt uns

Im Vers 5 folgt dann: *...und von Jesus Christus.* Zuerst also Gnade und Friede von Gott, dem Vater, und dem Heiligen Geist und jetzt auch *...von Jesus Christus; er ist der treue Zeuge, der Erstgeborene der Toten, der Herrscher über die Könige der Erde. Er liebt uns und hat uns von unseren Sünden erlöst durch sein Blut.* Das ist die ganze Erlösungslehre und ihre wichtigste Botschaft: Gott liebt uns! Wer sollte denn da noch Angst bekommen! Erst an dritter Stelle – zuerst der Vater und der Geist (die sieben Geister) – kommt Jesus Christus. Er wird hier mit drei Aussagen beschrieben, nämlich in seiner Erscheinung als Mensch in Niedrigkeit, ferner als *der treue Zeuge*, und schließlich als der *Erstgeborene der Toten* im Gehorsam bis zum Tod und in seiner Verherrlichung durch die Auferstehung und die Erhöhung zur Rechten des Vaters. Dort wird ihm ja dann alle Macht im Himmel und auf Erden gegeben.

Jesus Christus

Wieder ist hier das ganze Evangelium zusammengefasst, das irdische Leben Jesu. Als *der treue Zeuge*, ist er die Selbstmitteilung Gottes an die Menschen in der Gestalt eines Menschen, der Erstgeborene der Toten. In diesem Bekenntnis, dass Jesus Herrscher über alle Könige ist, klingen Hoffnung, Tröstung, Ermutigung für die Kirche in der Verfolgung an, also reine Frohbotschaft, das gnädige Handeln Gottes an uns. Das gibt uns wirklich die Hoffnung: *Wenn Du der Herr über Könige und über die bist, die uns verfolgen – die Kirche ist immer, zu allen Zeiten eine verfolgte Kirche! – wovor sollten wir Angst haben, wenn wir Dir gehören?*

Königtum und Priestertum

Dann folgt Vers 6, unmittelbar an Vers 5 anknüpfend: *Er hat uns zu Königen gemacht und zu Priestern vor Gott, seinem Vater. Ihm sei die Herrlichkeit und die Macht in alle Ewigkeit. Amen.* Durch die Hingabe seines Lebens – *Er hat uns von unseren Sünden erlöst durch sein Blut.* – Er hat uns aus der Macht der Sünde befreit und die Lösung unserer Schuld vor Gott erwirkt. Aber der uns erlöst hat, macht uns nicht zu Untertanen, sondern er hat uns eingesetzt zu Mitherrschern auf Erden. Das ist eine tröstende, froh machende Kunde! Wer an der Allherrschaft des erhöhten Herrn beteiligt ist, der hat auch durch Taufe und Firmung Anteil an seinem ewigen Priestertum (noch mehr durch das besondere Priestertum). Das wird im Neuen Testament als ein *königliches Priestertum* beschrieben, in Hebr 5,6: *Du bist Priester auf ewig nach der Ordnung Melchisedeks.* Und in 1 Petr 2,9 heißt es: *Ihr aber seid ein auserwähltes Geschlecht, eine königliche Priesterschaft, ein heiliger Stamm, ein Volk, das sein besonderes Eigentum wurde, damit ihr die großen Taten dessen verkündet, der euch aus der Finsternis in sein wunderbares Licht gerufen hat.* Sein erlösender Tod für die Menschen war sein Priesterdienst vor Gott, wie es in Hebr 9,11f. heißt.

Die verborgene Macht und Herrlichkeit

<u>Vers 7</u> weist uns auf die Herrlichkeit und Macht Christi hin, die auf Erden noch verborgen war: *Siehe, er kommt mit den Wolken, und jedes Auge wird ihn sehen, auch alle, die ihn durchbohrt haben; und alle Völker der Erde werden seinetwegen jammern und klagen. Ja, amen.* Was hier auf Erden noch unter dem Christusgeheimnis stand, wird vor aller Welt aufstrahlen. Das wird uns jetzt schon gleich am Anfang des Buches verheißen, wird aber später noch viel deutlicher – *vor aller Welt* – heißt es. Ob es eine zweifache Ankunft Christi gibt oder nur eine, das ist nicht sicher. Papst Benedikt XVI. erklärte, dazu gebe es keine kirchliche Aussage. Es kann sein, dass es eine zweifache Ankunft Christi gibt, denn die Schrift spricht <u>zum einen</u> von der Ankunft in Herrlichkeit und <u>zum anderen</u> von der zum Gericht. In der Apokalypse jedenfalls ist es ein zweifaches Kommen, zuerst ein Erscheinen in Herrlichkeit, das viele von uns gerne noch erleben würden, wenn das Reich Gottes durchbricht; was vielleicht

manch einer von uns nicht aushalten könnte. Die Apokalypse spricht da von tausend Jahren. Danach kommt nach einer kurzen Verfolgung der endgültige Sieg, die Wiederkunft des Herrn zum Gericht. Es ist eigentlich logisch, dass das Reich Gottes zuerst noch durchbricht in Kraft und Herrlichkeit, so dass es alle erkennen müssen, ob sie wollen oder nicht.

Nicht was, sondern wer kommt

Das verkündet die Geheime Offenbarung. Die richtige Frage der Menschheit lautet also nicht, was kommt, sondern: wer kommt? Die Frage Jesu an die ersten beiden Jünger, Johannes und Jakobus, die ihm folgten, lautete: Was sucht ihr? Sie aber antworteten: Wo wohnst du? (Joh 1,38) Sie meinten damit: Wir suchen nicht etwas, wir suchen dich. Nicht was kommt, sondern wer kommt, ist für uns entscheidend. Den alle bei seiner endgültigen Ankunft als Richter erkennen, er ist der Durchbohrte. Allerdings kommt die Reue derer, die an ihm schuldig geworden sind, dann zu spät. Das ist auch vollkommen klar, genauso wie es das Evangelium lehrt: Es gibt ein „zu spät“. Die Irrlehre: *Alle, alle kommen in den Himmel* ist etwas vom Gefährlichsten, was man sich vorstellen kann; sie lässt nämlich die Menschen in das ewige Unheil hineinlaufen. Unter solchen Umständen wäre es unsinnig, Menschen bekehren zu wollen, weil keiner mehr für sein Heil etwas tun müsste. Warum sollte man das Evangelium verkünden, wenn alle in den Himmel kämen? Warum dann auch dieser Durst Christi nach dem Heil aller Menschen? Warum dieses Ringen des Himmels an verschiedenen Orten um die Rettung der Menschen? Wozu dann das alles?

Über solche Naivität könnte man zornig werden! Die Schrift, wie auch die Apokalypse, sagen dagegen etwas vollkommen anderes. Unsere Sehnsucht, unser Wunsch muss es sein, alle Menschen zu retten. Darauf muss unser ganzes Apostolat ausgerichtet sein. Wenn wir wirklich alle Menschen retten wollen, werden wir immer Kraft genug in uns haben. Sollten die Menschen das nicht wollen, kann niemand zum Heil gezwungen werden. Im Himmel wie auch in der Hölle gibt es sozusagen nur Freiwillige. Es ist wichtig, sich das bewusst zu machen. Das Wehegeschrei, Jammern und Klagen über die Verlorenen, bestätigt durch das *Ja, amen*, gibt es in der Schrift immer wieder, ebenso aber auch die Versicherung, dass alle, die zu Ihm gehören, keinen Grund zum Jammern und Klagen haben. (vgl. dazu Joh 12,48, bzw. Joh 15,3, das sich auf die zu Ihm Gehörenden bezieht.) Das Gericht spielt sich also schon in unserem Leben ab.

Dann folgt Vers 8: *Ich bin das Alpha und das Omega, spricht Gott, der Herr, der ist und der war und der kommt, der Herrscher über die ganze Schöpfung.* Das letzte Wort spricht Gott selbst, Gott, der Vater. Er, der Allherrscher, ist der letzte Grund für die Gewissheit, dass Er am Ende der Zeit kommen wird, und zwar in der verklärten Gestalt des Gekreuzigten mit dem durchbohrten Herzen.

Bedrängnis in der Welt

In Vers 9 heißt es dann: *Ich, euer Bruder Johannes, der wie ihr bedrängt ist, der mit euch an der Königsherrschaft teilhat und mit euch in Jesus standhaft ausharrt, ich war auf der Insel Patmos um des Wortes Gottes willen und des Zeugnisses für Jesus.* Ein Prophet erhält Sendung und Befähigung durch Gott, um das Wort Gottes zu verkünden. Der Prophet spricht nie in eigenem Namen, sondern weil er einen Auftrag hat, zu dem er bestellt ist, und kraft dessen er auch darauf bestehen kann, dass er in seinem Dienst ernstgenommen und angenommen wird. Johannes betont das. Er stellt sich auch als Bruder vor, *euer Bruder Johannes*, um zu zeigen: Ich bin einer von euch. Ich spreche nicht als einer, der mehr ist als ihr, sondern, weil Gott mich beauftragt hat. Die sogenannte Bedrängnis in der Welt, in der seine Brüder und er selbst auch stehen, ist der Kirche gleichsam als „Normalzustand" verheißen. Wir meinen manchmal, Gott müsste alles so regeln, dass wir auf der Erde schon im Paradies lebten und von allen anerkannt würden; wir sind immer sehr unzufrieden oder fast zornig, wenn die Welt uns nicht anerkennt, obwohl wir doch meinen, so „anständige“ Menschen zu sein. Wir meinen, nett zu sein, gute Werke zu tun, einander zu helfen usw. Der Staat könne froh sein, dass er so anständige Bürger habe; und dann verspottet man uns noch usw. Wir müssen aber immer wieder daran denken, dass die sogenannte Bedrängnis in der Welt der Kirche verheißen ist. Wenn wir eigene Fehler machen und mit Recht kritisiert werden, dann ist das etwas anderes. Das ist hiermit nicht gemeint. Man kann etwas Unheiliges nicht heiligsprechen. Die Geschichte zeigt, dass mit dem Nachlassen dieser Bedrängnis von außen oft sogar ein Abnehmen von Eintracht und Frieden in der Kirche einhergeht. Wir werden zwar heute durch Worte usw. bedrängt, werden für altmodisch gehalten oder als komisch belächelt, wenn wir sagen, wir glaubten noch an Gott, oder gar wir seien katholisch (dann wird es noch schlimmer!). Aber wir sind noch nicht *bis aufs Blut verfolgt.* Allerdings spüren wir auch, wie leicht alles verflacht. Die verfolgte Kirche der ersten drei Jahrhunderte ist außerordentlich gewachsen, nicht zurückgegangen. Deshalb gilt es auch heute, wachsam zu sein. Johannes hat das Wort Gottes in der Provinz Asia verkündet und hat dafür Zeugnis abgelegt. Deshalb wollte man ihn ja mundtot machen und hat ihn, der die Stütze der Christengemeinde Kleinasiens war, auf die Felseninsel Patmos verbannt. Das war, nimmt man heute in etwa an, unter Kaiser Domitian im Jahre 95/96.

Im Vers 10 wird deutlich, dass die Offenbarung an einem Herrentag, also am Sonntag, geschah: *Am Tag des Herrn wurde ich vom Geist ergriffen und hörte hinter mir eine Stimme, laut wie eine Posaune.* Das ist der Tag der Auferstehung Christi. Johannes erhält die Botschaft in Bildern; und diesen ekstatischen Zustand bezeichnet er als ein Erfüllt-werden vom Heiligen Geist. Sein menschlicher Geist wird zu Erkenntnissen befähigt, die er von Natur aus nicht hat. Die erste Vision beginnt mit einem Hörerlebnis, einer sogenannten Audition. Er ist auf die Stimme völlig unvorbereitet. Er rechnet gar nicht mit diesem Ereignis.

Vers 11 berichtet dann weiter: *Sie* (d.i. die Stimme) sprach: *Schreib das, was du siehst, in ein Buch, und schick es an die sieben Gemeinden: nach Ephesus, nach Smyrna, nach Pergamon, nach Thyatira, nach Sardes, nach Philadelphia und nach Laodizea.* Jesus hat den Aposteln befohlen, das Evangelium in mündlicher Predigt zu verkünden, das wird hier nun erweitert, auch durch das geschriebene Wort zu verkündigen. Jesus selbst hat oft in Bildern gesprochen (wir denken an die Gleichnisse und Bildworte), und auch in der Apokalypse geschieht das. Dabei spielt das Wörtchen *wie*, das man nicht übersehen oder überhören darf, eine große Rolle. Ich muss durch das Bild hindurch betrachtend zu dem Unaussprechlichen vordringen.

Die erste Vision

In Vers 12 beginnt dann – nach der Audition – die erste Vision: *Da wandte ich mich um, weil ich sehen wollte, wer zu mir sprach. Als ich mich umwandte, sah ich sieben goldene Leuchter.* Nach der lauten Stimme sieht Johannes das Bild des verklärten Herrn Jesus, wie er mitten in seiner Kirche auf Erden gegenwärtig ist. Er erkennt *mitten unter den Leuchtern einen, der wie ein Mensch aussah; er war bekleidet mit einem Gewand, das bis auf die Füße reichte, und um die Brust trug er einen Gürtel aus Gold.* (1,13) Die sieben Leuchter sind – wie wir wissen – die sieben Gemeinden. Johannes erkennt den verklärten Herrn inmitten seiner Kirche auf Erden. Das ist eine freudige Verheißung. die für alle Gemeinden gilt; dazu kommt noch eine Erweiterung ins Zeitlose durch die Sieben. d.h. zu allen Zeiten, für alle Gemeinden. Gehört oder gelernt haben wir das zwar schon einmal, aber ist es auch für uns lebendig, dass Er, der erhöhte Herr, jetzt mitten unter uns in seiner Kirche wandelt? Diese wunderschöne Aussage allein ist es wert, länger betrachtet zu werden, sich einmal darauf einzulassen. Dieses Bild war damals tröstlich für die verfolgte Kirche, ist es aber auch heute für uns. *Wo zwei oder drei in meinem Namen versammelt sind, bin ich mitten unter ihnen* (Mt 18,20), ein Parallelwort aus dem Evangelium. Ich darf also immer damit rechnen, dass Er mitten unter uns ist, wenn wir in innerer Einheit mit Ihm und untereinander sind.

Die sieben goldenen Leuchter

Die sieben goldenen Leuchter werden später an einer anderen Stelle die sieben Kirchen genannt, denen ja dieses Schreiben zugedacht ist. Der siebenarmige Leuchter (auch da die Siebenzahl!) im Tempel zu Jerusalem versinnbildlichte das alttestamentliche Gottesvolk. So bedeuten auch die sieben Gemeinden die ganze Kirche zu allen Zeiten an allen Orten. Sie ist um den erhöhten Herrn geschart. Er belebt sie. Er leitet sie. Er richtet sie auch am Ende. Zugleich ist das ein Hinweis auf den Anspruch des Herrn an die Kirche wie in Mt 5,14–16, dass sie Licht auf dem Leuchter sein soll. Die Kirche darf sich nicht im Untergrund verstecken. Sie muss leuchten in dieser Welt. Doch der Herr wandelt *als das Licht der Welt* inmitten dieser Kirche. Hier hat jedes Wort eine große Bedeutung. Man könnte irrtümlich an Kerzenleuchter oder etwas Ähnliches denken. Nein, die *Kirche* soll insgesamt leuchten, und Er wandelt inmitten dieser Leuchter. Das steht ebenso im Evangelium.

Dann wird Jesus beschrieben: *Als ich mich umwandte, sah ich sieben goldene Leuchter und mitten unter den Leuchtern einen, der wie ein Mensch aussah; er war bekleidet mit einem Gewand, das bis auf die Füße reichte, und um die Brust trug er einen Gürtel aus Gold. Sein Haupt und seine Haare waren weiß wie weiße Wolle, leuchtend weiß wie Schnee, und seine Augen wie Feuerflammen; seine Beine glänzten wie Gold, das im Schmelzofen glüht, und seine Stimme war wie das Rauschen von Wassermassen.* (Offb 1,12–15)

Das sind viele Bilder, über die man leicht hinweglesen könnte. Inmitten der Leuchter steht also der Menschensohn, wie schon Daniel berichtet (Dan 7,13). Den Titel Menschensohn hat Jesus gern für sich in Anspruch genommen, um seine messianische Sendung auszudrücken. Bei Daniel ist dem Menschensohn alle Gewalt gegeben im Himmel und auf Erden, wie es Jesus auch in Mt 28,18 von sich sagt, weil Er dieser Menschensohn ist, der Herr seiner Kirche. Das lange Gewand und der goldene Gürtel waren damals Kleidungsstücke der Priester und Könige. Er ist also

Priester und König. Die laute Stimme klingt zwingend, so dass man sie nicht einfach überhören kann. Sie verlangt von mir Entscheidung.

Die Verse 16–18 führen das weiter: *In seiner Rechten hielt er sieben Sterne, und aus seinem Mund kam ein scharfes, zweischneidiges Schwert, und sein Gesicht leuchtete wie die machtvoll strahlende Sonne. Als ich ihn sah, fiel ich wie tot vor seinen Füßen nieder. Er aber legte seine rechte Hand auf mich und sagte: Fürchte dich nicht! Ich bin der Erste und der Letzte und der Lebendige. Ich war tot, doch nun lebe ich in alle Ewigkeit, und ich habe die Schlüssel zum Tod und zur Unterwelt.*

Die sieben Sterne in der Hand gleichen dem Reichsapfel eines Herrschers; es sind die sieben Gemeinden. Später heißt es, *die Engel der sieben Gemeinden*, man kann dies als die Priester oder Bischöfe dieser sieben Gemeinden ansehen; aber auch die Gemeinden selbst sind gemeint, ebenso ihre Vorsteher, die die Kirche im Namen Jesu leiten. Sie sind nämlich Christus verantwortlich und werden unnachsichtig im kommenden Gericht zur Rechenschaft gezogen. Das scharfe zweischneidige Schwert ist Zeichen des Gerichtes, das aus Jesu Mund kommt. Das müsste sich jeder Priester zu Herzen nehmen, zwar nicht in Ängstlichkeit, aber doch im Bewusstsein, was der Herr ihm anvertraute. Denn es geht um das Heil der Menschen, um Ewigkeiten. Der Herr der Herrlichkeit strahlt in überirdischem Licht, sodass Johannes es nicht aushält, auf sein Gesicht fällt, wie einst die drei Apostel auf dem Berg Tabor. Wenn man es tiefer sehen will, dann so: Als Er die sieben Sterne in seiner Hand hält, leuchtet Er wie die Sonne. Alle nehmen teil an dieser Herrlichkeit, diesem Strahlen, an dieser Kraftquelle. Er fordert nicht etwas von den Jüngern, was er ihnen nicht hundertfach vorher gibt.

Handauflegung

Dann folgt eine wichtige Handlung: Jesus legt dem Johannes die Hand auf. Man könnte das gleichsam als die Prophetenweihe deuten, die Johannes nun von Christus bekommt. Er wird von Christus beauftragt und gesandt zu dem, was er jetzt niederzuschreiben hat. Jesus spricht ihm das bekannte Wort zu: *Fürchte dich nicht!* Dieses Wort kommt in der Heiligen Schrift 365-mal vor, für jeden Tag des Jahres einmal. Das gilt aber nicht nur dem Johannes, das gilt auch den sieben Sternen, die Jesus als seinen „Reichsapfel" in der Hand hält. Jesus nimmt aber nicht nur die Worte in Anspruch, die ihm vorher von Gott, dem Vater zugesprochen wurden, nämlich der Erste und der Letzte zu sein. Er sagt nun, dass er gleichsam genauso ewig ist wie der Vater. Er ist also die lebendige Verheißung des Lebens und zwar für alle, die seinetwegen bis auf den Tod verfolgt werden.

Zusammenfassung

Schon bei dieser Einleitung der Offenbarung des Johannes an die sieben Gemeinden erkennt man, wie jedes Detail bedeutungsvoll ist. Man muss auf jedes einzelne Wort, auf die Bilder achten, weil sie viel aussagen. Der wesentliche Teil des Evangeliums wird uns hier in Kurzform präsentiert, dazu die Forderung nach Entscheidung. Es geht um das Heil der Menschen. Weil Jesus inmitten seiner Gemeinde wandelt, ist das alles voller Hoffnung. Er ist ja der Erste und der Letzte und der Lebendige, der Anfang und das Ende; deswegen brauchen wir keine Angst zu haben, wer könnte uns, wie es Paulus sagt, scheiden von der Liebe Christi (vgl. Röm 8,35)? Gar nichts, wenn wir um einen solchen Gott wissen!

II. Die Gemeinden von Ephesus und Smyrna

Offb 1,19 – 2,11

Blick in die Heilsgeschichte

Wir betrachten zunächst Kapitel 1,19f. Da heißt es: *Schreib auf, was du gesehen hast: was ist und was danach geschehen wird. Der geheimnisvolle Sinn der sieben Sterne, die du auf meiner rechten Hand gesehen hast, und der sieben goldenen Leuchter ist: Die sieben Sterne sind die Engel der sieben Gemeinden, und die sieben Leuchter sind die sieben Gemeinden.* Johannes bekommt nochmals den Auftrag, das ihm Gezeigte aufzuzeichnen und es an die sieben Kirchen Kleinasiens und an deren Vorsteher, also die Bischöfe oder Priester, die sog. *Engel der Gemeinde*, zu schicken. Es geht hier um das, was ist und auch um das, was künftig sein wird, also um den künftigen Verlauf der Heilsgeschichte. Das gilt also für jede Zeit, für die wir hier eine Antwort bekommen sollen. Die ewige Zukunft des Gottesreiches hat also schon begonnen mit der Grundlegung der Gottesherrschaft in der Welt und im Menschen.

Ephesus. Der Herr ist inmitten seiner Gemeinde

Schauen wir nun auf die erste Gemeinde in Offb 2,1: *An den Engel der Gemeinde in Ephesus schreibe: So spricht Er, der die sieben Sterne in seiner Rechten hält und mitten unter den sieben goldenen Leuchtern einhergeht.* Allen Briefen gemeinsam ist, dass der verklärte Herr in seiner Kirche unsichtbar gegenwärtig ist, dass Er inmitten seiner Gemeinde wandelt, die verfolgt wird, sei es von außen, sei es von innen, je nach Zeit und Situation. Die Sieben deutet an, dass an allen Orten, zu allen Zeiten diese Worte zutreffen. Wir müssen uns das auch im Folgenden immer wieder bewusst machen. Es ist eine beglückende Aussage, dass der verklärte Herr mitten unter uns wandelt. Wenn wir beim Blick auf unsere Gemeinde oder auf unser eigenes Leben einmal hoffnungslos sein sollten, dann wäre das ein Zeichen dafür, dass wir an diese Gegenwart des Herrn nicht glauben; wir wissen zwar darum, aber zwischen Wissen und Glauben ist ein großer Unterschied! Man kann vieles über Gott wissen und trotzdem wie ein Atheist leben. Der Herr ermahnt, richtet und steht den Gemeinden in Schwierigkeiten bei, und er belohnt sie mit seiner ewigen Treue. Das ist der Grundtenor der Geheimen Offenbarung.

Der erste Brief geht an die Kirche in Ephesus, die Paulus begründete (vgl. Apg 19,1). Timotheus, der Schüler des Paulus, hatte später den Auftrag des Apostels Paulus, diese Gemeinde in Ephesus zu betreuen (1 Tim 1,3). Irrlehren gab es schon am Anfang der Kirche. Der hl. Johannes war vor und auch nach seinem Aufenthalt in Patmos ebenfalls in Ephesus und ist auch dort begraben. Der Herr sagt ganz klar, dass er die Kirche in Ephesus in der Hand hält: *An den Engel der Gemeinde in Ephesus schreibe: So spricht Er, der die sieben Sterne in seiner Rechten hält und mitten unter den sieben goldenen Leuchtern einhergeht.* (Offb 2,1)

Ephesus und wir heute

Hier könnten wir versucht sein, nur an Ephesus zu denken; aber sie ist eine der sieben Gemeinden, und das heißt, Ephesus ist auch ein Aspekt meines eigenen Lebens, der jetzt angesprochen ist und ebenso auch ein Aspekt der Gemeinde, in der ich gerade lebe. Ich muss deswegen genau hinhören, was bei mir, in meiner Gemeinde stimmt und was nicht. Ich kann auch an die in der Gemeinde denken, die verdorben sind, die am Rand stehen, überhaupt nichts mehr von Gott wissen wollen; auch sie gehören dazu! Er hat sie alle in seiner Hand und er hält sie. Es ist wichtig für uns, so etwas zu wissen.

Als der Lebendige ist er in seiner Kirche also gegenwärtig und jeder einzelnen Gemeinde nahe. Die Aufgabe jeder Gemeinde (den sieben goldenen Leuchtern) ist es, Licht der Welt zu sein.

Jeder sollte sich deswegen fragen: Wie sieht es in meiner Gemeinde aus? Leuchtet bei uns überhaupt noch etwas oder ist gleichsam die „Batterie" leer, steht die Gemeinde schon kurz vor ihrem eigenen „Requiem"? Wieder kann man spüren, wie leicht man darüber hinwegliest.

Lob der Gemeinde

In Vers 2 und 3 folgt dann in gewissem Sinn eine großartige Laudatio, ein hohes Lob: *Ich kenne deine Werke und deine Mühe und dein Ausharren; ich weiß: Du kannst die Bösen nicht ertragen, du hast die auf die Probe gestellt, die sich Apostel nennen und es nicht sind, und hast sie als Lügner erkannt. Du hast ausgeharrt und um meines Namens willen Schweres ertragen und bist nicht müde geworden.* Wir dürfen uns freuen, wenn wir solche Zeichen bei uns und in unserer Gemeinde wahrnehmen, wie sie der Herr hier schildert. Er kennt alle unsere Werke, nichts können wir vor ihm verbergen. Zunächst betrifft das den Leiter der Gemeinde. Wir hören: Die Kirche von Ephesus hat Wachsamkeit bewiesen, Unbeirrbarkeit, und zwar in der Stellungnahme gegen die sogenannten Wandermissionare. Die Falschlehrer, die eine falsche Lehre verbreiteten, hat man in Ephesus auf die Probe gestellt. Ist auch meine Gemeinde wachsam, oder lässt sie sich ganz leicht verführen von jedem beliebigen „Wanderapostel"? Heute wären das z.B. auch Kommunikationsmittel.

Unterscheidung der Geister

In ihnen kommen heute falsche Lehren an die Menschen heran. Ich muss mich dann fragen: Haben wir, habe ich selbst die Unterscheidung der Geister? Bin ich wachsam? Viele Gläubige fragen heute: Was ist denn überhaupt noch wahr? Was soll und darf man denn noch glauben? Die Menschen werden heute sehr stark verwirrt, und zwar gerade die noch Glaubenden. Wer nichts glaubt, wem alles gleichgültig ist, versucht höchstens noch, in Irrlehren eine Bestätigung für seinen falschen Weg zu finden.

Schauen wir in unser Herz und fragen wir uns, ob auch ich mich verwirren lasse, ob meine Wachsamkeit und die Unterscheidung der Geister in mir genug gereift ist. Bin ich etwa leicht umzustimmen? Heute kann man Eltern begegnen, die selbst gläubig gelebt haben; aber plötzlich geht eines ihrer Kinder einen seltsamen Weg, die Eltern hören dann bestimmte Theorien von ihnen, nehmen sie ohne Unterscheidung an, um das, was ihr Kind falsch macht, noch als richtig deuten zu können. Das ist dann eine blinde Liebe, die zwar menschlich verständlich ist, aber nicht mehr richtig unterscheidet. Über solche und ähnliche Phänomene kann man sich nur noch wundern. Bei einer Radiosendung äußerte sich eine wirklich gläubige Person positiv zur Ehe, meinte dann aber plötzlich, an die Unbefleckte Empfängnis Marias könne sie nicht glauben und auch daran nicht, dass Jesus keine Geschwister gehabt hätte. Da ist zu spüren, wie das „Gift" einträufelt und wie Irrtümer im Glauben einfach übernommen werden, wenn keine Unterscheidung mehr da ist.

Zwei Beispiele

Hier nun spricht der Herr genau das – im positiven Sinn – an. Die Epheser haben die Irrlehren durchschaut. Ein Beispiel aus der Geschichte: In der Zeit der Aufklärung hat es im Schwarzwald auch Wanderprediger gegeben. Sie haben sehr liberale Theorien und Theologien verbreitet. Als eines Tages wieder so einer predigte, stand plötzlich ein ganz einfaches Mütterchen, eine Bäuerin, auf, sammelte ihre Kinder und sagte zu ihnen: *Kommt, Kinder, kommt, das ist nicht mehr unser Glaube.* Sie konnte zwar nicht darüber diskutieren, aber sie hatte die Unterscheidung der Geister, ein Gespür dafür, dass an dem, was der Prediger da erzählte, etwas nicht stimmte. Diese Wachsamkeit bekommt man nur, wenn man regelmäßig die Hl. Schrift liest, wenn man mit Gott gleichsam auf Du und Du lebt. Dann wächst das Gespür für die Unterscheidung. Leider übernehmen viele Christen, die es im Grunde mit dem Glauben noch ernst meinen, Irrtümer und bemerken es nicht einmal!

Ein junger Mann fragte z.B., ob man dem „Heilungs-Kreis" um Gröning, der ausdrücklich betone, dass Gott heile und nicht er, Glauben schenken dürfe. Die Eltern des jungen Mannes und weitere Personen seien heil geworden. Jetzt rufen verschiedene Personen den toten Gröning an, und es geschehen tatsächlich Heilungen und Wunder. Aber aus diesen Heilungen lässt sich noch nicht folgern, dass die Ursache gut ist. Man sagt heute oft, das sei doch eine gute Sache, wenn die Leute gesund würden, also müsse das auch richtig sein. Da muss ich aber fragen: Wer macht das? Dann kann man herausbekommen, dieser Gröning hat zwar gemeint, er sei katholisch, aber er hat an die Wiedergeburt geglaubt, also an eine Form der Selbsterlösung, und das ist das Gegenteil der Erlösung durch Jesus Christus. Die Eltern des jungen Mannes meinten auch, Wiedergeburt könne möglich sein. Bei derartigen „Heilungen" sind die Menschen zwar körperlich heil geworden, aber um den Preis des Glaubensverlusts. Man kann nicht an die Erlösung durch Jesus Christus glauben und zugleich annehmen, Selbsterlösung – wie die Lehre von der Wiedergeburt annimmt – sei auch möglich. Das ist ein Widerspruch in sich. Vielleicht ist all das dem Betreffenden nicht bewusst. Licht kann aber nicht zugleich Finsternis sein und umgekehrt. So subtil geht der Irrtum in unsere Herzen ein, und wir merken es nicht einmal.

Wachsamkeit

Um Wachsamkeit geht es hier bei dem Schreiben an die Gemeinde in Ephesus. Diese Worte von damals sind auch heute für unsere Gemeinden, in der Kirche heute, in unseren Breiten bedeutsam. Ist die Kirche wachsam? Ist sie unbeirrbar? Wir können da auch in unser eigenes Herz hineinhören, vielleicht bemerken wir, dass wir auch schon manches Falsche übernommen haben. Es wäre ganz wichtig, dies anhand des Wortes Gottes zu prüfen. Ist mein Glaube unbeirrbar, oder habe auch ich schon alle möglichen „Konzessionen" an den Buddhismus, Hinduismus etc. (Synkretismus) gemacht? Muss ich mir z.B. eingestehen, da könnte auch bei mir was dran sein? Habe ich das Heil auch schon auf einer Seite gesucht, wo man zwar von Gott, vielleicht sogar von Jesus redet, aber nicht Jesus von Nazareth meint, sondern irgendeinen „selbstgemachten“ Jesus? Da müssen wir unterscheiden, wachsam sein. Das Vatikanum sagt, dass der Laie in diese Selbstständigkeit, in diese Mitverantwortung kommen müsse. Vor einigen Jahrzehnten hat man noch auf den Pfarrer fast wie auf den Papst gehört, weil der in der Regel auch nichts anderes verkündete als das, was Papst und Kirche lehrten. Das ist heute anders. Heute müssen alle mehr Wachsamkeit und Unbeirrbarkeit aufbringen für Glauben und das Leben in der Gemeinde. Da kann man manchmal schon sehr erschrecken. Der Herr bestätigt der Gemeinde von Ephesus, dass sie die Unterscheidung der Geister habe. Das ist auch heute außerordentlich wichtig. Durch Lesen der Hl. Schrift und durch ein persönliches Verhältnis zu Christus können wir ein Gespür für die Wahrheit bekommen, auch wenn man sie nicht beweisen kann. Das bewirkt der Geist in uns. Kraft der Unterscheidung konnte man in Ephesus die falschen Apostel erkennen und aussondern und konnte dadurch die Reinheit der Lehre kompromisslos verteidigen. Wenn auch die meisten von der Wahrheit abfallen würden, ja sogar alle dagegen handelten, sie bliebe trotzdem die Wahrheit. Selbst wenn alle sündigen, bleibt es trotzdem Sünde.

Die erste Liebe verlassen

In den Versen 4 und 5 tadelt der Herr: *Ich werfe dir aber vor, dass du deine erste Liebe verlassen hast. Bedenke, aus welcher Höhe du gefallen bist. Kehr zurück zu deinen ersten Werken! Wenn du nicht umkehrst, werde ich kommen und deinen Leuchter von seiner Stelle wegrücken.* Neben ihrer lobenswerten Wachsamkeit und Unbeirrbarkeit hatte die Gemeinde von Ephesus also *die erste Liebe* verlassen. Das kennen wir ebenso aus unserem eigenen Leben, wenn wir noch echt und treu katholisch sind, aber nur eine schwache Liebe zu Gott zeigen. Wir haben einen bestimmten – sagen wir – traditionellen Lebensstil, an dem wir festhalten; das muss aber noch nicht Liebe zum Herrn sein. Wenn die Liebe nicht mehr das Tragende ist, schwinden natürlich mit der Zeit auch die Treue und das Festhalten an der Wahrheit. Vielleicht –

das muss jeder bei sich überlegen und auch bei seiner Gemeinde – ist das mit ein Grund dafür, warum nach dem 2. Weltkrieg so schnell der Glaubensabfall kam, wie ihn die Apokalypse beschreibt und die älteren Menschen unter uns ihn noch erfuhren. Man hat zwar religiös praktiziert, hat gebetet, ist in die Kirche gegangen, hat die Gebote gehalten; sonst wäre man ja auch in der Gemeinde aufgefallen. Aber *die erste Liebe* war nicht mehr da. Alles war mehr ein Handeln, ein Glauben aus Gewohnheit. Wenn ein solcher Gewohnheitsglaube angegriffen wurde und die erste Liebe fehlte, verschwand er ganz schnell.
So ergeht an jeden von uns persönlich und an unsere Gemeinden die Mahnung: *Bedenke, aus welcher Höhe du gefallen bist.* Es ist eine Zeitlang möglich, noch richtig zu handeln, aber ohne die erste Liebe, die ganz persönliche Beziehung zu Christus, erfolgt der Abfall. Den Tadel kann der Herr dieser Gemeinde – vielleicht auch uns? – trotz allen Lobes nicht ersparen. Es scheinen sich auch heute Selbstgefälligkeit und Geltungsdrang eingeschlichen zu haben, so wie es die Apokalypse beschreibt: *Ich werfe dir aber vor, dass du deine erste Liebe verlassen hast.* Liebe handelt ja selbstlos, gibt sich hin. Wenn ich von der Liebe abfalle, falle ich gleichsam auf mich zurück, werde selbstgefällig, geltungssüchtig. Diese Untugenden machen sich auch heute im Bereich des Glaubens und des Glaubenslebens breit. Da muss ich mich beispielsweise fragen: Was sind meine Motivationen? Ist es reine Liebe, aus der ich handle, oder will ich nur zur Geltung kommen? Suche ich nur etwas, was mir Lob und Anerkennung einbringt? Das geschieht anfangs manchmal zwar unbewusst, aber wenn ich nicht anerkannt werde, wird es mir bewusst.

Ist mein Dienst selbstlos?

Vielleicht tut da jemand einen ganz schlichten Dienst in der Gemeinde, den anfangs sogar niemand erfahren soll. Aber eines Tages, wenn der Pfarrer z.B. an Sylvester vergisst, ihm dafür zu danken, kündigt er diese schlichte Aufgabe, die niemand wissen sollte. Da kann er merken, dass er doch gar nicht so selbstlos war. Ich kann mich selbst mit der Frage überprüfen: Wie reagiere ich, wenn ich nicht anerkannt werde für das, was ich in der Gemeinde, also in der Kirche Christi tue? Wie reagiere ich z.B. auf Kritik? Daran kann ich erkennen, wie das Gift des Geltungsdranges in mir lebt und immer wieder durchdringt. Oft meine ich, alles würde ich selbstlos und aus dem Glauben heraus tun, aber in Wirklichkeit muss ich da gereinigt werden; alle Heiligen kennen das. Das ist Verrat an der Liebe, wie Gott sie fordert und wie sie ihm anfangs in Ephesus auch entgegengebracht wurde. Aber jetzt ist die Gemeinde gegenüber früher von der Liebe zum Herrn abgefallen. Deswegen ruft der Herr zum Umdenken des Geistes, zur Umkehr des Herzens auf, damit das Werk der Gemeinde wieder Ausdruck ihrer Gottesliebe werde, dass Gesinnung und Tat wieder zusammenpassen. Die Tat drückt zwar zunächst Selbstlosigkeit aus, aber die Gesinnung darin ist nicht selbstlos.

Umkehr tut not

Auch wir werden zur Umkehr gerufen, zur *Metanoia*, was ja eigentlich *Umdenken* heißt; ich sollte nicht mehr von mir her denken, weil ich nicht das Maß der Dinge bin, sondern von Gott her. Dann bete ich: *Herr, was willst du mir sagen? Was bedeutet das, was sich um mich herum ereignet? Wie beurteile ich das, was in der Welt geschieht? Herr, was ist dein Wille?* Der Herr verlangt unser ständiges Umdenken. So sollte ich immer wieder beten: *Ist das, was ich da tue, reine Liebe, oder will ich schon wieder etwas dafür haben?* Bete ich z.B. nur dann, wenn ich ein Anliegen habe, oder geht es mir bei meinem Beten wirklich um die Liebe zum Herrn? Wenn ich da ganz ehrlich zu mir wäre, könnte ich über mich wohl manchmal „große Augen" machen! Wenn ich es aber aus der Liebe zum Herrn tue, dann ist es richtig. Arbeite ich z.B. nur, um Geld zu verdienen oder damit ich meine Aufgaben erledigt habe? Was ist die Motivation für mein Handeln in meinem Beruf? Ist das reine Liebe zum Herrn? Danach muss ich mich fragen. Es ist ersichtlich, dass das jede Gemeinde zu allen Zeiten und an allen Orten angeht. Wenn ich darauf nicht achte, kann das – wie die hl. Theresia v. Avila im Bilde sagt – *den Adler am Höhenflug hindern.*

Heilige unter uns

Das beantwortet z.T. auch die Frage, warum heute so wenige Heilige unter uns leben. Wenn es unter Stalin und Hitler nicht so viele Märtyrer gegeben hätte, könnten heute nicht so viele heiliggesprochen werden. Aus ähnlichen Gründen haben wir heute so wenige Mystiker. Vermutlich bleiben wir irgendwo in einer Phase der religiösen Entwicklung stecken und begnügen uns mit dem Erreichten. So kommen wir nicht zur ersten Liebe, handeln mehr aus Selbstgefälligkeit und Egoismus. Ich tue dann nicht mehr das, was ich für richtig halte, ob es mir angenehm ist oder nicht. Ich handle aus der Liebe zum Herrn, wenn es mir um die erste Liebe geht. Ein oberflächliches und sozusagen „lahmes" Christentum macht nie große Freude, zieht auch niemanden an. Nur wenn ich es aus der Liebe lebe, strahlt das aus. Deswegen die Forderung des Herrn, immer wieder zur ersten Liebe zurückzukehren. Andernfalls mahnt der Herr das Gericht an.

Das Gericht des Herrn

Hier spürt man den ganzen Ernst; es geht nicht um eine Nebensächlichkeit. Obwohl die Christen in Ephesus eigentlich unterscheiden konnten zwischen Irrtum und Wahrheit, stimmte ihre Motivation nicht mehr. Das Gericht des Herrn besteht darin, dass er die Gemeinde seiner Gegenwart beraubt und damit auch seiner Gnade. Er überlässt sie ihrem eigenen Handeln, überlässt sie sich selbst. Dann wird sie nicht mehr bestehen können, weil sie ihre reine, die erste Liebe, verließ.

Sittliche Ungebundenheit (Nikolaïten)

In Vers 2,6 wird das Lob für die feste Haltung noch einmal wiederholt. Da heißt es: *Doch für dich spricht: Du verabscheust das Treiben der Nikolaïten, das auch ich verabscheue. Dieses ... für dich spricht,* drückt das Lob aus. Die Nikolaïten scheinen eine Gruppe um einen Mann namens Nikolaus gewesen zu sein.

Der Herr hasst deren Treiben und deren sittliche Ungebundenheit, die sie wahrscheinlich auch mit verkehrten Ansichten begründeten, ähnlich wie es heute oft geschieht, wenn man sittliche Ungebundenheit mit fadenscheinigen Gründen zu entschuldigen versucht.

Ein Beispiel dafür ist etwas, das erst vor kurzem in Bayern an einer staatlichen Schule passierte. Die Mutter eines Sohnes erzählt, als die Kinder mit 12, 13 Jahren in die Pubertät gekommen seien, habe die Lehrerin ihnen gesagt: So, jetzt seid ihr in der Lage und fähig, eure Sexualität auszuprobieren; macht es aber nur Mädchen mit Mädchen und Buben mit Buben, damit nichts passiert. Als die Mutter zur Lehrerin ging und sich beschwerte, meinte diese: *Aus welcher Zeit stammen Sie? Das ist doch normal!* Das könnte das Treiben der Nikolaïten beschreiben, die mit irgendwelchen Argumenten, die im Grunde keine sind, die Leute verführen. Eltern haben da oft keinen Einfluss mehr. Man sieht, das ist ganz aktuell. In diesem Text wird uns gesagt, was ist und auch was geschehen wird.

Hören auf den Geist

Der Vers 2,7 mahnt: *Wer Ohren hat, der höre, was der Geist den Gemeinden sagt: Wer siegt, dem werde ich zu essen geben vom Baum des Lebens, der im Paradies Gottes steht. Die Mahnung: Wer Ohren hat, der höre, was der Geist den Gemeinden sagt;* wird in jedem Brief an die Gemeinden ausgesprochen. Damit wird betont, wie wichtig es ist, dass ich ehrlich und offen hinhöre, damit ich verstehen kann, was der Geist den Gemeinden sagt. Es wird ja auch von *den Gemeinden* im Plural gesprochen, obwohl dieser Brief nur an die Gemeinde von Ephesus gerichtet ist. Es geht also immer – wie wir schon sagten – um alle Gemeinden zu allen Zeiten an allen Orten. Im Grunde kann man nie genug diese sieben Briefe an die Gemeinden betrachten, auf jedes Wort schauen, um sich selbst im Glauben zu festigen und vielleicht auch Einfluss auf die eigene Gemeinde zu nehmen. Wer auf den Geist Gottes hört, erhält dann den Sieg zugesprochen. Das Hören ist ja das Entscheidende vor Gott. Deshalb haben wir nicht umsonst – bildlich gesprochen – zwei Ohren und einen Mund. So heißt auch das erste der Gebote: *Höre, Israel!* Das überhören und überlesen wir oft. Dieses *Höre Israel!* steht über allem. Der verheißene Siegeslohn ist das ewige Leben, das bildlich die Rückkehr ins Paradies und die Zulassung zum Baum des Lebens, zu den Früchten des ewigen Lebens meint. Wir erinnern uns an Gen 2,9 und Ähnliches in Offb 22, 2 als Verheißung des Lohns, das ewige Leben.

Smyrna, die Getreue

Nun schauen wir noch die zweite Gemeinde an, die Gemeinde von Smyrna, die wiederum gleichsam einen Aspekt meines Lebens, meiner Gemeinde aufzeigt.

In Vers 2,8 heißt es: *An den Engel der Gemeinde in Smyrna schreibe: So spricht Er, der Erste und der Letzte, der tot war und wieder lebendig wurde.* Der Herr stellt sich jeder Gemeinde immer wieder als ein Anderer vor. Für Ephesus war Er der, der sie in der Hand hält. Jetzt stellt Er sich als der Erste und Letzte vor, der tot war und wieder lebendig wurde, als der auferstandene und erhöhte Herr. Damit man die Worte besser versteht, sollte man auch die Stadt besser kennen, an die der Brief gerichtet ist. Smyrna ist die alte Hauptstadt Lydiens mit einem sehr günstig gelegenen Hafen, einem starken Handel, einer starken Judenkolonie. Das kommt später zur Sprache. Diese Stadt ist vor allem bekannt durch den Martyrerbischof Polykarp, der ein Schüler des hl. Apostels Johannes war. Der Kaiser Tiberius von Rom wurde hier, weil sie von Römern besetzt war, als Gott verehrt. Weil Smyrna sein Bündnis mit dem Kaiser von Rom nie gebrochen hatte, bekam Smyrna vom Kaiser den Ehrentitel „Smyrna, die Getreue". Christus nun stellt sich dieser Gemeinde mit seinem Titel vor, der im Gegensatz zu dem stand, was da mit dem Titel „Smyrna, die Getreue" verehrt wurde. Der Herr ist der Ewige, der Sieger über den leiblichen Tod. Er ist *der Erste und der Letzte, der tot war und wieder lebendig wurde.* Er ist auch Herr über den römischen Kaiser und macht den Gläubigen in Smyrna Mut, wenn sie wegen der Ablehnung des Kaiserkultes verfolgt werden, so wie Polykarp, der ja schließlich den Martyrertod starb. Das ist wichtig, um den Text zu verstehen.

Armut und Bedrängnis

Dann spricht der Herr in Vers 2,9: *Ich kenne deine Bedrängnis und deine Armut; und doch bist du reich. Und ich weiß, dass du von solchen geschmäht wirst, die sich als Juden ausgeben; sie sind es aber nicht, sondern sind eine Synagoge des Satans.* Das sind sehr scharfe Worte. In Ephesus hatte der Herr das übersteigerte Selbstbewusstsein angeprangert. Sie waren sich ihres Christseins bewusst, haben aber gar nicht mehr erkannt, dass ihre Liebe längst entschwunden war. Hier in Smyrna sagt Jesus, dass sie zu bescheiden und zu gedrückt seien, denn die Gemeinde hatte Bedrängnis erlebt.

Der Martyrertod des Bischofs Polykarp von Smyrna (155 oder 168) weist darauf hin. Die Gemeinde erlebte damals schon die Verachtung, die Ablehnung von Seiten der Umwelt, des Kaiserkultes, aber auch der Juden. Sie lebte in wirtschaftlicher Armut, und das inmitten der reichen Stadt. Gerade weil sie nicht alles mitmachten, wurden sie auch wirtschaftlich bedrängt. Aber sie entsprachen dem Ruf, den die Christen in der Öffentlichkeit hatten. Vor allem die Juden der dortigen Judenkolonie, die mit der Ablehnung Jesu als Messias in das Lager der Widersacher Gottes übergewechselt waren, verleumdeten und verachteten sie. Es wird hier sehr hart formuliert, dass aus der Gemeinde Jahwes eine Synagoge Satans geworden sei. Eine ähnliche Situation wird in Num 16,3 geschildert. Hier heißt es nun, die Gemeinde Jahwes, des Herrn, sei zu einer Synagoge Satans geworden. Johannes lässt in seinem Evangelium in einer Parallele (Joh 8,44) Jesus sagen: *Ihr habt den Teufel zum Vater...*

Reichtum in Gottes Augen

In den Augen Gottes aber sind die Christen von Smyrna wirklich reich, auch wenn sie wirtschaftlich arm in dieser reichen Stadt wegen der Ablehnung des Kaiserkultes leben. Sie besitzen nämlich einen unverlierbaren Schatz. Das ist auch heute für uns alle als Einzelne oder für unsere Gemeinden und Gemeinschaften wichtig: Wo wir vielleicht an materiellen und äußerlichen Werten nicht gerade besonders reich sind – es muss allerdings nicht nur um Geld gehen; es kann auch im geistigen Sinn gemeint sein, wenn wir z.B. als Christen nicht angesehen oder abgelehnt werden, wenn man z.B. sagt, wir seien *aus dem Mittelalter, hinterm Mond* etc. ist auch das eine Form von Verachtung, von geistiger „Armut". Dann sagt der Herr trotzdem: *Und doch bist du reich.* Das ist ein Wort Gottes, das ich mir immer wieder ins Herz sprechen sollte. Wenn ich Christus bejahe, wenn ich zur ersten Liebe zurückgekehrt bin, dann bin ich reich, ganz gleich, ob ich Anerkennung habe oder nicht, ob ich geistig oder materiell oder sogar geistlich etwas besitze oder nicht – das ist eine wichtige Zusage Gottes! Wir besitzen als Christen den unverlierbaren Schatz, brauchen also nicht niedergeschlagen zu sein, wie wir es (leider) heute so oft sind. Wenn wir dann in unsere Gemeinde schauen, wie da kaum mehr jemand mitmacht, wie vieles schiefgeht, dann sind wir oft deprimiert. Das ist aber nicht die Haltung eines Christen. Der Herr sagt mir: *Du bist reich. Du hast einen unverlierbaren Schatz, der sich wie ein Sauerteig ausbreiten kann.* Auch meinen Tod (das ist z.B. auch die Verachtung der Welt) hat der Herr bereits verwandelt in die sichere Aussicht auf das ewige Leben.

Fürchte dich nicht

Dann heißt es in den Versen 2,10 und 11: *Fürchte dich nicht vor dem, was du noch erleiden musst. Der Teufel wird einige von euch ins Gefängnis werfen, um euch auf die Probe zu stellen, und ihr werdet in Bedrängnis sein, zehn Tage lang. Sei treu bis in den Tod; dann werde ich dir den Kranz des Lebens geben. Wer Ohren hat, der höre, was der Geist den Gemeinden sagt: Wer siegt, dem kann der zweite Tod nichts anhaben.*

Wenn wir ehrlich sind, haben wir immer die Sehnsucht in uns, dass Christus doch endlich siegen möge, damit wir – vereinfacht gesagt – unsere Ruhe haben. Ist dann bei mir die Sehnsucht nach dem Sieg Jesu selbstlos? Geht es mir da um Jesus, oder geht es mir um mich? Deshalb ist das Herrenwort: *Fürchte dich nicht vor dem, was du noch erleiden musst,* vor dem, was ist und was kommen wird, heute so akut, wenn man in die Situation sieht, in der wir als Einzelne und als Kirche stehen. Das könnte als zu skeptisch missverstanden werden. Es ist aber Realität, aber wir als Christen haben die Hoffnung, dass der Sieg Christi sicher ist. Wir wissen, dass wir Sauerteig in diesem großen Mehltrog unserer Gemeinde sein dürfen, wenn wir wieder in die erste Liebe eintreten und versuchen, aus dieser Liebe zu leben; wenn wir von Gott her alles zu verstehen und zu bejahen suchen, ohne etwas zu bemänteln oder zu predigen. Das ist eine sieghafte Haltung. Aber wir müssen selbstverständlich auch die Gefahren sehen, sonst könnten wir darin scheitern.

Niedergeschlagenheit, die der Herr hier vermahnt, ist immer wieder in uns. Wer sie nicht hat, der sollte Gott danken. Immer wieder meinen wir, die Letzten zu sein; in dem Zeitalter des New Age brauchen wir das Herrenwort: *Fürchte dich nicht vor dem, was du noch erleiden musst.* Du hast deinen Schatz in dir. Es kann dir nichts schaden. Wenn man dich tötet, kommst du umso schneller ins Licht, ins ewige Leben. Deine Feinde können dich also nur fördern, aber nicht hindern. Das meint dieses *Fürchte dich nicht vor dem, was du noch erleiden musst.* Wir aber jammern meistens und wissen dann am Ende nicht einmal, warum wir gejammert haben, weil von den erwarteten Übeln keines eintritt. Jesus sagt es uns ganz konkret: *Der Teufel wird einige von euch ins Gefängnis werfen, um euch auf die Probe zu stellen, und ihr werdet in Bedrängnis sein, zehn Tage lang.* Der Teufel selbst ist Handlanger in dieser Verfolgung, aber sie dauert nur zehn Tage. Das bedeutet symbolisch: *nur kurze Zeit.* Der Herr deutet in der Geheimen Offenbarung öfter solche begrenzten Zeiten an, weil er immer die

Prüfung seiner Getreuen in der Hand behält. Er lässt nur zu, wie viel notwendig ist, damit die Menschen zur Umkehr kommen können. Wir haben in unserer Lebenszeit schon viele Tyrannen erlebt und gemeint, deren Tyrannei höre nie mehr auf. Wir erinnern uns beispielsweise an das sogenannte *Tausendjährige Reich* und an den Kommunismus, an dessen Zusammenbruch kaum einer glaubte – doch plötzlich und unerklärlich brach alles zusammen! Der Herr behält jede Prüfung in seiner Hand! Sie dauert *zehn Tage* und dann ist Schluss. Das sind Gottesworte! Deshalb gilt für uns: *Sei treu bis in den Tod*. Der Herr verspricht uns nicht, wir könnten nicht um des Glaubens willen getötet werden. Aber er sagt: *Fürchte dich nicht*! Er ist immer mit mir, und mein Ziel als treuer Christ ist in der Nachfolge des Herrn der unverlierbare Schatz, der mir dann ganz sicher am Ende zuteil wird. Für den gegenwärtigen Augenblick aber werde ich die nötige Gnade bekommen, damit ich durchhalten kann. Deshalb sagt uns der Herr im Evangelium: *Sorgt euch also nicht um morgen; denn der morgige Tag wird für sich selbst sorgen* (Mt 6,34). Viele verbittern sich selbst ihr Leben mit ihren Sorgen. Sie leben nicht im Heute, in dem ihre Freude liegt, weil der Herr ihnen nämlich heute etwas schenken will; sie können das vor lauter Sorgen um morgen nicht wahrnehmen. Das haben wir vermutlich alle mehr oder weniger schon einmal erlebt. Der Augenblick jedoch ist mein Leben, in ihm soll ich *treu bis in den Tod* sein. Selbst wenn der Martyrertod einmal mein Schicksal sein sollte, dann ist mir vom Wort Gottes her eine solche Kraft zugesagt, dass es für mich dann sogar das Gute (vgl. Röm 8,28) ist.

Der Sieg des Herrn

Irdische Armut und Bedrängnis, wie sie hier in der christlichen Gemeinde von Smyrna herrschten (auch jedes menschliche Leid überhaupt) können den gläubigen Christen nicht von seiner Gottesliebe abbringen. Den Titel *„das getreue Smyrna“* gibt Christus seiner Kirche und den Christen dort in einem auf die Ewigkeit gerichteten Sinn: Sie sollen den *zweiten Tod* (nämlich den Tod der Verdammnis im Gericht) nicht erleiden. Dann heißt es: *Wer Ohren hat, der höre, was der Geist den Gemeinden sagt: Wer siegt, dem kann der zweite Tod nichts anhaben* (2,11). mit dem *ersten Tod* ist der physische Tod gemeint, mit dem *zweiten* der ewige. Wer siegt, dem kann dieser zweite Tod nichts mehr anhaben, sondern der Sieger wird das Leben in Fülle bekommen; das ist eine göttliche Verheißung. Wenn wir das nun wieder auf uns selbst und auf die Gemeinde hin betrachten, kommen wir auf das für uns Wichtige, nämlich: *Fürchte dich nicht!* Leid gibt es in jeder Gemeinde, aber dem Sieger *kann der zweite Tod nichts anhaben.*

Entscheidung

Wir sollten immer wieder unsere persönliche Beziehung zu Christus reflektieren, dann aber auch eine Entscheidung treffen. Viele sehen etwas in ihrem Leben ein, fassen vielleicht auch noch einen Vorsatz. Wie aber schon das Sprichwort sagt, *ist der Weg zur Hölle mit lauter guten Vorsätzen gepflastert*, weil eine klare Entscheidung fehlt; das ist eines der Probleme heute: Wir sind weithin Christen ohne Entscheidung. Wir erkennen zwar manches Richtige, wollen manches auch ändern, treffen aber keine Entscheidung. Wir sollten bei uns selbst einmal prüfen, wie oft wir schon z.B. Exerzitien machten, gute Einfälle hatten, eine Predigt hörten oder etwas lasen und einsahen; aber nach ein paar Wochen hatten wir wieder alles vergessen, was wir wollten, weil wir keine Entscheidung trafen. Die Entscheidung könnte etwa so aussehen: Herr, jetzt mache ich einen Punkt! Herr, ab jetzt gehört mein Leben ganz dir! Jetzt versuche ich, mein Leben aus der Liebe zu dir heraus zu leben, mein Denken, mein Reden, mein Handeln – und ich werde es immer wieder täglich reflektieren!

III. Pergamon und Thyatira

Offb 2,12 – 2,29

Dass Christus jeder Gemeinde in einer ganz bestimmten Weise erscheint, bedeutet immer auch etwas für sie in ihrer besonderen Lage. Hier nun erscheint der Herr mit einem scharfen zweischneidigen Schwert. Der *Engel der Gemeinde* in Pergamon (das meint den Bischof oder Priester) wird – wie bei den vorhergehenden Gemeinden – angeschrieben. Zum Verständnis muss man wissen, dass Pergamon ehemals die Hauptstadt des Atalidenreiches gewesen ist; es hatte also eine bedeutende Vergangenheit. Bekannt war es nach dem Geschichtsschreiber Plinius für seine große Bibliothek von etwa 200 000 Schriftrollen aus Pergament, die ihm wohl auch den Namen *Pergamon* gaben. Dort war auch der viel bewunderte Zeus-Altar, der sogenannte *Pergamon-Altar*, der heute in Ostberlin steht, wo auch die Altäre einiger anderer Götter – z.B. der Altar des Augustus und der Altar der Roma – sind. Heidnische Religiosität prägt also die Atmosphäre der Stadt. Christen brauchten deswegen auch hier klare Unterscheidung zwischen Christus und dem die Christen umgebenden Heidentum mit seinen Göttern; deshalb trägt hier der Herr das zweischneidige, scharfe Schwert. Es geht vor allem um den Pergamon-Altar, über den nachher eine sehr deutliche Sprache gesprochen wird.

Der Herr kennt meine Wohnung – meine Situation

In 2,13 heißt es: *Ich weiß, wo du wohnst; es ist dort, wo der Thron des Satans steht. Und doch hältst du an meinem Namen fest und hast den Glauben an mich nicht verleugnet, auch nicht in den Tagen, als Antipas, mein treuer Zeuge, bei euch getötet wurde, dort, wo der Satan wohnt.* Das ist eine aufrüttelnde Botschaft! Jesus sagt klar: *Ich weiß, wo du wohnst.* Dabei geht es nicht nur um Pergamon, sondern es geht – wie wir schon sagten – um alle Gemeinden zu allen Zeiten. Er sagt jeder Gemeinde und einem jeden von uns: *Ich weiß, wo du wohnst.* Damit ist die ganz persönliche Beziehung Gottes zu mir gemeint, denn ER weiß alles, was mit meinem Wohnen zusammenhängt, kennt Umstände, Zusammenhänge, Umgebung. Dieses Wort birgt in sich auch eine gewisse Wärme: Gott weiß um meine Situation. Er kennt auch meine Umwelt, die durch die Angriffe des Teufels belastet wird. Das muss jeder für sich selbst betrachten, was es für ihn bedeutet und evtl. auch für unsere Zeit. Wir können uns fragen, in welcher Situation wir jetzt leben und dürfen wissen: Der Herr kennt sie. Er kennt also auch unsere Versuchungen, die Verlockungen, die für die Christen dort in Pergamon waren, vielleicht auch die Gefahr von Vermischung zwischen Heidentum und Christentum durch die vielen Göttertempel und Gottheiten in der Stadt. Hier sollten auch wir heute genau hinhören, denn die Gefahr der Vermischung zwischen Heidentum und Christentum besteht auch heute. New Age und die Esoterik sind nichts anderes. Da bleiben vom Christentum oft nur noch manche Namen übrig, z.B. Jesus; aber mit diesem Namen ist dann nie Jesus von Nazareth gemeint. Die Gläubigen werden dadurch nur verwirrt. Wenn wir solchen Anklängen an unserem Glauben begegnen – etwa der Behauptung: Ich bete und lebe mit Jesus – müssen wir immer vorsichtig sein und fragen, welchen Jesus man meint, ob es wirklich Jesus von Nazareth ist.

Beispiel: Reiki-Meisterin

Ein Priester berichtet aus der Seelsorgepraxis: Zu mir kam eine Dame, die mir sogar von einem Priester empfohlen worden war. Sie sprach mich an: *Ich habe den Eindruck, Ihnen geht es nicht so gut.* Ich hatte damals Herzbeschwerden. Sie meinte: *Darf ich für sie mal beten, wenn Sie wollen? Ich habe das zwar nicht gelernt, ich habe die Gabe einfach so bekommen.* Ich dachte: Wenn ein Pfarrer sie mir empfohlen hat, kann ich ruhig mal hingehen; das wird wohl nicht schaden bei einem so gläubigen Menschen, der die Gabe von Gott hat... Als ich zu ihr kam, ging die Frau mit mir in den Keller, in eine Art Schlauchzimmer mit altem Fenster und mit einer Liege, auf die man sich legen konnte. Die Wände hingen voll mit Bildern von P. Pio, dem Herzen Mariä, dem Herzen Jesu und vielen Heiligen. Da hätte man meinen können, obwohl es ein bisschen übertrieben wirkte, man sei in einer sehr frommen Umgebung. Die Frau setzte sich ans Kopfende von dem Schragen, ich ihr gegenüber. Plötzlich fing sie zu reden an und schimpfte heftig über bestimmte Pfarrer, auch über Dinge, die nicht hierher gehörten; das war aber noch nicht besonders schlimm. Ich jedoch musste denken: Das soll nun fromm sein, von Gott gar, und dabei eine solche Lieblosigkeit! Irgendetwas stimmt da nicht. Ich habe meine Augen immer wieder ein wenig im Raum umherwandern lassen, während sie schimpfte, und ich sah plötzlich eine Tafel mit der Inschrift: Meister des Reiki. Sie war also eine Reiki-Meisterin. Sie hatte aber behauptet, sie hätte nie etwas gelernt und hätte alles von Gott. Als katholischer Pfarrer und Seelsorger wollte ich sie nicht vor den Kopf stoßen und habe mir überlegt, wie ich da wieder herauskomme. Ich habe mich auf die Liege gelegt, und sie hat mit ihren „Energien" herumhantiert; ich aber habe immer gebetet: Herr, hinaus mit dem ganzen Zeug! Trotzdem war es später noch einmal notwendig, dass andere mit mir beteten, nachdem ich von ihr zurück war.

Vermischung (Synkretismus)

Hier kann man sehen, dass diese Dame es möglicherweise sogar ehrlich meinte, nicht bewusst zur Esoterik verführen wollte. Aber man sieht hier auch die Vermischung, die viele heute oft gar nicht mehr merken. Sie werden da hineingezogen, und es geschieht auch irgendwas. Man kann in diesem Zusammenhang immer wieder folgende falsche Aussage hören, sogar von Leuten, die es eigentlich wissen müssten: *Wenn es hilft, ist es gut*. Das stimmt aber nicht! Es gibt nämlich auch ein scheinbares Helfen, und es gibt viele Verschiebungen von Phänomenen, gerade in diesem Bereich. Dann hat man zwar plötzlich z.B. kein Zahnweh mehr, dafür aber eine Augenentzündung. Dann kehrt man wieder zum „Heiler" zurück. Das bringt diesem wieder Geld. Dann hat man es plötzlich an den Nieren; das gibt wieder Geld. Jedes Mal wird man scheinbar geheilt, nur die Phänomene werden immer wieder verschoben. Zum bösen Ende kratzt dann – bildlich gesprochen – der Teufel am Bett. Ursprung sind die Vermischungen und Ver-

wirrungen, die genau diese Gefahr heraufbringen. Jesus sagt uns: *Ich weiß, wo du wohnst. Ich kenne deine Umwelt. Ich kenne deine Versuchungen und Verlockungen.* Was heute in dieser Vermischung (Synkretismus genannt) angestrebt wird, ist eine große Weltreligion, in der alles zusammenpasst. Es tritt sogar schon jemand auf, der sich *Messias der Christen, der Juden und des Islam* nennt. Er wirbt intensiv für sich. Es gibt auch eine konkrete Person mit einer Weltzeitung, die manchmal von bestimmten Leuten verbreitet wird, denen sie in die Hände fiel. Diese Person will eine Weltregierung aufbauen mit einer Weltreligion. New Age etc. gehört dahinein. So konkret ist das!
Die Aussage über die Gemeinde von Pergamon vor 2000 Jahren betrifft also nicht nur sie selbst, wie wenn uns das nichts mehr anginge. Wir sehen vielmehr, dass es ein sehr konkretes Wort auch an uns ist: Achtet auf die Vermischung! Erinnern wir uns an die Unterscheidung der Geister bei der Gemeinde in Ephesus. Überall in der Apokalypse gibt es solche Hinweise, die für jede Zeit, auch für uns heute gelten. Es wird immer wieder auf bestimmte Gefahren hingewiesen. So muss ich bei dem oben genannten Synkretismus auf die Wurzeln schauen, muss fragen: Wer hilft, womit wird geholfen, und worum geht es? Wir sollten eben nicht, wenn wir z.B. schwer krank sind, nach jedem sog. Strohhalm greifen, sondern fragen, womit jemand hilft. Wir sollten nicht zu jemandem gehen, weil er hilft. Wir könnten nachher noch mehr belastet sein als vorher. Der einzig wahre Gott und seine Offenbarung können vom Wesen her gegenüber Götzen und falschen Heilslehren nie tolerant sein! Es gibt auch heute viele Heilslehren. Jesus bescheinigt den Christen in Pergamon, dass sie die wahre Freiheit des Geistes und auch die Hingabe ihres Herzens treu bewahrt haben. Das anerkennt der Herr gerade in dieser Stadt, *wo der Thron Satans steht und wo der Satan wohnt.* Die Christen von Pergamon haben den Glauben an Christus unverfälscht festgehalten trotz des Martyriums (des Todeszeugnisses) des Antipas, der ebenfalls wie Polykarp ein Martyrer in Pergamon war. Sie hatten keine Angst vor dem Martyrertod, der vielleicht auch sie hätte treffen können. In einer solchen Umwelt treu zu bleiben, ist sehr schwer. Deshalb spricht der Herr ihnen ein ganz besonderes Lob aus.

Aber dann heißt es (2,14-16): *Aber ich habe etwas gegen dich: Bei dir gibt es Leute, die an der Lehre Bileams festhalten; Bileam lehrte Balak, er solle die Israeliten dazu verführen, Fleisch zu essen, das den Götzen geweiht war, und Unzucht zu treiben. So gibt es auch bei dir Leute, die in gleicher Weise an der Lehre der Nikolaiten festhalten. Kehr nun um! Sonst komme ich bald und werde sie mit dem Schwert aus meinem Mund bekämpfen.*

Gegen den Zeitgeist

Wir erinnern uns: Es ist der Herr mit dem zweischneidigen Schwert, der hier spricht. Offenbar haben sich nicht alle Christen in Pergamon in den geistigen Auseinandersetzungen und Verlockungen bewährt. Eine Minderheit hat sich von dem heidnischen Tun verführen lassen. Jesus verwendet hier einen Bildvergleich aus dem Alten Testament mit Bileam und Balak. Es geht da um die Verführung zu Götzendienst und Unzucht in Num 25,1. Darauf bezieht sich die Aussage in der Apokalypse: *Bei dir gibt es Leute, die an der Lehre Bileams festhalten,* d.h. die Leute zur Unzucht und zum Abfall vom Glauben an Gott, an Jahwe, an Jesus verführen und sie den heidnischen Gottheiten zuführen. Diese Minderheit glaubt also dem Zeitgeist. Deshalb heißt es am Anfang ganz deutlich: *Ich weiß, wo du wohnst.* Ich kenne deine Umgebung. Ich weiß, was da alles geschieht. Man könnte auch – deutend – sagen. Diese Minderheit glaubt dem Zeit- und Ortsgeist Zugeständnisse machen zu dürfen. Das aber ist ein Bruch mit der christlichen Lehre und Praxis. Wir hören die Parallelen zu heute heraus, die Angleichung an den Zeitgeist, wie man heute denkt, handelt, lebt. Man meint oft, heute sei alles anders als früher, man stehe der Welt offener gegenüber. Man kann z.B. lesen, dass eine bestimmte Diözese dafür gelobt wird, weltoffener zu sein. Das kann positiv sein, aber was heißt denn in diesem Zusammenhang *weltoffen*? Ich bin auch dann weltoffen, wenn ich die ganze Welt für Christus gewinnen will. In *weltoffen* klingt aber heute auch mit, dass man jegliche Einflüsse aus der Umgebung akzeptieren sollte, was dann aber auch sozusagen sehr „ansteckend" sein kann. Noch vor 50 Jahren konnte man sich z.B. kaum mehr blicken lassen, wenn man geschieden war, vor allem auf dem Dorf. Das war dann ein Riesen-Dorfgespräch. Da war man gleichsam abgestempelt. Heute denkt sich im gleichen Dorf kaum jemand mehr etwas bei einem solchen Ereignis. Uns geht es hier nicht etwa um eine Verurteilung, aber man sieht, wie schnell wir uns von dem Denken, heute sei alles anders, infizieren lassen. Da verlassen selbst sogenannte „gläubige" Männer plötzlich ihre Frauen und umgekehrt. Man hält das für einen Weg; die Kirche solle sich halt einmal ein bisschen ändern, meint man.

Das ist nur ein Beispiel, an dem wir auch unser Denken und Handeln überprüfen können, wie schnell wir irgendwelche Meinungen übernehmen. Man „gewöhnt" sich dran, dass es so ist, auch wenn man weiß, dass es vom Glauben her nicht richtig ist. Man erschrickt nicht mehr, wenn einem solche Ereignisse begegnen. Da muss jeder aufpassen, dass er nicht selbst in einen Sog kommt. Viele Geistliche trauen sich heute z.B. nicht mehr, irgendetwas gegen Abtreibung zu sagen, was da Schreckliches geschieht! Von Pater Pio wird berichtet, eine Frau habe ihm erzählt, in einem Traum sei ein wunderschöner Jüngling auf sie zugekommen, habe getanzt. Sie habe gemeint, dieser Jüngling sei Jesus. Darauf antwortete Pater Pio: Er habe das auch gesehen, aber das sei ihr Sohn gewesen, den sie abgetrieben habe, der jetzt so alt gewesen wäre wie der Jüngling im Traum. Er sei dazu berufen gewesen, Papst zu werden. So etwas kann einen aufrütteln und kann bewusst machen, was geschieht, wenn man ein Leben auslöscht, weil man gar nicht damit rechnet, dass jeder Mensch eine Berufung hat.

Berufung

In diesem Zusammenhang erhebt sich z.B. die Frage, welche und wie viele Menschen uns heute durch Abtreibung in Kirche und Staat fehlen. Vielleicht hätten gerade die Getöteten eine wichtige Gabe und Berufung gehabt. Das kann einen schon sehr bewegen. Hier bei Pergamon soll ich vor allem im Wort Gottes an die Gefahr des Zeitgeistes erinnert werden. Wir meinen oft lange

Zeit, wir stünden fest im Glauben, merken dann aber plötzlich, dass wir genauso denken wie unsere Umgebung; zumindest erschrickt man nicht mehr über deren falsche Ansichten. Hier entfernen wir uns vom Richtigen, wir müssen aufpassen und sensibel bleiben (oder werden), müssen ganz *in Christus sein*, mit ihm verbunden bleiben. Ich muss meine Anpassung und Nivellierung rechtzeitig erkennen. Eine Minderheit von Christen hat sich z.B. darauf eingelassen, einfach in den sog. „Ehen ohne Trauschein" zusammen zu leben. Sie gehen zusammen in den Gottesdienst, hören das Wort Gottes. Sie meinen ja, nicht abgefallen zu sein; sie haben sich in ihrem Innern dem Zeitgeist geöffnet, und das ist letztlich doch ein Bruch mit der christlichen Lehre und Praxis. Christus ruft diese Verirrten zur Umkehr auf, sonst wird ER selbst eingreifen als Richter über die Verfälscher christlichen Lebens.

Wie in der Gemeinde von Pergamon ist es immer ein Kampf nach zwei Seiten, den alle Christen zu allen Zeiten in dieser Welt durchstehen müssen, mal mehr, mal weniger. Wir heute müssen immer wieder heraushören, was bei uns jetzt gerade in unserer Kirche, in unserer Ortskirche, aber auch vor allem in mir akut ist. Nur das von mir Erkannte kann ich verändern, wenn ich das will. Es ist zum einen nämlich der Kampf gegen Feindschaft und Beeinträchtigung von außen und zum andern gegen Gefährdung von innen durch falsche Lehren, eine Art Zwei-Fronten-Krieg.

Der Kampf gegen Angriffe von innen und außen

Die Gefahr von <u>außen</u> ist heute offenkundig. Man sieht, man erkennt sie. Sie ist <u>lebensgefährlich</u>, aber nicht unbedingt <u>glaubensgefährlich</u>. Dagegen ist der Kampf gegen die Gefährdung von <u>innen</u> durch falsche Lehren viel bedrohlicher. Rahner hat einmal von einer „kryptogamen (=verborgenen) Häresie" gesprochen. Er meint damit eine Häresie, die ganz unten, gleichsam wie in einer Krypta liegt, die man nicht bemerkt. Sie fängt ganz unscheinbar irgendwo an, macht z.B. Abstriche an der Jungfräulichkeit Mariens; dann ist auf einmal die Gottheit Christi in Frage gestellt. Sie schleicht sich sozusagen von irgendwo unmerklich herein, teilweise unter der Vorgabe, wissenschaftlich zu sein. Wenn es dann an die Substanz geht, ist es meistens schon zu spät. Deshalb ist es für jeden Christen wichtig, sich eindeutig für die Wahrheit zu entscheiden. Das gilt für seine Gespräche über den Glauben, für jede Art der Verkündigung. Die Wahrheit allein macht frei. Wir müssen sie allerdings in Liebe sagen, damit sie die Menschen befreien kann. Die Wahrheit kämpft ja gleichsam selbst für sich im Wort Gottes, das die Wahrheit ist. Nicht wir müssen die Menschen überzeugen. Wie sollten wir das denn machen? Ohne Liebe werden die Menschen auch nicht umdenken; erst die Wahrheit wird sie überzeugen. Wenn ich nämlich in Liebe das Wort Gottes, die Wahrheit verkünde, ist der Geist Gottes in der Wahrheit gegenwärtig, und er deckt auf, was Sünde, Gerechtigkeit und Gericht ist (vgl. Joh 16,8). Keinesfalls müssen wir irgendjemanden zwingen. Wir müssen nur an Christus glauben, in der Liebe die Wahrheit sagen und den Herrn bitten, er möge in seinem Wort gegenwärtig sein. Das ist unsere Stärke, unser Vorteil.

In der Gemeinde von Pergamon erscheint Christus mit dem zweischneidigen Schwert, das eine Art „Zweifrontenkrieg“ im Leben eines jeden Christen gegen die Angriffe von außen und die Irrlehren von innen symbolisiert. Schon in der Urkirche, im ersten Jahrhundert, brachten die Irrlehren einen Ansturm von innen. Die Nikolaïten werden hier genannt, die Bileamslehre usw. Wir brauchen uns nicht wundern, dass es heute bei uns ein bisschen bedrängender wird. In der Geschichte brachen immer wieder Irrlehren auf, wenn der Druck von außen nachließ. Man muss aus der Wahrheit leben, wenn man gegen die Angriffe von außen kämpfen will. Meist ist es nur eine kleine Gruppe, die sich inmitten der Gemeinde dem Geist der Zeit anbiedert, um ihre Ruhe zu haben. Sie leben nach der Devise; ein bisschen Christentum, ein bisschen Welt. Da fehlt gänzlich die Gabe der Unterscheidung.

Beispiel: Verführung der Kinder

Bei einem Firmgruppen-Wochenende in einem Landjugendheim wollten die Kinder etwas wissen, was sie daheim nicht zu fragen wagten, wie nämlich das bei okkulten Praktiken Erlebte zu beurteilen sei. Die Betreuer erklärten ihnen, dass das sehr gefährlich sei und besprachen die Zusammenhänge genauer. Es gebe einen Versucher, und die Gefahr bestünde, dass man auf ihn hereinfallen könne. Ein Mädchen erzählte danach, es habe dann in seinem Zimmer alle Satansposter abgerissen. Darüber hat sich dann die katholische Mutter so aufgeregt, dass sie ins Pfarrhaus ging und sich beschwerte: Sie halte das dort Besprochene für Blödsinn! Ihr Kind dürfe alles haben, was die anderen Kinder auch hätten. Diese Mutter war völlig vom Ortsgeist, vom Weltgeist angesteckt, merkte keinen Unterschied mehr. Viele Christen gehen zwar noch in die Kirche, zur Erstkommunion, zur Firmung, fallen aber auf solche Verführungen herein. Das Mädchen hat verstanden und beschlossen: Damit will ich nichts mehr zu tun haben; die Mutter dagegen nicht. Sie empfand das Falsche als „normal".

In einem andern Fall berichten Kindergärtnerinnen, wie sie von Katholiken angegriffen wurden, wenn sie nur religiöse Dinge im Kindergarten besprachen. Diese Beispiele sollten jeden, je nachdem, wo er lebt, aufmerksam auf diese Fehlhaltungen machen, um dann einzutreten für die Wahrheit, aber in Liebe. Wir erkennen zugleich, wie konkret die Worte der Apokalypse sind – für alle Gemeinden Christi zu jeder Zeit an allen Orten.

Im Vers 2,17 mahnt der Geist durch Johannes: *Wer Ohren hat, der höre, was der Geist den Gemeinden sagt: Wer siegt, dem werde ich von dem verborgenen Manna geben. Ich werde ihm einen weißen Stein geben, und auf dem Stein steht ein neuer Name, den nur der kennt, der ihn empfängt.* Das ist ein ganz wunderbares Wort. Die Manna-Speise hat Israel ja beim Wüstenzug wunderbar am Leben erhalten und hinübergerettet ins Gelobte Land. Hier nun heißt es: *Wer siegt, dem werde ich von dem verborgenen Manna geben* und zwar dem – sagt der Geist – der Ohren hat zu hören. Wer siegt, d.h. wer in der Wahrheit bleibt, der wird eine Speise bekommen, die ihn hinüberrettet in das Land der Verheißung, also in den Himmel. Das alles wird uns in der Eucharistie geschenkt; aber es meint wohl auch andere Gaben Gottes, die uns in diesem Leben helfen sollen.

Freispruch – der weiße Stein

Dahin gehört auch die bewegende Aussage über den weißen Stein (Offb 2,17): *Ich werde ihm einen weißen Stein geben und auf dem Stein steht ein neuer Name, den nur der kennt, der ihn empfängt.* Man muss wissen: Ein solcher Stein wurde in der antiken Gerichtspraxis dem Angeklagten oder auch dem Verurteilten vom Richter als Zeichen seines Freispruchs übergeben, hier ist es ein Ausdruck für die Schuldlosigkeit im Gericht Gottes. Zuerst wird dem Sieger das verborgene Manna verheißen, die Kraft, die ihn hindurchrettet bis ins Land der Verheißung, dann erfolgt durch den weißen Stein der Freispruch. Darüber hinaus trägt aber dieser weiße Stein noch einen *neuen Namen, den nur der kennt, der ihn empfängt. Name* bezeichnet das Wesen, das ganze Sein. Der Name *Jahwe*, das ist der ewig Seiende, das ist das Wesen Gottes.

Jeder kann das ganz konkret an seiner Reaktion spüren, wenn ihn jemand in der Fremde etwa bei einer heimlichen Tätigkeit mit seinem Namen anruft, dann fühlt er sich erkannt und durchschaut. An dieser Stelle in der Apokalypse wird demzufolge dem Sieger ein neues Wesen geschenkt, ein ganz persönliches Verhältnis zu Gott, das nur ihm bewusst ist, das nur er allein erleben kann. Eine Parallele dazu finden wir in 1 Joh 3,1f: *...Wir heißen Kinder Gottes, und wir sind es.... Aber was wir sein werden, ist noch nicht offenbar geworden. Wir wissen, dass wir ihm ähnlich sein werden...* Das bedeutet der weiße Stein, auf dem mein Name steht, mein ganz persönliches Verhältnis zu Gott. So etwas ist nur beim unendlichen Gott möglich; wir können uns das nicht vorstellen. Aber das ist die Voraussetzung für das ewige Gastmahl, bei dem wir nicht nur essen, sondern uns auch mit anderen über unsere persönliche Beziehung zu Gott austauschen, die das nicht wissen können, und auch sie können mir ihre ganz individuelle Gottesbeziehung mitteilen, die ich nicht wissen kann.

Himmlisches Leben

Das ist eine wunderbare Aussage, die uns den Himmel etwas bewusster macht. Wir haben oft eine allzu menschliche

Vorstellung vom Himmel, wir seien dann nur an einem andern Ort (meinen wir), vergessen aber leider die Einzigartigkeit, die erst ein Gastmahl mit einem Austausch in alle Ewigkeit ausmacht. Wenn alle Gott gleich erkennen würden, was wollten sie dann noch austauschen? Die Liebe, die dort herrscht, schenkt sich jedoch weiter in ihrem einmaligen Wesen, ihrer einmaligen Erkenntnis Gottes, ihrer einmaligen Liebe zu Gott usw. Das kann jeder von uns lange betrachten, damit ihm aufgeht, wie schön das sein wird. Da braucht sich niemand zu fürchten, er werde im Himmel auch wieder übersehen, sei wieder zu klein, und Ähnliches mehr. Johannes wird in der Apokalypse offenbart, was wir aus eigener Erfahrung und Erkenntnis nicht wissen können.

In dem „Pergamon" von heute, also in unserer Umgebung, dem Heidentum und der Gottlosigkeit, wird dem „Sieger" das „Manna" gegeben, damit er durchhält. Keiner von uns braucht Angst zu haben, wenn er in die Mühlen von Atheismus, Gottlosigkeit, Heidentum usw. hineinkommt. Das Manna rettet ihn, und er bekommt den weißen Stein, seinen Freispruch im Gericht und seine einmalige Beziehung zu Gott, eine herrliche Wahrheit! Sie gilt auch für uns heute! Denn Pergamon ist heute! Damals war Pergamon eine *Stadt Satans*; da wohnte der Teufel; dort stand sein Altar. Radikaler kann man es nicht mehr ausdrücken. Wer sich aber dort bewährte und dort Christus treu blieb, der bekam die Kraft dazu und den weißen Stein. Wir spüren auch hier: Es kann nicht bloß um das damalige Pergamon gehen; es geht um alle Gemeinden, auf der ganzen Welt zu allen Zeiten, wenn sie in die geschilderte Situation kommen; und wir heute brauchen wirklich nicht darauf zu warten!

Von Pergamon nach Thyatira

Jetzt verlassen wir <u>Pergamon</u>, das ganz auf der Höhe liegt, richtig am Berg; man kann weit ins Land hineinschauen, und wir gehen jetzt weiter in die Stadt <u>Thyatira</u>, von der es in 2,18f heißt: *An den Engel der Gemeinde in Thyatira schreibe: So spricht der Sohn Gottes, der Augen hat wie Feuerflammen und Beine wie Gold-*

Erz: Ich kenne deine Werke, deine Liebe und deinen Glauben, dein Dienen und Ausharren, und ich weiß, dass du in letzter Zeit mehr getan hast als am Anfang. Der Stadt wird hier ein hohes Lob geschenkt. Der Sohn Gottes war bis jetzt so in der Apokalypse noch nicht genannt worden, und er ist hier auch wieder ganz anders als vorher beschrieben.

Thyatira war eine kleine Stadt im Lycos-Tal und lebte von Handel und Gewerbe. Aus ihr stammte Lydia, von der es in Apg 16,14 heißt, es sei eine Purpurhändlerin gewesen, die ... *hörte zu; sie war eine Gottesfürchtige, und der Herr öffnete ihr das Herz, so dass sie den Worten des Paulus aufmerksam lauschte.* In Thyatira lebte eine christliche Gemeinde. Dort gab es auch die sogenannten Zinkmühlen, eine Erz verarbeitende Industrie mit Zünften, die auch eine heidnisch-religiöse Bindung hatten, einen Tag verschiedener Schutzgottheiten, die zu jeder Berufsgruppe gehörten. Dieser Gemeinde stellt sich Jesus mit seinem höchsten Würdentitel, *Sohn Gottes*, vor. Nur an dieser Stelle geschieht das. Jesus will dem Vorsteher der Gemeinde von Thyatira ernst ins Gewissen reden, aber zunächst hören wir ein Wort an die Guten in dieser Gemeinde, ein Wort der Anerkennung. Ihre Liebe und ihr Glaube erweisen sich im Dienst füreinander als echt. Vor allem wird anerkannt, was bis jetzt noch nicht der Fall war, dass diese Gemeinde deutliche Fortschritte gegenüber früher gemacht hat. Wir sollten auch hier wieder genau hinhören, ob das nicht ebenso bei uns zutrifft. Am wichtigsten aber ist die Liebe. Wir denken zurück an Ephesus, wo es an der Liebe fehlte, wo die Eigenliebe vorherrschte.

Das Weib „Isebel“

Dann trifft in Vers 20 den Leiter der Gemeinde eine scharfe Kritik, ein harter Tadel, weil er nachgiebig ist gegenüber irrigen Richtungen: *Aber ich werfe dir vor, dass du das Weib Isebel gewähren lässt; sie gibt sich als Prophetin aus und lehrt meine Knechte und verführt sie, Unzucht zu treiben und Fleisch zu essen, das den Götzen geweiht ist.* Den negativen Entwicklungen stand anscheinend eine Frau vor, die fälschlicherweise vorgab, das Charisma der Prophetie zu haben und es auch in Anspruch nahm. Wir wissen, die biblische Isebel war die Frau des Ahab, sie diente den heidnischen Göttern. Ahab wollte unbedingt den Weinberg Nabots besitzen, aber der weigerte sich, weil es der Weinberg seiner Väter war. Isebel sorgte dann dafür, dass Nabot gesteinigt wurde, indem sie ihm Vergehen unterstellte. Ahab ergatterte sich dann den Weinberg. Isebel war also Mörderin, Götzendienerin und falsche Prophetin. Der Name *Isebel* meint an dieser Stelle in der Apokalypse also eine falsche Prophetin, die die Knechte Christi verführt, Unzucht zu treiben und Fleisch zu essen, das den Götzen geweiht ist – ähnlich wie bei Isebel im Alten Testament. Sie dient hier gleichsam als Beispiel oder als Bild für die Stadt Thyatira, und es steht auch nicht von ungefähr da, dass sie sich als Prophetin ausgibt.

Prophetie und Unterscheidung

Deshalb ist es auch heute außerordentlich wichtig, die sogenannten „Propheten" zu prüfen. Das verlangt z.B. Paulus immer wieder. Er sagt, Prophetie sei wichtig; im Alten Testament heißt es sogar, ohne Prophetie sterbe das Volk. Sie ist im Neuen Testament ein Sprechen von Gott her zum Menschen hin, was wir z.B. bei der Vision und Audition des Petrus in Apg 10,9ff sehen, bei denen es um die Reinheit der Speisen geht. Beide sind prophetisches Bild und Wort, eine Ermahnung, Erbauung, ein Trost – so beschreibt Paulus das Charisma der Prophetie. Wir brauchen Prophetien, aber es ist ganz wichtig, sie zu prüfen, weil sie aus dem Volk Gottes hervorgehen, nicht aber von außen eindringen. Deswegen ist hierbei besonders wichtig die Gabe der Unterscheidung. Es kann vorkommen, dass Teile prophetischen Redens gut sind. Manchmal kann man aber auch spüren, dass z.B. ein Wort gesagt wird, womit einem Anwesenden gleichsam die Meinung gesagt werden soll; das aber ist nicht mehr prophetisch! Solche und ähnliche Gefahren gibt es immer wieder, dass nicht unterschieden wird zwischen dem Wort, das von Gott eingegeben wird, und dem, was jemand selbst gleichsam „anbringen" möchte.

Ein Beispiel dafür ist das, was in einem Gebetskreis einmal geschah. Ein Teilnehmer sah ein Bild von einem wunderschönen roten Apfel, der innerlich faul war. Dieses Bild bezog er willkürlich auf einen anderen Teilnehmer. Das kann so nicht von Gott sein. Zwar mag das Bild vom fauligen Apfel durchaus echt sein, trifft vielleicht sogar für den Propheten selbst (oder einen Teilnehmer) zu. Der Prophet darf aber sein prophetisches Wort nicht selbst auslegen. Immer wieder spielt nämlich bei Wort und Bild viel Menschliches mit. Wenn nun der Prophet seine Worte und Bilder selbst auslegt, kann es allzu menschlich sein; man weiß dann überhaupt nicht mehr, was von Gott, was vom Menschen stammt. Da kann es dann sein, dass jemand – neben dem von Gott empfangenen Wort – mit zwar liebevollen, scheinbar göttlichen Worten und Offenbarungen aber doch nur seine Meinung einem andern sagen will. Das ist zwar menschlich verständlich, aber da muss man aufpassen.

Die falschen Propheten kann man also sogar in frommen Worten und Übungen vermuten. Der Teufel ist nämlich – wie man schon seit alters sagt – der *Affe Gottes*. Alles, was es auf der Seite des Glaubens gibt, finden wir häufig auch auf der sog. schwarzen Seite. Es gibt z.B. das Sprachengebet, aber das gibt es auch im Satanismus, nur da ist es nicht der Heilige Geist, der es hervorbringt, sondern der dämonische Geist. Ebenso gibt es die Prophetie auch bei der Wahrsagerei – und viele andere Nachahmungen beim sog. *Affen Gottes*. Wenn z.B. jemand im Okkultismus war, dort Wahrsagerei betrieb, sich dann bekehrte und vielleicht auch eine natürliche Gabe in dieser Hinsicht hat, darf er nicht meinen, alles, was ihm jetzt als Gläubigem eingegeben werde, stamme von Gott. Das ist manchmal lange Zeit gemischt. Leider sind solche Personen dann oft allzu selbstsicher, das ist aber eine schlechte Voraussetzung für eine Gabe Gottes! In einem solchen Fall muss man immer noch so lange mit dem Gegenspieler Gottes rechnen, bis der betreffende Mensch ganz gereinigt ist. Besser wäre es da, sich anfangs still zu verhalten, die Eindrücke bei sich zu belassen, einfach im Gebet zu bleiben und Gott alles zu überlassen.

So kann man heute auch als sog. *falsche Propheten* ansehen, die gleichsam als *frei schaffende Propheten* ohne Unterordnung unter den Gehorsam des Amtes prophetisch reden. Es gibt z.B. Personen, die in ganz Deutschland herumgereist sind, mit Mikrofon und Tonband ankommen und einzelnen Leuten sagen: Ich habe ein Wort vom Herrn für dich. Dieses „Wort“ wurde z.B. auf Kassette aufgenommen und für 5.- DM (damals) verkauft. Viele sind wirklich darauf hereingefallen. Auf solchen Kassetten war wenig zum Heil der Menschen; daher ist es immer wieder wichtig, genau hinzuhören, solche „Prophetien“ vom kirchlichen „Amt“ prüfen zu lassen, auch wenn das Amt manchmal etwas lang für die Prüfung braucht.

Privatoffenbarungen

Schauen wir in diesem Zusammenhang auf die vielen Privatoffenbarungen, die ja zur Prophetie gehören. Wir sollten dem Himmel immer gerne erlauben, dass er redet, wie er will, dass er auch seine Boten schickt und uns auf manches hinweist, weil wir selbst nicht mehr richtig erkennen und danach handeln. Leider werden aber damit Gläubige häufig unter Druck gesetzt; was da „offenbart“ worden sein soll, entspricht aber im Wortlaut nicht dem, was der Papst sagt, was die Kirche lehrt. Das kann dann nicht mehr vom Hl. Geist sein, denn der Geist Gottes setzt nie unter Druck; er führt immer in die Freiheit. Da gibt es auch heute noch eine ganze Schar von falschen Propheten wie die Isebel. Bei ihr war es ein direktes Verführen zum Götzendienst und zur sittlichen Laxheit. Heute sehen wir selbstverständlich auch viele andere Formen und Möglichkeiten. Deshalb sollte ich zwar all das, was Gott schenkt, in Dankbarkeit annehmen, immer aber auch prüfen und prüfen lassen, ehe ich mich danach richte.

Manche Menschen wollen zwar immer prophetische Aussagen hören. Sie kommen daher und sagen: Sie, Sie haben doch dieses „Seherauge“ – ein seltsamer Ausdruck! Ein Glück dass sie nicht „Wahrsager“ sagen und meinen. Solche Menschen wollen sich nicht bekehren, sie wollen bloß *ein Bild* haben. Sie fragen etwa:

Haben Sie nicht ein Bild für mich, womöglich ein schönes mit Rosen ohne Dornen? Sie wollen nicht zur Selbsterkenntnis kommen, sondern suchen nur ein nettes Bild. Das ist dann reine Spielerei. Wenn ich aber mit den Gaben spiele, kann der Gegenspieler Gottes schnell da hineinwirken. Wir sollten eher den Weg (bildlich gesprochen) mit dem gekreuzigten Herrn nach Jerusalem gehen und nicht irgendwelche Spielereien betreiben, bei denen wir nur – neugierig – etwas wissen, aber nicht hören und auch nicht tun wollen. Das ist ein gefährlicher Weg, aber er ist nicht mit Gott. Wer ihn geht, hört leicht auf falsche Propheten. Vielleicht hat mancher schon einmal etwas Ähnliches erlebt. Isebel ist ja auch bei uns heute – mitten in der Gemeinde, darauf hin zielt die Anklage in der Apokalypse.

Bruch des Bundes mit Gott und Gericht

Daran schließen dann die Verse 2,21–23 an: *Ich habe ihr Zeit gelassen umzukehren; sie aber will nicht umkehren und von ihrer Unzucht ablassen. Darum werfe ich sie auf das Krankenbett, und alle, die mit ihr Ehebruch treiben, bringe ich in große Bedrängnis, wenn sie sich nicht abkehren vom Treiben dieses Weibes. Ihre Kinder werde ich töten, der Tod wird sie treffen, und alle Gemeinden werden erkennen, dass ich es bin, der Herz und Nieren prüft, und ich werde jedem von euch vergelten, wie es seine Taten verdienen.*

In der Bibel ist mit dem Ehebruch meistens bildlich der Götzendienst gemeint. Das Alte Testament spricht vom Ehebund mit Jahwe, der beim Götzendienst in zweifacher Hinsicht gebrochen wird: Einmal ist es Unsittlichkeit, aber zum andern oft auch der Götzendienst selbst. Viele in Thyatira werden gelobt ob ihrer Liebe, ihres Glaubens, Dienens, Ausharrens und dass sie Fortschritte darin gemacht haben. Aber es sind auch andere darunter, die vor allem durch die eine Person verführt werden. Der Herr hat sich mit seinem Einschreiten Zeit gelassen, um den Irrenden Zeit zu geben, sich zu bekehren. Die Frist aber ist jetzt abgelaufen, weil ihre Halsstarrigkeit keine Hoffnung auf Besserung verspricht: Die Hauptschuldige wird mit einer Krankheit geschlagen, die sicher zum Tode führt. Die zweite Gruppe der Sympathisanten mit dieser Frau, die als ihre *Kinder* bezeichnet werden und mit ihr Götzendienst oder Unzucht getrieben haben, bekommen noch eine Chance. Gott schenkt immer wieder Chancen, soweit das überhaupt möglich ist. Besinnung und Bekehrung sind bei diesen sogenannten *Kindern* des Weibes nicht aussichtslos.

Warnung – Trost für die Frommen

Das Schicksal der Irrlehrer in Thyatira soll allen Gemeinden ein Warnungszeichen sein, dass ihr Herr mit der Gerechtigkeit seines Gerichtes über sie kommt, wenn sie seine Langmut missverstehen und sie nicht zur Umkehr nützen. Das sagt auch sinngemäß Paulus: *Verwechselt nicht die Langmut Gottes mit Gleichgültigkeit oder Nachsicht, bis es eben nicht mehr geht.* (Röm 2,4) Das ist ein sehr deutlicher Hinweis für jede Gemeinde, dass sie die Langmut Gottes in Anspruch nehmen und zur Umkehr nützen sollte, weil sonst die Gerechtigkeit des Gerichtes über sie kommt.

Für die übrigen Gläubigen in Thyatira fährt Vers 2,24 tröstend fort: *Aber euch übrigen in Thyatira, denen, die dieser Lehre nicht folgen und die „Tiefen des Satans“, wie sie es nennen, nicht erkannt haben, euch sage ich: Ich lege euch keine andere Last auf. Aber was ihr habt, das haltet fest, bis ich komme.* Das ist tröstlich und auch bemerkenswert. Der Herr fordert nicht mehr von ihnen als das, was sie bereits tun. Sie haben sich angestrengt, sind gewachsen; nun sollen sie einfach weiterwachsen. *Haltet fest, was ihr habt,* ist in diesem Zusammenhang ein wichtiges Wort! Die Gläubigen werden nicht überfordert. So ist unser Gott, das ist ein Kennzeichen seines Geistes. Wenn wir uns irgendwann einmal überfordert fühlen, dann sind wir entweder selbst daran schuld, weil wir alles nur aus uns tun, aber nicht aus Gott. Nur der Geist der Lüge, der Täuschung, überfordert uns, damit wir unser Leben zerbrechen und die Freude an Gott verlieren. Gott beachtet unser Alter, unser Geschlecht, unsere augenblickliche Verfassung, unser So-Sein. Die Unterscheidung der Geister verhilft uns da zur rechten Erkenntnis. Wenn ich z.B. etwas nicht kann, was andere können, es aber trotzdem gerne tun möchte, dann muss ich es dennoch nicht tun; weil es nicht meine Sache ist. Das ist dann keine Ausrede, sondern eine klare Erkenntnis. In diesem Sinne ist es wunderschön, was der Herr hier sagt: *Haltet das fest, was ihr habt.* Dem Herrn ist zuwider sowohl der Laxismus, der alles laufen lässt, als auch der Rigorismus, der alles machen will, was mir gar nicht möglich ist! Beides kommt nicht aus der Liebe zu Gott.

Der Siegesspruch

Die Botschaft schließt mit den Versen 2,26–29: *Wer siegt und bis zum Ende an den Werken festhält, die ich gebiete, dem werde ich Macht über die Völker geben. Er wird über sie herrschen mit eisernem Zepter und sie zerschlagen wie Tongeschirr; (und ich werde ihm diese Macht geben,) wie auch ich sie von meinem Vater empfangen habe, und ich werde ihm den Morgenstern geben. Wer Ohren hat, der höre, was der Geist den Gemeinden sagt.* Der Siegesspruch nimmt Bezug auf die besondere Lage der Kirche in Thyatira, weil sie nämlich keine Zugeständnisse macht, sich nicht angleicht an die nichtchristliche Umwelt. Die unverfälschte Wahrheit setzt den Gläubigen Grenzen. Sie sind dort vom heiligen Willen Gottes geführt; es gibt für sie kein Übertreiben, kein Sich-Einlassen mit Heidnischem. Wer sich daran hält, wird an der Herrschaft Christi und sogar am Gericht Christi über die abtrünnige Welt teilhaben. Ein sehr deutliches Wort – auch für uns heute. Paulus sagt sogar, dass wir *über Engel richten werden* (1 Kor 6,3). Der Herr verspricht dem Sieger als Lohn sich selbst, nämlich den *Morgenstern*, d.i. Christus, der am Morgen das Licht in die Dunkelheit bringt. Der Sieger wird an der Macht, die Christus vom Vater hat, teilhaben. Das ist mit dem *eisernen Zepter* und dem *zerschlagenen Tongeschirr* gemeint. Christus wird sich selbst geben – eine große Verheißung! Es folgt aber auch wieder die stetige Ermahnung: *Wer Ohren hat, der höre, was der Geist den Gemeinden sagt.*

Für uns heute heißt das wieder: Wir sollen auf alle sieben Sendschreiben hören. Sieben, die Zahl der Fülle, ist ja – wie wir schon sagten – die Symbolzahl für alle Gemeinden zu allen Zeiten an allen Orten. Vielleicht kann jeder von uns in jedem der Schreiben etwas finden, was für ihn im Augenblick akut und wichtig ist.

IV. Die Gemeinde von Sardes

Offb 3,1 - 22

Im Kapitel 3,1ff geht es um die Gemeinde von Sardes; das war die alte Königsstadt der Lydier. Vielleicht kennen wir aus der Geschichte noch Krösus, den letzten bekannten König von Sardes. Vor allem gab es dort eine Wollverarbeitung. Die Gemeinde hat gleichsam ihren „Geist aufgegeben“, wie es hier heißt. *Dem Namen nach lebst du, aber du bist tot.* Der Herr erscheint ihr als der Herr und Hüter der sieben Gemeinden. Die sieben Sterne sind die Leiter der sieben Gemeinden, aber auch – wie wir schon sagten – die sieben Geister Gottes, also der Heilige Geist, der die Fülle des Geistes Gottes in sich birgt. Aus dieser Fülle lebt bis heute seine Kirche. Er, der diese ganze Fülle seiner Kirche geben will, muss feststellen, dass sie das nicht angenommen hat. Deswegen ist die Gemeinde – bis auf wenige – abgestorben. Das ist auch die Wirklichkeit vieler Gemeinden heute, dass nur noch ein kleiner Rest übrig und alles andere abgestorben ist.

Vers 2 fährt mit einem äußerst scharfen Tadel fort: *Werde wach und stärke, was noch übrig ist, was schon im Sterben lag. Ich habe gefunden, dass deine Taten in den Augen meines Gottes nicht vollwertig sind.* Hier folgt nicht ein Wort des Lobes, wie es bisher dem Teil der Gemeinde zugesprochen wurde, der durchgehalten hatte. Das harte Urteil des Herrn soll gleichsam wie ein Schock wirken, um die Gemeinde vom Todesschlaf wieder aufzuwecken. Auch heute bräuchten wir wohl manchmal einen solchen Schock, weil sich nichts mehr bewegt. Das Einschlafen – bildlich gesprochen – ist immer eine große Gefahr unserer Gemeinden. Sogar die Auserwählten unter den Aposteln haben am Ölberg geschlafen. Sie hatten damals den Heiligen Geist in Taufe und Firmung als das Siegel des lebendigen Gottes noch nicht empfangen – wie diese Gemeinden in der Apokalypse es bereits hatten. Trotzdem schlafen die Gläubigen in Sardes ein. Es ist nämlich ein großer Unterschied zwischen der Sünde eines Menschen, der von der Erlösung noch nicht berührt wurde, also nicht getauft ist und Christus noch nicht kennt einerseits und andererseits der Sünde eines Getauften, d.h. eines Menschen, der bereits Glied am Leib Christi wurde – wie die Gläubigen in Sardes. Der Getaufte reißt gleichsam Christus mit hinein in seine Sünde. Das ist der große Unterschied.

Wache auf vom Todesschlaf!

Der Herr sagt, dass die Gläubigen das alles empfangen haben (Offb 3,3). Mit ihm sind sie eins geworden in der Taufe. Deshalb erscheint er auch als der, *der die sieben Geister hat.* Sie aber haben die Fülle des Geistes in sich absterben lassen. Und heute müssen auch wir uns fragen: Wie würde Christus uns hier und heute in unserer Gemeinde erscheinen? Was heißt das alles für mich, für uns? Auch wir könnten an der Fülle des Geistes teilhaben; aber wir haben uns oft genug auf andere Dinge so eingelassen, dass Gottes Geist keinen Raum mehr fand. Wenn heute manche Christen durch solche und ähnliche Worte schockiert werden, klagen sie an; aber manchmal muss das sein. Das ist in dem guten Sinn gemeint, dass den Christen klar vor Augen geführt werden muss, worum es geht, wo sie stehen und wo sie enden werden, wenn sie so weitermachen wie bisher. Das zu sagen ist heute aber gleichsam verboten. Die Hl. Schrift zeigt hier an einem Beispiel, wie durch einen heiligen Schrecken die Gemeinde wieder vom Todesschlaf auferweckt werden soll. Vielleicht kann dies uns auch zeigen, was zu einer Evangelisation gehört, denn nicht alle lassen sich von der Liebe Gottes ansprechen; sie brauchen manchmal ein anderes „Feuer“. Es geht hier keineswegs darum, jemanden zu zerstören, sondern alle sollen wieder für das Reich Gottes gewonnen, für das Heil geöffnet werden. Leider sind wir auch immer wieder in der Gefahr, Menschen in einer Weise lieblos die Meinung zu sagen, die nichts mit Evangelisation, sondern mit unserem Eigenwillen zu tun hat, den wir dann in der Verkündigung sozusagen „ausleben“. Wenn wir eine solche dahindämmernde Gemeinde oder Gemeinschaft erleben und ihr das zu sagen wagen, käme diese sich trotzdem oftmals noch ganz fromm und christlich vor, weil man ja z.B. immerhin noch ab und zu in die Kirche geht. Man dämmert so vor sich hin und merkt gar nicht, wie es um einen steht.

So ist die Gemeinde von Sardes ein Beispiel auch für unsere heutige Situation. Manche Leute kümmern sich nicht mehr um die Kirche, vergessen sie einfach. Wenn man einem solchen Christen z.B. sagen würde, er sei Atheist, würde er protestieren, er sei katholisch, ähnlich wie in Sardes. Das ist sozusagen ein „Christentum auf Rädern“: Bei der Taufe, bei der Hochzeit und bei der Beerdigung wird man in die Kirche „gefahren“. Solche Christen brauchen dann manchmal einen kleinen Schock, damit sie aufwachen, damit sie merken, wo sie eigentlich stehen. Ein solches Christentum ist nur noch dem Namen nach da, hat nur noch wenig Leben, und auch der Rest wird bald abgestorben sein, wenn ihm nicht umgehend geholfen wird. So gibt es Sardes gleichsam zu jeder Zeit, kann in jeder Gemeinde sein!

Im schon erwähnten Vers 3 heißt es dann: *Denk also daran, wie du die Lehre empfangen und gehört hast. Halte daran fest und kehr um! Wenn du aber nicht aufwachst, werde ich kommen wie ein Dieb, und du wirst bestimmt nicht wissen, zu welcher Stunde ich komme.* Der Herr erinnert hier an die Aufgeschlossenheit der ersten Stunde, an die lebendige Bereitschaft damals, als man die Botschaft Christi hörte, als Sardes das Evangelium annahm und die Kirche Christi dort Fuß fasste. Den ersten Eifer muss die Gemeinde wieder finden, wenn das Wort Gottes in ihr fruchtbar werden und dann durch sie gleichsam die Umgebung ausstrahlen soll. Es geht niemals nur um das Heil einer einzelnen Gemeinde, sondern, weil sie mit Christus lebt, soll durch sie ihre Umgebung das Heil finden. Ein Christ, der nicht zugleich Apostel ist, der nicht zugleich sein Christsein ausstrahlt, ist kein rechter Christ. Wenn aber meine Beziehung zu Christus echt ist, dann wird alles, was ich tue, auf die Menschen um mich herum ausstrahlen. Der Geist Gottes im Menschen strahlt immer aus und wirkt. Deshalb sprechen wir von Wortcharismen und Dienstcharismen. Der Geist Gottes bewirkt, was mein Wort normalerweise nicht kann; er macht z.B. betroffen, erbaut, tröstet in einer wirklich dunklen Nacht. Das kann ich mit meinem Wort – sozusagen einem Schall am Ohr – nicht, aber der Geist Gottes benutzt mein Wort; das ist ein Wortcharisma. Wenn der Geist Gottes meinen Dienst benutzt, sodass etwas Göttliches geschieht, dann ist das ein Dienstcharisma.

Der Dienst meines Grußes

Eigentlich sollte ein Christ als erstes, wenn er irgendwo hinkommt, sagen: *Friede sei mit (Dir) Euch!* Das sollte uns ermutigen, unseren Gruß ernster zu nehmen: *Grüß Gott! – Behüt dich Gott! – Guten Tag! – Guten Morgen!* – oder wie es in der jeweiligen Gegend Brauch ist: Das alles sind Segensgrüße. Wenn ich so als Christ grüße, der den Geist Gottes in sich hat – der nicht in mir „schläft" und abgestorben ist wie in Sardes – dann ist der Hl. Geist in meinem Wort und in meinem Dienst gegenwärtig und wirkt. In meinem Gruß, mit dem ich etwas Gutes wünsche, kommt dann gleichsam erlösende Gnade zum andern Menschen. Das könnte man als Erstevangelisation bezeichnen. Es geht darum, dass Sardes (und die ihm heute ähnliche Gemeinde) wieder zur ersten Liebe zurückkehrt, dass sie wieder wach und aufgeschlossen wie am ersten Tage wird, damit auch die Umgebung das Evangelium erfährt und annehmen kann. Ohne diese Umkehr wird sie plötzlich unvorbereitet, unerwartet dem kommenden Richter gegenüberstehen. Das ist sehr ernst zu nehmen.

Trost für die Treuen

Der Vers 4 tröstet die Treuen: *Du hast aber einige Leute in Sardes, die ihre Kleider nicht befleckt haben; sie werden mit mir in weißen Gewändern gehen, denn sie sind es wert.* Das ist ein wohltuendes Trostwort neben der Anfangsrüge, die sehr hart war. Auch das sollten wir immer wieder auf uns selbst, unsere Gemeinde, unsere Gemeinschaft hin konkretisieren. Es ist noch nicht alles verloren! Man kann sich da an den „Handel" erinnern, gleichsam das Feilschen Abrahams mit Gott um Sodom und Gomorra: Wenn da noch 50 Gerechte... und wenn es bloß 45, bloß

40 sind. Gott verschont sie. ER ist immer noch da und hört zu. Und wenn es nur noch 35, nur noch 30 sind: Auch dann verschont ER die Städte! Abraham fasst Mut und probiert weiter. Wenn es nur 25, nur 20, nur 15, 10 sind? Auch dann verschont ER sie noch. Und dann verabschiedet sich der Herr. Das ist so tröstend und ermutigend, dass ER auch bei nur zehn Gerechten noch Schonung gewährt! Haben wir noch so viele in unserem Dorf oder in der Stadt, diesen „Heiligen Rest" von Sardes, dann ist noch nicht alles verloren. Wenn es in meiner Umgebung so aussieht wie in Sardes, darf ich an dieses Wort denken: Es gibt unter so vielen Toten doch noch einige „Lebendige", die sich von der tödlichen Gleichgültigkeit und geistlosen Gewohnheit ferngehalten haben. Vor allem aber geht es hier in erster Linie um die Gleichgültigen, denn die meinen immer noch, sie seien auf dem richtigen Weg, dämmern aber nur so vor sich hin. Gerade das ist ein Kennzeichen unserer Zeit, diese geistlose Gewohnheit; man macht alles ohne persönliche Beziehung, ohne Liebe zu Gott, nur routinemäßig. Der Rest, der sich nicht von dieser schläfrigen Trägheit hat erfassen lassen und seine Kleider – gemeint sind die weißen Taufkleider, die man damals noch anzog – nicht befleckt hat, sie haben eine Krone bekommen, in der ihr Königtum klar angezeigt wird. Sie werden die Herrlichkeit ihres verklärten Herrn teilen, die wir am Fest der Verklärung Christi feiern.

In den Versen 3,5f heißt es: *Wer siegt, wird ebenso mit weißen Gewändern bekleidet werden. Nie werde ich seinen Namen aus dem Buch des Lebens streichen, sondern ich werde mich vor meinem Vater und vor seinen Engeln zu ihm bekennen. Wer Ohren hat, der höre, was der Geist den Gemeinden sagt.* Das reine, strahlende, weiße Gewand ist in der Apokalypse die Farbe der Verklärung im Himmel. An dieser Stelle ist es aber zugleich auch ein Anknüpfen an das Gewerbe, die Wollweberei, dieser Stadt. Hier ist es – wie immer – gut, den Hintergrund zu kennen, dem die Bilder jeweils entsprechen. Das hier erwähnte Buch des Lebens finden wir im Alten wie im Neuen Testament. Es ist gleichsam eine Art Bürgerliste des Himmels. Das dritte Bild ist die wunderbare Verheißung Jesu, dass er sich zu uns *vor den Engeln Gottes bekennt!*

Wenn man einmal alle Verheißungen von allen sieben Gemeinden hintereinander liest, muss in einem der Hunger und der Durst nach der Erfüllung dieser Verheißungen lebendig werden. Und dann folgt wie immer der Satz: *Wer Ohren hat, der höre, was der Geist den Gemeinden sagt* – ein Hinweis darauf, dass wir öfter zwar hören, dann aber abschalten und denken: Das kennen wir schon, das wissen wir schon. Es geht ja nicht darum, etwas Neues zu erfahren, etwa ein anderes Evangelium oder etwas Spannenderes. Wir sollen von den Gottesworten jeweils in unserer jetzigen Situation getroffen werden. Ich kann ein bestimmtes Evangelium hundert Mal gehört haben, vielleicht sogar auswendig kennen, mich aber noch nie davon angesprochen gefühlt haben; es kann mich dann jedoch beim wievielten Male in einer bestimmten Situation treffen. Deshalb muss ich immer aufmerksam hören. Aus solchem Hören kommt der Gehorsam. Wenn wir ehrlich sind, müssen wir zugeben, dass wir heute nicht allzu weit von Sardes entfernt sind.

Die Gemeinde Philadelphia

Die nächste Gemeinde, die angesprochen wird, ist Philadelphia. Vers 7 sagt: *An den Engel der Gemeinde in Philadelphia schreibe: So spricht der Heilige, der Wahrhaftige, der den Schlüssel Davids hat, der öffnet, so dass niemand mehr schließen kann, der schließt, so dass niemand mehr öffnen kann. Christus wird hier geschildert als der Heilige, der Wahrhaftige, der den Schlüssel Davids hat.* Von Philadelphia wissen wir, dass es eine jüdische Kleinstadt war, eigentlich bedeutungslos; darin lebte eine kleine Christengemeinde, die sehr stark von außen angefochten war. Ihr spricht der Herr ein uneingeschränktes Lob zu. In der Bedrängnis, die von den Juden zu kommen scheint, will der Herr bei ihnen Vertrauen wecken, sie in der Treue bestärken und ihnen Mut zusprechen. Das ist also eine andere Situation als in Sardes. Hier in Philadelphia nennt der Herr neue Titel von sich: *Heiliger, Wahrhaftiger,* so wie er in Offb 6,10 dann später von den Seelen der Martyrer, die unter dem Altar leben, als der Heilige und der Wahrhaftige angerufen wird. Mit der Bezeichnung *Heiliger* bezeugt der Herr sich als Messias. Das Bild von den Schlüsseln Davids stammt aus Jes 22,22, als Eljakim das Amt als Palastvorsteher über das Haus Davids übertragen wird. Jesus allein entscheidet, wer in das Gottesreich der Endzeit aufgenommen oder wer ausgeschlossen wird. Er hat die Schlüssel Davids; er öffnet, er schließt, niemand kann das ändern. Er ist zwar die Barmherzigkeit, die Liebe, aber auch die Gerechtigkeit. Wir dürfen die Gerechtigkeit bei Gott nicht ausklammern, sonst ist er nicht mehr Gott. Jesus hat in seinem Leiden durch sein gerechtes Opfer dieser Gerechtigkeit Gottes entsprochen, um uns zu erlösen. Wenn also ein Mensch die Barmherzigkeit Gottes ablehnt, liefert er sich freiwillig der Gerechtigkeit Gottes aus, vor der kein Mensch bestehen kann. Zur hl. Sr. Faustyna sagt der Herr: *Wer nicht durch das Tor der Barmherzigkeit geht, muss durch das Tor der Gerechtigkeit.* Das hört sich vielleicht etwas willkürlich an, weil wir ja nach menschlichen Erfahrungen urteilen und fragen, wie Jesus zu mir eingestellt ist. Ich brauche nur auf das Kreuz zu schauen, dann weiß ich, wie Er mich liebt. Dann brauche ich keine Angst zu haben, wenn ich es ehrlich meine. Da kann ich mich – im Gegenteil – nur freuen.

In den Versen 8 und 9 steht: *Ich kenne deine Werke, und ich habe vor dir eine Tür geöffnet, die niemand mehr schließen kann. Du hast nur geringe Kraft, und dennoch hast du an meinem Wort festgehalten und meinen Namen nicht verleugnet. Leute aus der Synagoge des Satans, die sich als Juden ausgeben, es aber nicht sind, sondern Lügner – ich werde bewirken, dass sie kommen und sich dir zu Füßen werfen und erkennen, dass ich dir meine Liebe zugewandt habe.* Die Tür zum Leben ist geöffnet, eine wunderbare Verheißung! Wenn man sich manchmal erbärmlich vorkommt – wer hat das noch nicht gespürt bei schwindender Kraft, bei seinen Grenzen? – hat aber doch an dem Wort des Herrn festgehalten, dann ist eine solche Zusage trostreich. Manchmal meint man nämlich etwa so: *Herr, jetzt bin ich schon so alt und möchte längst heilig sein; aber ich kann morgens aufwachen, und es liegt sozusagen immer noch kein „Heiligenschein" auf meinem Nachttisch.* Selbst in unserem „Sardes" gibt es da noch Hoffnung. Die kleine Schar Christen hat sich damals nicht einschüchtern lassen.

Sie hat ihren lebendigen Glauben freimütig bekannt. Was ihr bisher vielleicht nicht gelungen ist, das verheißt ihr jetzt der Herr. Die Gemeinde wird Zuwachs erhalten und zwar aus den Reihen ihrer erklärten und hartnäckigen Gegner, *aus der Synagoge des Satans,* weil sie treu geblieben ist. *Und sie werden sich euch (sogar) zu Füßen werfen,* d.h. sie werden Christus durch euch kennenlernen. Der Geist Gottes verheißt das, der uns in der ganzen Drangsal zu jeder Zeit Hoffnung gibt. Wichtig ist bei dieser „kleinen Herde", dass sie treu zusammensteht.

Ein Beispiel aus den USA:

Eine katholische Gemeinde dort war etwas ermüdet und sozusagen „eingeschlafen". Da haben sich ein paar kleinere Gruppen – man könnte fast sagen eine Art „Philadelphia" – zusammengetan und ganz treu um den Heiligen Geist, um die Erneuerung im Heiligen Geist, für die gesamte Gemeinde gebetet. Das wurde zwar mit der Zeit recht anstrengend, als scheinbar nichts geschah; aber die Beter blieben dabei. Nach einiger Zeit konnten zwei neue Kirchen mit 2000 und 3000 Sitzplätzen gebaut werden. Diese Kirchen sind jeden Sonntag mehrmals voll besetzt. Viele Leute kommen dorthin, die im apostolischen Sinn sehr aktiv sind. Das war vorher eine schlafende Gemeinde! Daran können wir sehen, welche Chance auch wir als kleine Gruppe in unserer Gemeinde haben können! Wir müssen aber treu sein, am Wort Gottes festhalten. Hier in der Apokalypse finden wir diese Verheißung. Wir dürfen nun beten, diese Verheißung in Anspruch nehmen für unsere Gemeinde, sozusagen für unser „Philadelphia"! Dann können durch unser gemeinschaftliches Gebet selbst die größten Gegner zu Christus finden. In der Apostelgeschichte heißt es: *Der Herr fügte täglich ihrer Gemeinschaft die hinzu, die gerettet werden sollten* (Apg 2,47). Der Herr sammelt, wenn wir in der Treue, in der Liebe bleiben – nicht die Gemeinde.

Die „Pastoralpläne" des Himmels

Das sind die eigentlichen Pastoralpläne des Himmels, nicht unsere, die oft nur darin bestehen, dass wir ein paar Hütten bauen, nicht mehr fortgehen wollen wie Petrus, weil es uns gut gefällt, wo wir gerade sind. Wir haben in unseren Gemeinden manchmal Gruppen, die beten, aber bereits ermüdet sind. Sie beten nur noch weil es „schön" ist. Sie wollen keine neuen Mitglieder. Sie denken: Wie es ist, so ist es gut bei uns, vielleicht sogar noch mit Kaffee und Kuchen. Da kann es kein Wachstum mehr geben, welches das Zeichen für pulsierendes Leben ist. In Jesaja 45,14 gibt es dazu eine alttestamentliche, eine prophetische Verheißung, dass die Heiden Israel huldigen werden. Wenn wir als Christen leben, wird die „Welt" das erkennen. Aber das ist anstrengend! Da müssen wir z.B. immer wieder abends hinausgehen, auch wenn es uns vor dem Fernseher oder anderswo angenehmer wäre. Wir haben nicht immer „Lust", zusammenzukommen und um den Heiligen Geist zu beten, damit die Gemeinde sich erneuert. Doch hier greift nur die Treue zum Wort, von der Christus sagt: *Du hast an meinem Wort festgehalten und meinen Namen nicht verleugnet.* Ein anderes, ähnliches Beispiel steht in Jes 49,23. Diese Verheißungen sind nicht bloße Geschichtchen, sie werden sich – auch bei uns – erfüllen. Auch das auserwählte Volk, das durch eigene Schuld dieser Berufung verlustig ging, wird dem neuen Bundesvolk Gottes Ehre erweisen, d.h. auch Israel wird zurückfinden zu seinem Messias. Hier steht das!

Es folgen die Verse 10 und 11: *Du hast dich an mein Gebot gehalten, standhaft zu bleiben; daher werde auch ich zu dir halten und dich bewahren vor der Stunde der Versuchung, die über die ganze Erde kommen soll, um die Bewohner der Erde auf die Probe zu stellen. Ich komme bald. Halte fest, was du hast, damit kein anderer deinen Kranz bekommt.* Wie der Herr den Juden die Tür zur Gemeinde öffnete, will er sie darüber hinaus auch den Mächten der Verfolgung verschließen. Es wird zwar eine große Prüfung über die ganze Erde kommen, in der jeder sich entscheiden muss, aber der Herr wird seine Jünger in der Versuchung bewahren; sie werden sich in der allgemeinen Christenverfolgung bewähren und nicht abfallen. Nach kurzer Zeit der Bedrängnis wird der Herr sie endgültig zur Belohnung rufen; den Siegeskranz bekommt, wer nicht sozusagen *auf der Strecke bleibt*, sondern durchhält bis zum Ziel, am Wort festhält, seinen Namen nicht verleugnet. Es sind immer wieder die gleichen Bedingungen.

Die Namen des Siegers

In den Versen 12 und 13 werden die Sieger (bildhaft) angesprochen: *Wer siegt, den werde ich zu einer Säule im Tempel meines Gottes machen, und er wird immer darin bleiben. Und ich werde auf ihn den Namen meines Gottes schreiben und den Namen der Stadt meines Gottes, des neuen Jerusalem, das aus dem Himmel herabkommt von meinem Gott, und ich werde auf ihn auch meinen neuen Namen schreiben. Wer Ohren hat, der höre, was der Geist den Gemeinden sag*t. Sie werden gleichsam eine unverrückbare *Säule im Tempel Gottes* sein, die schmückt und trägt. Dann werden drei Namen in die Säulen der Standfestigkeit eingeprägt; sie heißen erstens *Name meines Gottes,* zweitens *Name der Stadt meines Gottes, des neuen Jerusalem, das aus dem Himmel herabkommt und* drittens *mein neuer Name.* Vermutlich bedeutet dieser neue Name etwas Ähnliches wie der auf dem weißen Stein in Offb 2,17, nämlich etwas Einmaliges, eine einmalige Beziehung zwischen IHM und mir. Die drei Namen auf der Säule sind dann gleichsam in unser Wesen eingeprägt: der Name des verklärten Menschensohnes, der des neuen Jerusalem, an dem wir teilnehmen und *mein neuer Name.*

Das ist also eine bemerkenswerte Gemeinde, die man auch heute noch finden kann. Wenn man genau hinschaut, kann man in einer großen Gemeinde von heute vielleicht sogar alle sieben Gemeinden der Offenbarung finden, zumindest verschiedene Aspekte. Wichtig ist die Hoffnung, die hier ausgedrückt wird; wir sollten dies unbedingt ernstnehmen. Das Wort Gottes fordert eine klare Entscheidung, nicht bloß vage Sätze wie etwa: *Ja, das möchte ich auch.* Wir möchten so vieles und tun dann doch nichts. Vielleicht spüren wir auch, dass wir das Gesagte im Grunde nicht glauben. Wir trauen dem Gebet kaum mehr etwas zu; vielleicht noch vom Kopf her etwa so: *Ja, ich muss beten, dass sich die Welt verändert.* Glauben wir dann aber wirklich, dass sie sich verändert? Ist im Herzen diese Sicherheit? Können wir uns unsere Gemeinde als erneuerte heute in unserer Umgebung vorstellen, wenn wir mit ein paar Leuten zusammen den Heiligen Geist darum bitten? Um uns herum sieht es ja anscheinend so aussichtslos aus! Vielleicht haben wir höchstens noch die Meinung eines Großstadtpfarrers, der einmal sagte: *Meine ganze Hoffnung ist die, dass durch meinen vollen Einsatz meine Gemeinde etwas langsamer stirbt als sie sonst sterben würde.* Vielleicht meinen auch wir nur noch, dass wir ein wenig den Zerfall bremsen können, dass aber kein neues Leben wachsen werde. Was trauen wir denn Jesus, dem Heiligen Geist noch zu? Wir meinen – bildlich gesprochen – der Heilige Geist habe gleichsam alle Federn verloren, dass er nicht mehr fliegen könne. Da müssen wir uns ehrlich eingestehen: Herr, ich glaube nicht, dass du Möglichkeiten hast, wenn wir dich in Einheit ständig und regelmäßig darum bitten.

Dennoch gibt es auch heute Beispiele wie das folgende, dass in einer Stadt, mit mehreren Straßenzügen voll des zweifelhaften Nachtlebens, mit Abtreibungskliniken größeren Ausmaßes, Beter regelmäßig dorthin gingen, um zu beten; Inzwischen sind diese Straßenzüge leer vom Nachtleben und die Abtreibungskliniken geschlossen. Das ist der Sieg des Gebetes, wenn gläubige Menschen zusammenstehen, die Kraft Gottes und den Geist Gottes herabrufen und dadurch auf einmal alles sich ändert. Leider vertrauen wir mehr unseren eigenen Aktivitäten. Bei einem Pfarrfest z.B. kommen viele Leute, die sehen den Pfarrer mal wieder, es gibt da ja auch etwas zu essen. Das ist nicht schlecht, aber das Beten nimmt man nicht mehr ernst, glaubt im Herzen nicht mehr daran. Wäre es umgekehrt, würden wir sofort Leute suchen, die mit uns zu beten anfangen.

Laodizea

Da gibt es noch einen Aspekt, den wir bis jetzt noch nicht kennengelernt haben. Vers 14 lautet: *An den Engel der Gemeinde in Laodizea schreibe: So spricht Er, der «Amen» heißt, der treue und zuverlässige Zeuge, der Anfang der Schöpfung Gottes. Hier stellt sich der Herr wiederum anders vor als: Er, der „Amen" heißt.* Amen kommt vom hebräischen „ehmet", das meint Stärke, Festigkeit. Durch ihn ist alles geworden. Das ist wieder eine ganz besondere Sicht Christi.

Laodizea liegt in Phrygien, war ein reiches Handelszentrum. Dort gab es Leinenweberei, Wollweberei als Hauptzweige des Erwerbs. Die Banken in Laodizea hatten einen sehr guten Ruf, der sogar bis nach Rom ging. Nach einem Erdbeben im Jahr 60 wurde die Stadt aus eigenen Mitteln wieder aufgebaut, so reich war sie. Auf all das nimmt das an sie gerichtete Sendschreiben Bezug. Der Kirche in dieser Stadt wird kein gutes Wort zugesprochen. Schon der heilige Paulus machte sich in Kol 2,1 Sorgen um diese Gemeinde. Sie war lau und hatte sich ganz der Welt zugewandt. Die reichen Banken führten sie wohl in Versuchung. Allerdings stehen am Schluss des Briefes doch noch herzliche Worte werbender Liebe. Schön ist, dass der Herr ganz klar ausspricht, was Sache ist, keiner kann da mehr ausweichen; dann aber wirbt die Barmherzigkeit Gottes mit herzlichen Worten der Liebe um die Gemeinde. Christus bezeichnet sich – wie gesagt – mit dem hebräischen Wort als der *„Amen", als der treue und zuverlässige Zeuge.* Alles Geschaffene bleibt auf ihn bezogen. Er ist der Anfang der Schöpfung. Paulus sagt es so: *Er ist vor aller Schöpfung, in ihm hat alles Bestand.* (Kol 1,17) Nur in ihm finden die Christen, die in der Welt leben, den richtigen Zugang zur Welt.

Die Lauen und der „Vater der Lüge"

In Vers 15f wird ein bekanntes Wort gesagt: *Ich kenne deine Werke. Du bist weder kalt noch heiß. Wärest du doch kalt oder heiß! Weil du aber lau bist, weder heiß noch kalt, will ich dich aus meinem Mund ausspeien.* Ein lauer Christ wird wohl kaum mehr, und wenn, dann ganz schwer, zu gewinnen sein, denn er meint ja, ein Christ zu sein.

Ein Beispiel aus der Wirklichkeit kann uns das verdeutlichen. Da wurde bei einem Seminar ein Gedanke von Paulus zitiert, und einige regten sich auf, wie man so etwas „Hartes“ sagen und fordern könne. Auf die Frage, was denn an diesen Gedanken von Paulus so falsch sei, wurde von jemand schlau und treffend – natürlich ironisch – bemerkt, da müsse man unterscheiden: Paulus habe nämlich zu den Heiden geredet, hier aber rede man zu Christen! Darin ist die Lauheit der „sowieso Katholischen“ erkennbar. Den Lauen kann auch Gott nicht mehr erreichen. Dagegen ist ein sog. „Kalter“, der noch gar nichts von Gott weiß, aufgeschlossener. Er interessiert sich eher dafür, ist eher ansprechbar. „Heiß“ ist der, der schon für Gott brennt. Mit dem falschen „Sowohl als auch“, d.h. hier ein bisschen Welt, dort ein bisschen Gott, versuchen die Christen in Laodizea einen Kompromiss, und zwar den zwischen Christsein und Weltlichsein. Das ist dem Herrn zuwider, dieses sog. Hinken nach beiden Seiten.

Entscheidung ist nötig

Das ist auch in unserer Zeit nicht unbekannt. Wer ehrlich ist, kann das sogar im eigenen Herzen feststellen. Da fehlt die Entscheidung. Man ist nicht gegen die Welt, ist nicht gegen Gott, so meint man überall schön durchzukommen. Aber ein solches unentschiedenes Christentum ist nach dem Urteil Christi abgeschmackter als echtes Heidentum. Jesus meint, *kalt oder heiß* wäre ihm lieber. Ein *lauer*, charakterloser Christ ist ihm weniger wert als ein charakterfester Heide, der Gott sucht. Wahrhaftigkeit und Treue sind nämlich Christi Wesen. Wer zu ihm gehören will, muss auch zu ihm passen. Gottes Wahrhaftigkeit und Treue werden immer wieder betont, und diejenigen, die verworfen werden – wie es immer wieder heißt – werden in der Apokalypse als die „Lügner“ bezeichnet, was das Wesen Satans ist, des „Vaters der Lüge“. Auch da ist es wichtig, sich immer wieder selbst zu prüfen, ob ich in meinem ganzen Wesen wahrhaftig bin oder ob ich aus Egoismus, aus Angst um mich selbst oft lüge. Beim Lügen geht es nur um mich, nicht um Gott, weil er der Wahrhaftige und der Treue ist. Das wird gerade in dieser Gemeinde von Laodizea sehr deutlich. Manchmal ist – auch heute – die Lüge zu etwas geworden, was gleichsam „zum Geschäft" gehört, gleichsam „normal" ist; man spürt da schon von vornherein, dass man angelogen wird. Ohne Wahrheit ist ein Leben in menschlicher Gesellschaft schwer, weil man nicht mehr weiß, woran man mit den Mitmenschen ist. Eine bestimmte Religion erlaubt sogar, dass zu ihrem Vorteil die für sie „Ungläubigen" angelogen werden dürfen. Da lässt sich keine menschliche Beziehung aufbauen. Hier aber geht es um das Verhältnis zu Gott, das wahrhaftig und treu sein muss.

Vers 17 klagt an: *Du behauptest: Ich bin reich und wohlhabend, und nichts fehlt mir. Du weißt aber nicht, dass gerade du elend und erbärmlich bist, arm, blind und nackt.* Die Christen in Laodizea sind reich an irdischen Gütern, haben teil an dem Reichtum der Stadt, stehen nach außen hin – so wie es aussieht – glänzend da, sollten dann auch ihren karitativen Pflichten nachkommen. In Deutschland ist z.B. die Spendenfreudigkeit auch gut. Aber entspricht das noch der Wahrhaftigkeit und Treue zu Christus? Nach außen seid ihr reich – würde der Herr uns sagen – und drückt das sogar in karitativen Formen aus; dagegen ist nichts zu sagen; aber etwas Wesentliches fehlt bei euch, nämlich die Wahrhaftigkeit und die Treue zu Christus. So stellt sich jedem Christen heute die Frage: Wo ist „Laodizea" in meinem Herzen, in meiner Gemeinde? Rein weltlich gesehen, ist die Gemeinde der Christen von Laodizea anerkannt. Doch ist sie weder ein Ärgernis im Sinne von Herausforderung noch legt sie Zeugnis ab, weil sie nicht mehr wahrhaftig in der Treue zu Christus lebt. Voll anerkannt zu sein in der Welt ist auch gefährlich! Die Kirche Christi ist nämlich immer eine Kirche in der Drangsal. Die Christen in Laodizea sind verblendet, wie es heißt, und sie sehen ihre Aufgaben in der Welt nicht mehr, sondern sie haben sich mit der Welt eingelassen. Mit solcher eingebildeten Selbstgerechtigkeit geht der Herr ganz hart ins Gericht.

Das „Gold“ der Gnade

In Vers 18 heißt es dann: *Darum rate ich dir: Kaufe von mir Gold, das im Feuer geläutert ist, damit du reich wirst; und kaufe von mir weiße Kleider, und zieh sie an, damit du nicht nackt dastehst und dich schämen musst; und kaufe Salbe für deine Augen, damit du sehen kannst.* Das Gold, *das im Feuer geläutert ist,* ist hier ein paralleles Bild zu den Banken in Laodizea, die weißen Kleider beziehen sich auf das Taufkleid. Hier geht gleichsam der Gute Hirte dem verlorenen Schaf nach. Er selbst bietet sich an zu helfen. Er selbst sagt: *Kaufe von mir...* Bei ihm können sie – bildlich gesprochen – das *Gold* erhalten, das seinen Wert auch noch im Himmel behält. Sie können ihre Armut vor Gott beheben, angetan mit der gnadenhaft geschenkten Gerechtigkeit, dem *weißen Gewand.* So werden sie gerechtfertigt dastehen vor Gott. Die Gnade Gottes gibt ihnen auch ausreichende Sehkraft zur wahren Selbsterkenntnis, mit der jeder sehen kann, wie es um ihn steht. Die Menschen können – auch heute – in Freiheit diese Gnade ablehnen oder annehmen.

Die drei Bilder, mit denen der Herr seine Hilfe anbietet, beziehen sich auf die örtlichen Gegebenheiten, hier der Banken (des Goldes) der Webereien (des weißen Gewandes) und der medizinisch-pharmazeutischen Hochschule dort (Salbe für die Augen), damit sich jeder richtig einschätzen konnte, Selbsterkenntnis bekam. Die Hilfe Gottes entspricht immer dem, was an Ort und Stelle sinnvoll ist.

Gott „klopft“ an die Tür meines Herzens

Die Verse 19 und 20 schenken nun zum Schluss noch das schon erwähnte Wort werbender Liebe: *Wen ich liebe, den weise ich zurecht und nehme ihn in Zucht. Mach also Ernst, und kehr um! Ich stehe vor der Tür und klopfe an. Wer meine Stimme hört und die Tür öffnet, bei dem werde ich eintreten, und wir werden Mahl halten, ich mit ihm und er mit mir.* Der Herr spricht hier wie einer, der gleichsam ausgesperrt ist und um Einlass bittet, ja bettelt. Das

Mahl, das der Herr dann zu halten gedenkt, wenn er wieder Einlass findet, wird die verratene Freundschaft neu besiegeln. Das ist – auch für uns – trostreich. Aber die Tür zu öffnen, das liegt an mir persönlich! Das ist auch ein wunderbares Bild: Der Herr steht vor der Tür meines Herzens, auch meiner Gemeinde. Wenn auch nur einige ihm die Tür öffnen, ist er bereits in der Gemeinde und kann handeln.

Die Verse 21 und 22 verkünden: *Wer siegt, der darf mit mir auf meinem Thron sitzen, so wie auch ich gesiegt habe und mich mit meinem Vater auf seinen Thron gesetzt habe. Wer Ohren hat, der höre, was der Geist den Gemeinden sagt.* So wie Jesus selbst zur Herrlichkeit und zur Herrschaft auf den Thron seines himmlischen Vaters kam und ihn durch den Kampf seines Leidens gleichsam erobern musste, so wird dieser Thron auch denen zuteil, die in der Kraft ihres Glaubens die Welt überwunden haben. Sieg wird nicht ohne Kampf errungen. Es folgt wieder der bekannte Schluss für alle sieben Gemeinden und alle Gemeinden zu allen Zeiten an allen Orten: *Wer Ohren hat, der höre, was der Geist den Gemeinden sagt.*

Jeder von uns ist eingeladen, diese drei letztgenannten Gemeinden ernsthaft zu betrachten, dabei aber immer zuerst auf sich selbst zu schauen, sonst blickt er nur auf andere, bei ihm selbst aber tut sich dann nichts. Erst danach sollte jeder auch die Umgebung beachten, wo er herkommt und auch wieder hingeht. Es handelt sich bei den sieben Gemeinden in der Apokalypse wirklich um die Kirche von heute und auch die zu jeder Zeit und an jedem Ort. Dabei wäre es angebracht, alles, was der Herr sagte, in Anspruch zu nehmen für den Ort, an dem wir gerade leben, alles auch vor Gott zu bringen und ihm zu sagen: Das hast du verheißen, auch für unsere Gemeinde. Wir sind Philadelphia, Laodizea etc. Jetzt handle an uns genau so! Wir tun jetzt das unsere, auch wenn wir vielleicht nur eine kleine Gruppe sind.

V. Eine Himmelsvision

Offb 4,1 – 6,2

Vers 4,1: *Danach sah ich: Eine Tür war geöffnet am Himmel; und die Stimme, die vorher zu mir gesprochen hatte und die wie eine Posaune klang, sagte: Komm herauf, und ich werde dir zeigen, was dann geschehen muss.* Ein prophetisches Wort über die Zukunft der Kirche bis zur Vollendung wird hier angekündigt. Der gleiche Engel wie am Anfang verspricht Johannes, dass er in den Plan Gottes über die künftige Entfaltung der Weltgeschichte wie durch eine Tür hineinschauen darf, in die Kirchengeschichte und das Schicksal Jesu Christi darin. Das ist deswegen für uns heute ganz wichtig, weil wir bei der Hl. Schrift, auch beim Buch der Geheimen Offenbarung, den Inhalt meist mehr „geistig" sehen. Es geht aber um die reale Weltgeschichte und um den Plan Gottes darin, dem jeder folgen muss, auch der größte Gegner. Deshalb ist die Geheime Offenbarung auch ein spannendes Buch!

Gott des Friedens

In Vers 2 und 3 steht: *Sogleich wurde ich vom Geist ergriffen. Und ich sah: Ein Thron stand im Himmel; auf dem Thron saß einer, der wie ein Jaspis und ein Karneol aussah. Und über dem Thron wölbte sich ein Regenbogen, der wie ein Smaragd aussah.* Johannes sieht Gott (im Bild) auf einem Thronsessel sitzen. Sein Name wird hier – wie meist im Alten Testament – aus Ehrfurcht nicht genannt, weil sein Wesen unaussprechlich ist. Der Thronsaal ist so herrlich, dass er das Auge des Johannes fesselt. Der Thron und der darauf sitzt sind nicht mehr nur verborgen im Mittelpunkt des Himmels, sondern er steht auch in der Mitte der Erde und der Geschichte *(Regenbogen)*. Damit wird sozusagen die Fülle aller Herrschaft im Himmel und auf Erden ausgedrückt. Nicht Gesetze oder das Schicksal bestimmen, was kommen wird, sondern der Wille dessen, der auf dem Thron sitzt. Wir sind nicht einem blinden Schicksal oder irgendwelchen Naturgesetzen ausgeliefert. Die Lichtherrlichkeit der göttlichen Majestät wird hier mit glitzernden Flammen und Edelsteinen verglichen. Das Bild des Regenbogens ist das Zeichen des Friedens zwischen Gott und der Menschheit; wir kennen es aus dem Bundesschluss mit Noach (Gen 9,16). Weiter drückt es aus, dass Gott seine Macht als Gnade einsetzt. Wenn wir dagegen „Macht" hören, denken wir sofort an etwas wie Willkür, Herrschaft über andere. Der Herrscher auf dem Thron ist dagegen ein gnädiger Herr, der Pläne des Heils, des Friedens und nicht des Unheils denkt. Er will Hoffnung schenken, wie es schon in Jer 29,11 heißt: *...Pläne des Heils und nicht des Unheils; denn ich will euch eine Zukunft und eine Hoffnung geben.* Wir dagegen weisen immer wieder Gott alles Unheil zu; aber es hat nicht in ihm, dem Herrn, seine Ursache. Allerdings benutzt er das, was als Folge der Sünde an Unheil in die Welt kommt, für sein Gericht, will aber immer nur den Menschen zur Umkehr führen. Das erfahren wir so in der gesamten Apokalypse. Gott handelt nie, um den Menschen zu verdammen, sondern im Grunde „verdammt", verwirft der Mensch sich selbst, wenn er die Liebe und Gerechtigkeit Gottes erkennt und dann doch ablehnt. Vielleicht kann mancher davon schon ein Zeugnis aus seinem Leben geben. Viele fluchen ja Gott und entfernen sich in Leid und Unheil immer weiter von ihm. Das Bild hier in der Apokalypse strahlt dagegen Frieden, Sicherheit, wirkliche Macht ohne Gewaltanwendung aus. Solche Bilder von Gott können jeden Gläubigen zur Ruhe führen. Immer wieder werden Johannes solche Blicke in den Himmel geschenkt, die beruhigend wirken, nie Angst o.ä. verbreitend. Sie entspringen der Gottesvorstellung, die uns gerade in der Apokalypse immer wieder vor Augen geführt wird. Wir können daher sicher sein, dass dieser Gott das Heil der Welt beabsichtigt, auch wenn der Weg wegen der Verkehrtheit der Menschen durch Katastrophen führt.

Bilder des himmlischen Hofstaats

Dann werden in den Versen 4,4f die Geister Gottes benannt, die schon am Anfang mit den sieben Flammen gemeint waren: *Und rings um den Thron standen vierundzwanzig Throne, und auf den Thronen saßen vierundzwanzig Älteste in weißen Gewändern und mit goldenen Kränzen auf dem Haupt. Von dem Thron gingen Blitze, Stimmen und Donner aus. Und sieben lodernde Fackeln brannten vor dem Thron; das sind die sieben Geister Gottes.* Gottes Herrschaftsbereich wird in der Sehweise der damaligen Welt dargestellt, dem Hofstaat, dessen sozusagen äußerer Teil die vierundzwanzig Ältesten bilden. Ihre Throne, ihre goldenen Kränze, ihre weißen Gewänder erinnern an die verschiedenen Siegessprüche, die wir bei den einzelnen Gemeinden gehört haben (z.B. Offb 3,21; oder Offb 2,11; oder Offb 3,5). Die Zahl vierundzwanzig, also zwölf plus zwölf, ist wohl am ehesten als Einswerden des Volkes Gottes im Alten und Neuen Bund zu deuten, also die zwölf Stämme Israels plus die zwölf Apostel, alttestamentliches und neutestamentliches Gottesvolk in Einheit. Im Bild der apokalyptischen Frau in Kapitel 12,1–17 wird das dann ganz deutlich. Die Zahl vierundzwanzig kann auch an die vierundzwanzig Priesterklassen Israels erinnern; es gibt hier keine absolut eindeutige Auslegung. (In 1 Chr 24,4 lesen wir das) Ob dies dazu eine Parallele sein soll, ist unklar. Die erste Deutung ist überzeugender. Später übernehmen diese vierundzwanzig Ältesten auf den Thronen dann liturgische Funktionen, wie es in Offb 4,9–11 dann gesagt wird. Sie beten dort an und huldigen dem, der auf dem Thron sitzt. Sie sind wohl die Vertreter des gesamten Heilsvolkes Gottes, das stellvertretend in den verklärten Gliedern die Anbetung der Kirche vor dem Thron des Allherrschers darstellt. Blitze, Stimmen, Donner lassen an die Gotteserscheinung auf dem Berg Sinai in Ex 19,16–19 denken. Es ist also derselbe gewaltige „Jahwe“ wie auf dem Sinai, den Johannes hier auf dem Thron schaut, der unnahbare, transzendent erscheinende Gott, der Gott der Heilsgeschichte. Auch die Bedeutung der sieben Feuerfackeln, die am Anfang genannt wurden, wird hier erklärt: Es sind die sieben Geister Gottes, also das Sinnbild der Fülle des Heiligen Geistes.

Vers 4,6a lässt uns genauer in den Himmel hineinschauen: *Und vor dem Thron war etwas wie ein gläsernes Meer, gleich Kristall.* Der gewaltige Gott ist unnahbar und doch ganz nah; wir sehen die Anbetenden, Erlösten, den gewaltigen Heiligen Geist, der alles durchdringt; Das gläserne Meer vor dem Thron ist gleichsam der

Boden aus Kristall. Der Boden des himmlischen Thronsaals drückt wohl den Gegensatz zur chaotischen Urflut der Weltmeere aus mit seiner ruhigen Klarheit *(gläsernes Meer, gleich Kristall)* in Gott. Die ersten zwei Sätze der Genesis sprechen das aus. Einmal schwebt der Geist über dem Tohuwabohu, über dem Ungeordneten, das Angst vermittelt; hier dann der Geist in durchsichtiger Klarheit vor dem Thron des Allerhöchsten, der uns nichts verheimlicht. Er hat zu den Aposteln gesagt: *Ich habe euch alles mitgeteilt, was ich von meinem Vater gehört habe.* (Joh 15,15) Gott ist ja Wahrheit und Licht.

Es folgt ein wunderbares Bild in den Versen 4,6b–11: *Und in der Mitte, rings um den Thron, waren vier Lebewesen voller Augen, vorn und hinten. Das erste Lebewesen glich einem Löwen, das zweite einem Stier, das dritte sah aus wie ein Mensch, das vierte glich einem fliegenden Adler. Und jedes der vier Lebewesen hatte sechs Flügel, außen und innen voller Augen. Sie ruhen nicht, bei Tag und Nacht, und rufen: Heilig, heilig, heilig ist der Herr, der Gott, der Herrscher über die ganze Schöpfung; er war, und er ist, und er kommt. Und wenn die Lebewesen dem, der auf dem Thron sitzt und in alle Ewigkeit lebt, Herrlichkeit und Ehre und Dank erweisen, dann werfen sich die vierundzwanzig Ältesten vor dem, der auf dem Thron sitzt, nieder und beten ihn an, der in alle Ewigkeit lebt. Und sie legen ihre goldenen Kränze vor seinem Thron nieder und sprechen: Würdig bist du, unser Herr und Gott, Herrlichkeit zu empfangen und Ehre und Macht. Denn du bist es, der die Welt erschaffen hat, durch deinen Willen war sie und wurde sie erschaffen.*

Die *vier Lebewesen*. Die Schöpfung

Nahe bei dem Thron schaut Johannes die letzte Gruppe von Lebewesen, die offenbar an den vier Seiten des Thrones aufgestellt sind. Ihre Vorbilder finden wir schon bei Ez 1,5–14, ähnlich bei Jes 6,2–4. Nach der Tradition verweisen diese Gesichter auf die vier Evangelisten. Bei Ezechiel sind sie die Träger des Thrones und hier in der Apokalypse sind sie sozusagen die nächsten Thronassistenten. Die vielen Augen stammen aus Ez 1,18 oder aus Ez 10,12. Im Alten Testament und bei den verschiedenen Propheten finden wir oft ähnliche Bilder. Die Zahl vier (bei den Lebewesen) meint die vier Himmelsrichtungen. Die vier Lebewesen werden mit irdischen Geschöpfen verglichen, etwa vier Adler usw. Wie die Ältesten die erlöste Menschheit darstellen, so die Lebewesen Erde, Wasser, Luft und Feuer, vermutlich die Schöpfung, die unaufhörlich Gott im *Heilig, heilig, heilig* preist. Die Lebewesen fordern später die Zornschalen herbei, das tun also nicht Engel des Lichtes, sondern die Schöpfung. Die große deutsche Prophetin, Hildegard von Bingen, sagte schon vor 800 Jahren, dass die Elemente sich am Menschen rächen, weil er die Schöpfung durch seine Sünde zerstöre; es gebe zur Wiederherstellung, als *Restitutionsfaktor*, die Reue des Menschen. Wenn er seine Schuld bereue, könne sich die Schöpfung wieder erholen. Würden die Menschen heute das beachten, könnten wir uns im Grunde ein Umweltministerium schenken. Aber heute darf man das kaum sagen, dass die Sünde des Menschen die Schöpfung zerstört. Der Mensch ist die Krone der Schöpfung; und diese seufzt *nach dem Offenbar-Werden der Kinder Gottes,* sagt Paulus (Röm 8,19).

Die vielen Augen (bei Ez) versinnbildlichen wohl, wie gefangen die ganze Schöpfung von der Bewunderung und dem Staunen in der Anschauung Gottes ist. Die Überzahl ihrer Flügel soll andeuten, wie schnell sie den Willen des Allherrschers erfüllen will. Die ganze Schöpfung handelt im absoluten Gehorsam nach den Gesetzen, die Gott in sie hineinlegte; nur der Mensch kann ungehorsam sein. So kann uns die Schöpfung vieles lehren.

Die Bilder sind überzeitlich. Die vier Lebewesen stellen das Idealbild der Schöpfung Gottes in paradiesischer Ursprünglichkeit dar, so wie Gott sie wollte. Sie sind sozusagen ein Urbild alles Geschaffenen, das die Herrlichkeit des Schöpfers ohne Unterlass preist. Das ist ja der Sinn der Schöpfung. Dreifach ist ihr Zuruf, dreifach ist der Lobpreis des *Heilig, heilig, heilig*, eine wahrhaft kosmische Liturgie. Zum Zeichen, dass die Ältesten als die Erlösten ihr Dasein, ihre Rettung, ihre Verklärung Gott allein verdanken, legen sie ihre goldenen Kränze vor dem Thron nieder. Die ganze Schöpfung hält sich im absoluten Gehorsam an die Gesetze Gottes. Gott allein ist würdig, all diese Anerkennung zu bekommen im Gegensatz zu dem, was damals dem römischen Kaiser als Gottheit dargebracht wurde. Ihm gebührt nicht die Anbetung, sondern nur dem, der auf dem Thron sitzt. Das meint der Blick in den Himmel.

Die Buchrolle

Im Kapitel 5,1 empfängt nun Johannes ein weiteres Bild, die Buchrolle: *Und ich sah auf der rechten Hand dessen, der auf dem Thron saß, eine Buchrolle; sie war innen und außen beschrieben und mit sieben Siegeln versiegelt.* Sie ist auf beiden Seiten beschrieben, ein Zeichen für die Fülle ihres Inhalts. In Ez 2,9 finden wir eine Parallele zu dieser Buchrolle. Ihr Inhalt ist geheim und deshalb ist sie mit sieben Siegeln verschlossen, die Zahl sieben wieder als das Symbol der Ganzheit. Dieses Buch, d.i. die Schriftrolle, enthält den gesamten Ablauf der Weltgeschichte als Heilsgeschichte Gottes (nicht die Kirchengeschichte ist hier gemeint). Dieses Buch ist Eigentum des Allherrschers, das er einem andern aushändigen will, um den sich nun alles dreht.

Menschliche Ohnmacht und der Löwe aus Juda als Sieger

So heißt es dann in den Versen 5,2–5: *Und ich sah: Ein gewaltiger Engel rief mit lauter Stimme: Wer ist würdig, die Buchrolle zu öffnen und ihre Siegel zu lösen? Aber niemand im Himmel, auf der Erde und unter der Erde konnte das Buch öffnen und es lesen. Da weinte ich sehr, weil niemand für würdig befunden wurde, das Buch zu öffnen und es zu lesen. Da sagte einer von den Ältesten zu mir: Weine nicht! Gesiegt hat der Löwe aus dem Stamm Juda, der Spross aus der Wurzel Davids; er kann das Buch und seine sieben Siegel öffnen.* Kein Mensch also, weder Engel noch Teufel (Himmel, Welt, Unterwelt) sind imstande, den geheimen Weltplan Gottes einzusehen, geschweige denn ihn ohne Gott zu verwirklichen. Keine Wissenschaft, auch nicht der vollkommene Einsatz besten Willens bringt die Welt ans Ziel. Diese Ohnmacht drückt sich dann in den Tränen des Johannes aus, weil niemand würdig ist, in diesen Heilsplan Gottes hineinzuschauen. Einer aus den Reihen derer, die die Kirche in ihrer Vollendung darstellen, ein Ältester, nimmt sich des weinenden Johannes an und eröffnet ihm: Es gibt aber doch einen Menschen, der dazu imstande und würdig ist, der *Löwe aus dem Stamme Juda*, d.i. der Messias. Ihm ist alle Macht gegeben im Himmel und auf Erden, wie es in Mt 28,18 geschrieben steht. Man kann da richtig gespannt sein auf den Ablauf der Heilsgeschichte Gottes. In der Welt meint man, die Welt habe ihre „Eigengesetzlichkeiten", so als wäre die Welt etwas für sich. Manche leugnen sogar Gott, nennen sich wohl auch „katholische Atheisten" (was soll denn das sein?), trotzdem müssen sie alle mitwirken am Heilsplan Gottes. Das ist doch für uns erfreulich, weil ich niemanden zu beschimpfen brauche; eher sollte ich beten, dass sie alle umkehren. Dann kann ich Gott für jeden danken!

In den Versen 5,6–7 sieht Johannes den Sieger: *Und ich sah: Zwischen dem Thron und den vier Lebewesen und mitten unter den Ältesten stand ein Lamm; es sah aus wie geschlachtet und hatte sieben Hörner und sieben Augen; die Augen sind die sieben Geister Gottes, die über die ganze Erde ausgesandt sind. Das Lamm trat heran und empfing das Buch aus der rechten Hand dessen, der auf dem Thron saß.* Angesagt als Löwe, erscheint der Sieger als Lamm, wie geschlachtet. Die Apokalypse liebt diesen Titel *Lamm* ganz besonders, und zwar für Christus, den Erlöser. Die Stärke des Löwen hat er bewiesen, indem er als der Löwe von Juda auferstand zum ewigen Leben. Als Siegeszeichen trägt das Lamm die geheilte Todeswunde, *wie geschlachtet*. Es hat sieben Hörner als Zeichen seiner unumschränkten Macht. Das Horn ist in der Bibel immer Ausdruck von Macht. Michelangelo z.B. hat den Moses deswegen in seiner Skulptur in Rom mit dem Horn auf dem Kopf dargestellt. Sieben Hörner bedeuten hier dann sozusagen die Fülle der Stärke wie ähnlich in Dtn 33,17. Die sieben Augen symbolisieren den Geist Gottes in seiner ganzen Fülle, der dem Lamm zu eigen und von ihm ausgesandt ist. Deshalb können auch wir nie genug um den Heiligen Geist bitten: *Herr Jesus Christus! Sende jetzt deinen Geist über die ganze Erde!...* So beginnt das Gebet der „Frau aller Völker“ von Amsterdam. Das sollte wie ein Stoßgebet ständig in uns sein. Den Heiligen Geist sendet er über die ganze Erde aus, wie es auch in Joh 15,26 ausgedrückt ist.

Die Übergabe des Buches

Das Lamm tritt (Vers 7) heran und empfängt das Buch. Das bedeutet die Thronbesteigung des Lammes, dem der Allherrscher vom Thronsitz die Macht übergibt, die er selbst innehat. Das ist ein wunderbares Bild! Das gibt jedem – also auch uns – der als Christ zwischen Himmelfahrt und Wiederkunft des Herrn die Geschichte dieser Welt erlebt oder auch erleidet, die Zuversicht einer übermenschlichen Gewissheit und Sicherheit! Das geschlachtete Lamm erhielt die Macht dessen, der auf dem Thron sitzt. Deshalb kann Jesus sagen: *Mir ist alle Macht gegeben im Himmel und auf der Erde* (Mt 28,18). Das ist auch für uns gesagt. Man liest manchmal allzu schnell darüber hinweg. Wir sind ja durch die Taufe zu einem „anderen Christus“ geworden, sind sein Leib!

In Vers 5,8 wird der engste Kreis um den Thron benannt: *Als es das Buch empfangen hatte, fielen die vier Lebewesen und die vierundzwanzig Ältesten vor dem Lamm nieder; alle trugen Harfen und goldene Schalen voll von Räucherwerk; das sind die Gebete der Heiligen.* Die Schöpfung und die Erlösten vollziehen vor dem Lamm die gleiche Huldigung wie vor Gott, dem Gott von Gott, und dem *Licht vom Lichte.* Der Weihrauch, der aufsteigt, ist das Symbol der Gebete der Heiligen. Gemeint ist damit das Gebet der ganzen Kirche. Die Ältesten sind – wie bereits gesagt – die Vertreter der Kirche am Thron Gottes. Sie stehen in einer priesterlichen Mittlerrolle stellvertretend für das gesamte Heilsvolk vor Gott, treten für es ein. Was wir in der Heiligenverehrung praktizieren, ist hier biblisch begründet.

Die Verse 5,9 und 10 geben den schönen Hymnus der Heiligen wieder: *Und sie sangen ein neues Lied: Würdig bist du, das Buch zu nehmen und seine Siegel zu öffnen; denn du wurdest geschlachtet und hast mit deinem Blut Menschen für Gott erworben aus allen Stämmen und Sprachen, aus allen Nationen und Völkern, und du hast sie für unsern Gott zu Königen und Priestern gemacht; und sie werden auf der Erde herrschen.*

Das *Neue Lied* der Erlösung

Wenn im Himmel gesungen wird und wir hier auf der Erde einstimmen, dann ist das ein himmlischer Lobpreis. Im Alten Testament wurde bei neuen Großtaten Gottes gesungen, z.B. als das Volk mit Mose durchs Rote Meer gezogen war, hat es das *Neue Lied* gesungen (Ex 15,1-21). Beim Exodus war dies auch das einzige Mal, sonst hat das Volk meistens gemurrt. Hier in der Apokalypse aber singen sie dem Lamm wieder das *Neue Lied* für die Großtat der Erlösung und der Befreiung aus der Knechtschaft der Mächte des Bösen. Wir nehmen das leider als zu selbstverständlich hin, dass wir erlöst sind, dass das Lamm uns mit seinem Blut erkauft hat. Heute fehlt uns meist das Bewusstsein für unser Verschulden, für unsere Erlösungsbedürftigkeit. Die Heiligen erkennen, was das Lamm für sie tat, sie, die es jetzt schon schauen dürfen. Sie stimmen nun mit ein, dass auch wir unserer Stärke wieder bewusst werden und dem Lamm den Lobpreis singen mögen. Gerade in der Eucharistie ist das *geschlachtete Lamm* lebendig gegenwärtig als der erhöhte Herr mit den Siegeszeichen seiner Wunden. Er lässt sich in der Hostie „brechen“ wie am Kreuz. Seine Erlösungstat wird dort Gegenwart, ist nicht seit 2000 Jahren vorbei. In der Feier der Eucharistie geschieht also kein neues Opfer; es ist das gleiche wie auf Golgatha; in Gott ist alles „Gegenwart“. Dieser Erlösungsgedanke scheint abhanden gekommen zu sein. Es ist uns nicht mehr richtig bewusst, was wir dem Lamm kosteten, was wir ihm wert waren, was Erlösung für mich persönlich bedeutet. Das alles sollte uns eine tiefere Betrachtung wert sein. Bemerkenswert ist, dass gerade die vier Wesen, also die Vertreter des Kosmos, das Lied anstimmen – wie es auch Hildegard von Bingen schon andeutete. Die Schöpfung stimmt sozusagen das Lied an, und die Heiligen stimmen ein, weil nicht nur die Menschen durch das Lamm gerettet sind, sondern die gesamte Schöpfung! Deshalb wird es einen *Neuen Himmel* und eine *Neue Erde* geben. Wir haben also sozusagen Boden unter den Füßen! Gott schafft nicht, um es wieder zu zerstören, wie etwa indische Götter.

Himmlische Liturgie

In Vers 5,11–14 schildert der Seher eine Art himmlischer Liturgie: *Ich sah, und ich hörte die Stimme von vielen Engeln rings um den Thron und um die Lebewesen und die Ältesten; die Zahl der Engel war zehntausendmal zehntausend und tausendmal tausend. Sie riefen mit lauter Stimme: Würdig ist das Lamm, das geschlachtet wurde, Macht zu empfangen, Reichtum und Weisheit, Kraft und Ehre, Herrlichkeit und Lob. Und alle Geschöpfe im Himmel und auf der Erde, unter der Erde und auf dem Meer, alles, was in der Welt ist, hörte ich sprechen: Ihm, der auf dem Thron sitzt, und dem Lamm gebühren Lob und Ehre und Herrlichkeit und Kraft in alle Ewigkeit. Und die vier Lebewesen sprachen: Amen. Und die vierundzwanzig Ältesten fielen nieder und beteten an.* Alle, die ganze Schöpfung, stimmen in den Lobpreis mit ein, wie es etwa in einer Präfation heißt: *Durch unseren Mund rühmen dich alle Geschöpfe und rufen voll Freude: Heilig, heilig, heilig... Diese himmlische Liturgie wird in jede Eucharistiefeier mit einbezogen, wenn wir mit dem Heilig, heilig, heilig...* bei der dritten Begrüßung des eucharistischen Herrn in den Lobpreis des Himmels einstimmen. Wir befinden uns da vor der Wandlung, in der das *geschlachtete Lamm* gegenwärtig wird.

Apokalypse – Parallele zur Eucharistie

Da können wir staunen, wenn wir die Apokalypse immer wieder als Parallele zur Eucharistie sehen. In diesen Lobgesang der Thronassistenten stimmt die unzählbare Schar der Engel ein, nimmt den Lobpreis der Schöpfung, d.h. der vier Thronassistenten, auf. *Und die vier Lebewesen sprechen: Amen.* Amen meint: *So ist es.* Die Ältesten beschließen diese kosmische Liturgie durch Anbetung, die höchste Form der Gottesverehrung. Sie sagen damit etwa: *Gott, du bist alles, ich bin nichts.* Das kann man nur zu Gott, aber zu keinem Menschen sagen. Maria oder Heilige anzubeten wäre ein Unsinn in sich. Zu keinem Menschen kann ich sprechen: *Du bist alles aus dir.* Maria, die Heiligen oder auch wir haben alles aus Gott. Wichtig ist, dass diese so verstandene Anbetung in allen Formen des Gebetes durchscheint, sowohl im Dank als auch in der Bitte, in der ich überzeugt sein soll: Du, Gott, hörst mich und du handelst, auch wenn du nicht so handelst, wie ich will; wie es dann kommt, ist es dein Wille, ist es deine Antwort. Auf diese Weise anerkenne ich Gott als den Absoluten. Bei diesem Lobgesang im Himmel können wir das lernen. Das ist gleichsam ein prophetischer Vorausblick auf die Vollendung, auf die man sich nur freuen kann; zu dieser Freude sollten wir bereit sein.

Im folgenden Kapitel 6 geht es um die sogenannten Siegel-Visionen, um die sieben Siegel. Sie sagen uns: Es gibt neben Gott keine eigenmächtigen Gewalten, die nicht von ihm abhängig wären. Alle Mächte und Gestalten, die in der Geschichte auftreten und sie selbstmächtig zu bestimmen scheinen – politisch oder wie auch immer, das ist gleich – stehen letztlich unter der Verfügungsgewalt Gottes und seines Gesalbten, auch wenn scheinbare „Größen“ wie etwa Hitler, gemeint haben, sie beherrschten die Welt und schafften ein „Tausendjähriges Reich“. Solche „Gestalten“ gibt es noch bis heute. Aber nur Gott macht Geschichte, weil er auch alle Widersprüche und die Katastrophen, die durch andere scheinbar freie Mächte verursacht werden, sicher in der Hand hält. Er setzt immer wieder Grenzen nach Zeit und Raum. Selbst die Irrungen und Wirrungen kann er noch mit einem positiven Sinn und Zweck erfüllen. Sie müssen letztlich alle dem Heilsplan Gottes dienen.

Die rechte Deutung der Bilder

Wir müssen jedoch alle Bilder und Schilderungen der Geheimen Offenbarung als symbolisch ansehen. Manche davon werden zu konkret gedeutet, wie z.B. der Vergleich von eisernen Schwänzen mit Panzern usw. Panzerwagen hat es damals noch nicht gegeben. Würde die Apokalypse so gedeutet, wäre sie für viele Menschen späterer Zeiten nicht zutreffend. Ihre Aussagen sind aber zeitlos, dürfen nicht nur auf eine bestimmte Zeit hin gedeutet werden. Für apokalyptische Bilder gilt ganz allgemein, dass wir sie nicht als reale Wirklichkeitsdarstellungen ansehen können. Heuschrecken etwa kann ich nicht als reale Wirklichkeiten deuten. Es sind eben Bilder! Wir müssen immer hellhörig sein und bei Dingen und Ereignissen erspüren, was mit diesen Bildern angesprochen wird.

Das erste Siegel: das weiße Pferd

Betrachten wir die ersten zwei Verse, 6,2-4: *Dann sah ich: Das Lamm öffnete das erste der sieben Siegel; und ich hörte das erste der vier Lebewesen wie mit Donnerstimme rufen: Komm! Da sah ich ein weißes Pferd; und der, der auf ihm saß, hatte einen Bogen. Ein Kranz wurde ihm gegeben, und als Sieger zog er aus, um zu siegen.* Die ersten vier Siegel bilden eine geschlossene Gruppe – die sog. vier apokalyptischen Reiter – von der das Lamm das erste öffnet: es birgt *das weiße Pferd mit dem ersten Reiter*. Ein Siegel nach dem andern wird aufgebrochen; wir müssen darauf achten, dass dies durch die vier Wesen ausgelöst wird: *Ich hörte das erste der vier Lebewesen* (also die Schöpfung) *wie mit Donnerstimme rufen: Komm! Da sah ich ein weißes Pferd.* Es ist also nicht ein guter Engel, der das *weiße Pferd* herbeiruft, sondern die Schöpfung, die sich am Menschen rächt, wie wir es von Hildegard von Bingen hörten. Die Schöpfung ruft nach Rache, weil der Mensch sie zerstört, wenn er sich sündigend von Gott abkehrt. Hier können wir wieder erkennen, dass kein Unheil von Gott kommt, sondern von der Schöpfung, weil der Mensch sie verdorben hat. Die souveräne Macht Gottes und des Lammes über alles Geschehen drückt sich hier in majestätischem

Schweigen aus, einem unheimlichen Schweigen. Man hört nur die Stimme des Lebewesens. Der Reiter erscheint wie ein Triumphator, und es wird ihm der Siegeskranz gegeben. Christus kann mit dieser Symbolfigur nicht gemeint sein (wie oft fälschlich ausgelegt). Christus ist ja hier als das Lamm, das die Siegel öffnet, bereits anwesend; er kann nicht gleichzeitig auch der Reiter sein und auf Befehl eines Geschöpfes, nämlich eines der vier Wesen, handeln. Hier ist anderes gemeint. In Mt 24,6 wird unter den zeitlichen Drangsalen an erster Stelle der Krieg genannt: *Ihr werdet von Kriegen hören, und Nachrichten über Kriege werden euch beunruhigen. Gebt acht, lasst euch nicht erschrecken! Das muss geschehen.* Es ist aber noch nicht das Ende. „Krieg" ist vermutlich mit dem ersten Reiter gemeint, aber vielleicht auch der Antichrist als der Anführer der Wirren mit seinen Irreführungen. So deutet z.B. Basilea Schlink den ersten Reiter als „die Verführung", die es nun einmal an sich habe, dass sie nach außen hin glänzend und erfreulich wirke, nach innen aber verderblich und zerstörerisch sei. Ein Phänomen, das wir heute besonders deutlich beobachten können! Schwester Basilea führt dazu Mt 24,24 an. Dort heißt es, es würden falsche Christusse und falsche Propheten aufstehen und große Zeichen und Wunder tun, so dass sie, wenn es möglich wäre, auch die Auserwählten irreführten. Das Kennzeichen der Irreführung sei es ja, dass sie zunächst immer sympathisch wirke. In der Geheimen Offenbarung wird der Antichrist durchweg als ein Nachahmer Christi beschrieben, als der sog. „Affe Gottes". Deshalb sitzt er auf einem *weißen Ross*; dieses Bild verführt zwar immer wieder dazu, es auf Christus hin zu deuten. Aber es heißt hier: *Es wurde ihm gegeben.* Er hat also nichts aus sich selber, sondern Gott hat es zugelassen, und es hat Grenzen, die Gott bestimmt. Diese Passivform (passivum divinum) drückt aus: Von Gott wurde es ihm gegeben. Seine Kräfte können nur am Werk bleiben, weil und solange Gott es zulässt. Der Kranz, mit dem der Reiter auszieht, um zu siegen, zeigt das Ziel des Krieges (oder seiner Irreführung) an, den Sieg. Das wird noch deutlicher bei den folgenden Reitern.

VI. Das Unheil in der Welt

Offb 6,3 – 7,17

Das erste der sieben Siegel, das weiße Pferd mit dem Reiter, war wohl ein Bild für Krieg, oder auch für den Antichristen, der aggressiv die Menschen in die Irre führt, wie wir im Zusammenhang mit den Worten sahen, die Jesus im Blick auf seine Wiederkunft sprach (Mt 24,24). Die Schöpfung selbst, die sich gegen den Menschen wehrt, rief den Reiter, denn sie fordert – so kann man sagen – Gerechtigkeit. Wir bedenken, dass es Kriege und Irreführungen zwar immer gab, aber kaum so erschreckende wie heute. Man zählte vor wenigen Jahren in der Welt etwa 100 kleinere und größere Kriege. Dieses Übermaß ist nicht mehr „normal". Zwar ist in unseren Breiten eine jahrhundertelange kriegerische Erbfeindschaft, wie die zwischen Deutschland und Frankreich, fast nicht mehr denkbar. Aber an anderen Orten der Welt erfahren die Menschen das Schreckliche. Und da brauchen wir uns auch hierzulande keine Illusionen zu machen, bei uns könne so etwas nicht mehr eintreten. Ähnlich ist es mit den Lügen und Irreführungen allüberall! In der Apokalypse wird uns mit dem ersten Siegel gezeigt, dass dies alles Zeichen sind, die er uns zwischen seiner ersten und zweiten Ankunft gibt. Sie drängen geradezu auf seine Wiederkunft hin, und sie sollen uns hellhörig machen.

Der zweite Reiter, ein Unheilsbote

Der zweite Reiter in 6,3f ist eindeutig ein Unheilsbote: *Als das Lamm das zweite Siegel öffnete, hörte ich das zweite Lebewesen rufen: Komm! Da erschien ein anderes Pferd; das war feuerrot. Und der, der auf ihm saß, wurde ermächtigt, der Erde den Frieden zu nehmen, damit die Menschen sich gegenseitig abschlachteten. Und es wurde ihm ein großes Schwert gegeben.* Beim ersten Pferd war die Auslegung nicht ganz eindeutig; hier aber ist sie klar. Der Unheilsbote ist gekennzeichnet durch sein Rot, die Farben des Blutes und des Feuers, die in der Apokalypse

Malzeichen gottfeindlicher Mächte sind, sehr deutlich in Offb 12,3, wo der feuerrote Drache die Frau verschlingen will. Das Werkzeug des Reiters auf dem Pferd ist das Schwert, mit dem er der Erde den Frieden nehmen soll, damit die Menschen sich gegenseitig abschlachten. Während es beim ersten Reiter um Krieg im Allgemeinen ging, scheint es hier um Bürgerkrieg zu gehen, eine Steigerung des Krieges. Ein Feind, der von außen kommt, ist gefährlich genug, aber schlimmer ist es, wenn der Feind im Innern tobt, wenn Bürger gegen Bürger kämpft. Denken wir an die Kriege im Süd-Sudan, im Balkan oder auch an das Hitlerreich, wo keiner vor dem Verrat seines Nachbarn sicher sein konnte; Ähnliches gilt für den Kommunismus. Das gegenseitige Abschlachten steht hier als Steigerung des Krieges und der Irreführung unter den Völkern, wie es beim ersten Reiter angezeigt wurde.

Die Zeichen der Zeit deuten

Auch hier wird – *wie bei allen Siegeln* – gezeigt, was <u>*ist*</u> und was <u>*sein wird*</u>. Wichtig ist, dass wir auch in der Apokalypse – wie schon bei Jesus im Evangelium – die Dinge als *semaion*, als Zeichen, sehen. Schon für Jesus war es schmerzlich, dass die Menschen seine Zeichen, wie z.B. bei der Brotvermehrung, falsch deuteten, nämlich wie sie billig zu Brot zu kommen hofften. Darum wollten sie ihn ja zum König machen; sie verstanden das Zeichen nicht. Sie begriffen nicht, dass es Jesus gar nicht so sehr ums Brot ging (das zwar auch), sondern in erster Linie um das Zeichen, das auf den Himmel, auf das Wirken Gottes, auf ihn als Messias hinweisen sollte. Deshalb sagte er einmal: *Das Aussehen des Himmels könnt ihr beurteilen, die Zeichen der Zeit aber nicht* (vgl. Mt 16,2; ähnlich Lk 12,56). Viele Wissenschaftler sagen heute: So viele Naturkatastrophen in den <u>vier Elementen</u> habe es noch nie gegeben, so bei der <u>*Erde*</u>: Erdbeben, beim <u>*Wasser*</u>, Überschwemmungen, in der <u>*Luft*</u>, Stürme (in Deutschland ganz neu auch den Hurrikan) durch <u>*Feuer*</u> riesige Brände usw. Man versucht dann meist alles rein naturwissenschaftlich zu erklären. Das mag zwar auch richtig sein. Aber kaum jemand traut sich zu sagen, dass das alles auch ein *semaion* (ein Zeichen) ist, das Gott uns gibt, das uns auf unsere Zeit der Entscheidung hinweist. Sogar viele Priester trauen sich kaum mehr so etwas zu sagen, weil sie fürchten, ausgelacht zu werden; das sei ja nicht naturwissenschaftlich! Die oben angesprochene Deutung ist gar kein Widerspruch zu naturwissenschaftlichen Erkenntnissen, aber allein damit kann man nicht alles erklären! Der Mensch soll zur Besinnung, zur Umkehr bewegt werden und sich bis zur Ankunft des Herrn entscheiden. Wir alle sind eingeladen und gebeten, diese Zeichen zu erkennen.

In der Zeitung konnte man kürzlich lesen, dass der Himmel am Abend blutrot gewesen sei wie ein Feuerbrand; da meinte jemand, beim Autofahren habe er bei sich gedacht: *Wo brennt es denn da? Was ist denn da los? Das habe ich mein ganzes Leben noch nie gesehen. Das muss etwas ganz Besonderes gewesen sein.* Auch das sind solche Zeichen der Zeit, die Gott uns allen gibt: sie stehen im Evangelium, in der Apokalypse. Das erleben wir doch alles auch heute! Aber wir scheinen immer bloß froh zu sein, dass alles weit weg ist und ziehen keine Lehre daraus. Wir fragen nur nach dem „Wo". Wenn es nicht nahe bei uns geschieht, sagen wir nur etwa: „Gott sei Dank!" Dass am Ort des Geschehens aber auch Menschen wie wir leben, bedenken wir nicht, verdrängen wir eher; vor allem aber ignorieren wir, dass das Zeichen sind, die auch uns gelten, uns wach machen sollen. Die Worte an die Gemeinden am Anfang unseres Buches ermahnten uns, umzukehren, *zurück zur ersten Liebe!* So ist auch dieser zweite Reiter wieder ein Zeichen für die dringend nötige Umkehr des Menschen.

Rache der Elemente

In Vers 6,5f kommt von einem der Lebewesen eine Stimme: *Als das Lamm das dritte Siegel öffnete, hörte ich das dritte Lebewesen rufen: Komm! Da sah ich ein schwarzes Pferd; und der, der auf ihm saß, hielt in der Hand eine Waage. Inmitten der vier Lebewesen hörte ich etwas wie eine Stimme sagen: Ein Maß Weizen für einen Denar und drei Maß Gerste für einen Denar.*

Aber dem Öl und dem Wein füge keinen Schaden zu! Der Hinweis auf Wein und dem Öl, dem kein Schaden zugefügt werden soll, das ähnelt dem, was auch Hildegard von Bingen schon sagte. Die Elemente rächen sich nämlich am Menschen. Aber was heißt das jetzt für uns? Der dritte Reiter auf schwarzem Ross versinnbildlicht die Hungersnot, ähnlich wie in einer Parallele bei Mt 24,7. Die Folge des ersten und des zweiten Reiters (Krieg (Irreführung), Bürgerkrieg – wie wir sagten) ist die Hungersnot. Da geht es dann um ein Massensterben; das wird in der schwarzen Farbe angedeutet. Die Waage und die Preisangabe: *Ein Maß Weizen für einen Denar und drei Maß Gerste für einen Denar* bedeuten dann Lebensmittelknappheit und Teuerung des Brotgetreides, alles Dinge, die uns heute bekannt sein dürften. Bei uns scheint die Teuerung zwar noch maßvoll zu sein, obwohl wir auch schon am Staunen sind, wieviel man für Brot zahlen muss. Die Schädigung durch den Unheilsreiter ist interessanterweise auf die Frühjahrsernte beschränkt. Die Herbsternte ist Öl und Wein. Sie wird von der Teuerung ausgenommen. *Aber dem Öl und dem Wein füge keinen Schaden zu!* Diesem Reiter werden also ausdrücklich Grenzen gesetzt, ein Bild dafür, dass er einer höheren Macht, nämlich Gott, gehorchen muss.

Der Mensch wirkt sein Unheil

Die Verse 6,7 und 8 weisen uns noch einmal darauf hin, dass es nicht Gott sein kann, der diese Nöte über die Menschheit bringt, sondern sie kommen gleichsam aus der Schöpfung, aus den geschaffenen Wesen: *Als das Lamm das vierte Siegel öffnete, hörte ich die Stimme des vierten Lebewesens rufen: Komm! Da sah ich ein fahles Pferd; und der, der auf ihm saß, heißt «der Tod» – thanatos – ; und die Unterwelt zog hinter ihm her. Und ihnen wurde die Macht gegeben über ein Viertel der Erde, Macht, zu töten durch Schwert, Hunger und Tod und durch die Tiere der Erde.* Der vierte Reiter auf fahlgrünem Ross, wird - wie es im Griechischen heißt – mit dem Namen thanatos (ϑανατος), Tod, benannt. Der Tod folgt allen drei vorhergehenden Reitern: Krieg, Bürgerkrieg, Hungersnot. Also könnte hiermit auch die Seuche gemeint sein. Diesem Reiter wird wieder eine Grenze *(ein Viertel der Erde)* gesetzt, die er nicht überschreiten darf. Der Schrecken bei diesem Reiter wird verstärkt, weil er vom ganzen Totenreich (Unterwelt) begleitet wird. Zwischen der Himmelfahrt und der Wiederkunft des Herrn treiben diese verheerenden Mächte und Gewalten ihr Zerstörungswerk in der Geschichte. Sie erscheinen auf das Kommando eines geschaffenen Wesens – nicht auf Befehl Gottes, denn Gott zerstört nie – er überlässt die Menschen ihren eigenen Taten, wenn sie nicht umkehren wollen. Und das ist das Schlimmste, was es geben kann: Das sind Krieg und Bürgerkrieg, Lieblosigkeit, Neid, Habsucht usw., auch Ideologien. Diese nämlich lösen Kriege und Bürgerkriege aus.

Wenn die Schrift manchmal sagt, dass Gott strafe, ist im Hebräischen (bei dem Aktiv und Passiv oft ineinander übergehen) sinngemäß gemeint, dass wir Menschen ohne Gott nichts tun können. Er muss bei jedem freien Handeln des Menschen mitwirken. Auf diese Weise überlässt Gott die Menschen oft sich selbst und bringt ihre Untaten nicht wieder in Ordnung. Der Mensch soll dadurch erkennen, was geschieht, wenn er sich nicht an die Gebote Gottes hält. Gott will, dass der Mensch zur Einsicht kommt und wieder zu Gott, zu seinem Gesetz zurückkehrt, das er ihm zu seinem Heil gegeben hat. Das meint im Grunde die Aussage: „Gott straft". Er straft nicht in dem Sinn, wie wir das verstehen. Diese Entscheidung fällt das geschaffene Wesen, der Mensch, nicht Gott.

Irdische Verkehrtheit, politischer oder wirtschaftlicher Machtgewinn, Hass, Neid, Stolz rufen also diese apokalyptischen Reiter herbei. Das können wir überall in der Geschichte beobachten. Die „Welt" (im johanneischen Sinn) verhindert das Paradies auf Erden. Wenn nun leider auch die Gläubigen von all diesem (von Menschen verursachten) Unheil mit betroffen sind, so wissen sie doch, dass Gott Herr ist, und zwar über jede Zeit, über alles, was geschieht. Dies bringt auch uns heute die Gewissheit, dass alle Heimsuchung uns zum Heil wird, wenn wir sie annehmen. Wir werden zwar mit hineingenommen in das Geschehen, aber wir wissen, dass Gott es zum Guten, zum Heil führt.

Blick in den Himmel: Die Martyrer

Der Vers 6,9 zeigt uns nun die Martyrer im Thronsaal des Allerhöchsten: *Als das Lamm das fünfte Siegel öffnete, sah ich unter dem Altar die Seelen aller, die hingeschlachtet worden waren wegen des Wortes Gottes und wegen des Zeugnisses, das sie abgelegt hatten.* Beim fünften Siegel sieht Johannes einen himmlischen Tempel mit einem Altar, an dessen Fuß die christlichen Martyrer leben, die *um des Wortes Gottes und des Zeugnisses willen* hingemordet wurden. Darum sind sie – wie das Lamm – auch im Heiligtum des Himmels, gleichsam unter dem Altar in Gottes Nähe. Hier ist wohl auch darin der Grund zu suchen, weshalb in unseren Altären Reliquien von den Martyrern eingefügt werden als Bild, dass die Martyrer *unter dem Altar* liegen.

In den Versen 6,10 und 11 wird auf die Endzeit verwiesen, wenn der Herr zur „Hochzeit" kommt: *Sie riefen mit lauter Stimme: Wie lange zögerst du noch, Herr, du Heiliger und Wahrhaftiger, Gericht zu halten und unser Blut an den Bewohnern der Erde zu rächen? Da wurde jedem von ihnen ein weißes Gewand gegeben; und ihnen wurde gesagt, sie sollten noch kurze Zeit warten, bis die volle Zahl erreicht sei durch den Tod ihrer Mitknechte und Brüder, die noch sterben müssten wie sie.* Wenn die Zahl der Berufenen vollendet ist, dann wird der Herr kommen. Über diese Zahl haben Theologen und Kirchenväter viel gerätselt; z.B. könnte es die Zahl der Engel sein, die abgefallen sind. Aber das ist eine rein spekulative, menschliche oder theologische Überlegung. Die Zahl kennt nur Gott. In einem lauten Gebetsruf machen diese Martyrer sich vor Gott zum Anwalt ihrer verfolgten Brüder auf Erden: Das ist eine beglückende Wahrheit, dass die Heiligen, die Martyrer, für uns eintreten, die wir noch in der Auseinandersetzung, in dem irdischen Kampf stehen. Sie rufen ähnlich sehnsuchtsvoll wie am Ende der Apokalypse das: *Komm, Herr Jesus!* (Offb 22,20) Darin zeigt sich gleichsam der Hunger nach Gerechtigkeit, nach dem Sieg der Wahrheit *(Du bist der Wahrhaftige. Du bist der Heilige)* und nach der Vollendung der Gottesherrschaft, nicht nach Rache! Auf die Frage: *Wie lange noch?* bekommen die Martyrer eine doppelte Antwort. Sie erhalten zum einen das weiße Kleid, das den Anteil an der Herrlichkeit des Siegers am Thron Gottes bezeichnet. Zum andern wird ihnen bedeutet, dass die vorher von Gott bestimmte Anzahl der Martyrer noch nicht erreicht ist. Der Plan der ewigen Weisheit, der ewigen Gerechtigkeit und der ewigen Liebe muss erst zum Ende geführt werden. Dann ist der Augenblick gekommen, den Kirche und Martyrer erhoffen und herbeisehnen.

Wir sollten bei der Feier der Eucharistie, der Vergegenwärtigung des Lebensgeheimnisses Jesu einschließlich seiner Wiederkunft, bedenken, was dort im Kanon ausgesprochen wird: *Wir erwarten dein Kommen in Herrlichkeit.* Ebenso drücken wir im sog. Embolismus (=Einschaltung) nach dem „Vaterunser" dieses Warten auf den Herrn aus. Wir sollten uns fragen, ob wir uns von diesem Warten auf den Herrn ergreifen lassen, oder nur etwa Folgendes denken: *Na ja, das hat noch Zeit. Ich habe eine sehr schöne Rente, ein Häuschen, einen Garten etc. Das möchte ich auch noch ein bisschen auskosten. Ich habe mich so schön eingelebt. Hoffentlich passiert mir das jetzt noch nicht.* Ist in mir Sehnsucht oder bete ich nur etwas gedankenlos dahin, was ich selber gar nicht will, und das sogar inmitten der Eucharistie? „Lüge" ich etwa sogar auf diese Weise beim Beten? Wir müssen uns immer wieder einen Spiegel vor Augen halten. Woher sollen wir denn sonst unsere Hoffnung nehmen, wenn sie nicht ausgerichtet ist auf das ewige Hochzeitsmahl des Lammes, auf das, was kein Auge gesehen und kein Ohr gehört hat? Wir sollten von diesen Texten unsere Sehnsucht entfachen lassen: *Wir erwarten dein Kommen in Herrlichkeit.* Vielleicht kann es auch einmal ein Stoßgebet sein: *Herr, wir erwarten dein Kommen in Herrlichkeit.* Der Herr sagt ja einmal: *Es werden Zeichen sichtbar werden an Sonne, Mond und Sternen, und auf der Erde werden die Völker bestürzt und ratlos sein über das Toben und Donnern des Meeres. Die Menschen werden vor Angst vergehen in der Erwartung der Dinge, die über die Erde kommen; denn die Kräfte des Himmels werden erschüttert werden. Dann wird man den Menschensohn mit großer Macht und Herrlichkeit auf einer Wolke kommen sehen. Wenn (all) das beginnt, dann richtet euch auf und erhebt eure Häupter; denn eure Erlösung ist nahe.* (Lk 21,25–28). Mein Haupt kann ich aber nur erheben, wenn ich mich auch vorbereitet habe, damit mir dann nicht gleichsam *die Knie zu schlottern* brauchen.

Das Martyrium der Gläubigen hilft also, die Kirche zu vollenden und beschleunigt die Stunde der Vollendung der Welt. Im letzten, im 20. Jahrhundert, gab es mehr Martyrer als in allen früheren Jahrhunderten zusammen. Könnte das nicht auch ein „semaion", ein Zeichen, sein, dass die Zahl der Martyrer der Vollendung entgegengeht und die Ankunft des Herrn nahe bevorsteht? Dieser Hinweis soll uns nicht ängstlich machen, sondern unsere Sehnsucht wecken.

Unheil im Kosmos

Die Verse 6,12–14 bringen mit der Öffnung des sechsten Siegels eine weitere Unheilsvision: *Und ich sah: Das Lamm öffnete das sechste Siegel. Da entstand ein gewaltiges Beben. Die Sonne wurde schwarz wie ein Trauergewand, und der ganze Mond wurde wie Blut. Die Sterne des Himmels fielen herab auf die Erde, wie wenn ein Feigenbaum seine Früchte abwirft, wenn ein heftiger Sturm ihn schüttelt. Der Himmel verschwand wie eine Buchrolle, die man zusammenrollt, und alle Berge und Inseln wurden von ihrer Stelle weggerückt.* Das Unheil der ersten fünf Siegelvisionen, die wir bisher betrachtet haben, war durch Menschen verursacht. In der sechsten Siegelvision greift das Unheil auf die tote Natur über und nimmt zugleich kosmische Ausmaße an. Es geht hier also einen Schritt weiter, wie es auch ähnlich bei Mt 24,29 heißt. Daran kann man sich nicht einfach vorbeidrücken; dafür wird das Unheil zu oft in der Hl. Schrift genannt.

Auf der Schwelle zu ihrem letzten Tag beginnt also die Erde zu beben. Die Sonne erlischt, als habe sie ein dunkles Trauergewand übergezogen. Wie das genau aussehen wird, das kann niemand wissen. Auf dem Hintergrund des dunkel gewordenen Himmels hängt dann der Vollmond blutigrot, wie es schon in einer alttestamentlichen Parallele bei Joel 3,4 heißt: *Die Sonne wird sich in Finsternis verwandeln und der Mond in Blut, ehe der Tag des Herrn kommt, der große und schreckliche Tag.* Das ganze Weltall scheint in Auflösung begriffen zu sein. Die Sterne fallen von ihrem festen Standort. Die (damals als Halbkugel gedachte) Himmelsfeste löst sich auf. Wie eine Buchrolle rollt sich das Firmament zusammen; ein schönes, aber auch ein schreckliches Bild, ähnlich wie in Jes 34,4. Diese Zusammenklänge von Altem und Neuem Testament müssen uns zu denken geben. Das Chaos auf der Erde ist so, dass man die Oberfläche nicht mehr wiedererkennt. Selbst die Berge und die Inseln befinden sich nicht mehr an ihrer alten Stelle. Die Auflösung aller Ordnungen des menschlichen Lebensraumes konfrontiert die Menschen mit dem Chaos des Untergangs und lässt sie so auch die eigene Vernichtung vorausahnen. Das ist schaudererregend. Deswegen ist es gut und tröstlich, dass wir mit Johannes immer wieder den Blick in den Himmel geschenkt bekommen, auf das Ziel hin, dem wir zustreben.

Angst aller Menschen

Die Verse 6,15–17 schildern die panische Angst, die alle ergreift: *Und die Könige der Erde, die Großen und die Heerführer, die Reichen und die Mächtigen, alle Sklaven und alle Freien verbargen sich in den Höhlen und Felsen der Berge. Sie sagten zu den Bergen und Felsen: Fallt auf uns und verbergt uns vor dem Blick dessen, der auf dem Thron sitzt, und vor dem Zorn des Lammes; denn der große Tag ihres Zorns ist gekommen. Wer kann da bestehen?* Es werden sieben Gruppen aufgezählt: Sklaven, Freie, Mächtige usw., die ausnahmslos von Angst gepackt werden, wieder in der Sieben das Symbol der Ganzheit, d.h. alle Menschen. Die Angst spiegelt das Gefühl der Ohnmacht wider gegenüber einer Natur, deren Gesetze diese Menschen zwar erforschten und deswegen einigermaßen fest in der Hand zu haben glaubten, wie ja auch heute viele meinen. Aber bei den riesigen Überschwemmungen und anderen Katastrophen, wie wir sie z.B. in letzter Zeit erlebten, fühlen wir uns plötzlich ohnmächtig, machtlos trotz unseres ganzen Wissens. Aller Stolz, der meint, wir seien die

Herren der Schöpfung, bricht in dieser ausweglosen Angst zusammen. Die Menschen suchen zwar zu entfliehen, das sind (im Text) die Verstecke in den Felsenhöhlen. Aber für ein schlechtes Gewissen gibt es kein Versteck vor den Augen des zum Gericht erscheinenden Lammes. So räumen die Siegelvisionen mit der Utopie auf, dass äußerer Fortschritt der Menschheit zugleich Fortschritt der Menschlichkeit bedeute. Das haben viele inzwischen wohl schon begriffen: Je weniger man vom Himmel spricht, desto unmenschlicher wird es auf der Erde! Leider wird diese Fortschritts-Utopie immer noch propagiert. Wenn wir uns z.B. vor Augen halten, was Nationen wie England und Amerika, die auf der ganzen Welt Menschenwürde fordern, sich gegenüber Gefangenen erlaubten, muss man sich erschüttert an den Kopf greifen! Was geschieht überall auf der Welt an unwürdiger Behandlung der Menschen! Da ließen sich viele Beispiele nennen, aber das ist im Augenblick für die Öffentlichkeit unerwünscht; so z.B. der Frauenhandel, die Sklaverei allüberall, die auch von verantwortlichen Stellen zugelassen wird, wenn es um Geld und Macht geht. Sie alle stehen dann plötzlich zum Gericht vor dem geschlachteten Lamm.

Offenbarung des Bösen

Die Bilder der Siegelöffnung enthüllen den fortschreitenden „Reifungsprozess" des Bösen in der Geschichte, schildern, wie das Chaos wächst. Die völlige Auflösung der Ordnung zeigt dem Menschen, was er angerichtet hat mit der Preisgabe der göttlichen Ordnung der Schöpfung, die ihm anvertraut war. Wir gewöhnen uns ja z.B. in unserem Land langsam daran, dass die Zehn Gebote vom Staat her keinen Schutz mehr finden. Damit hat der Mensch selbst seiner eigenen Existenz den Boden entzogen. Was ihm aus seiner Welt noch entgegenstarrt, ist die erschreckende Leere des Nichts. So ist die maßlose Existenzangst doch etwas, was heute wie eine schleichende Krankheit durch unser Land geht. Bei beliebigen Menschen, mit dem man heute redet, kommt immer wieder die Angst um die eigene Existenz, die Zukunft usw. auf. Je weniger Glaube noch da ist, desto größer die Angst.

Und auch das kennen wir: Viele Menschen fliehen vor sich selber. Manche Menschen trauen sich überhaupt nicht mehr ins Leben hinaus. Ein Psychiater sagt aus den Erfahrungen seiner Praxis, als er vor ca. 25 bis 30 Jahren begonnen habe, seien die Menschen in der Lebensmitte in seine Klinik gekommen, weil sie diese nicht mehr hätten bewältigen können. Heute seien sie überwiegend in jugendlichem Alter, die sich nicht mehr ins Leben hinaustrauten mit den Symptomen der Angst, einer Versteckens- oder Fluchtpsychose.

Das alles schildert hier schon die Apokalypse. In einer öffentlichen Diskussion meinte ein Arzt, um Heilung zu beten, Wunder zu erwarten, das sei doch alles Unsinn; wir könnten heute alles heilen, hätten für alles ein Mittel. So spricht der stolze Mensch, der meint, alles zu können. Aber dann kommt auf einmal der Punkt – den die Apokalypse beschreibt – wo alle Menschen das erkennen müssen, vor welchem Chaos sie stehen. Sie erkennen dann ihre sittliche Verantwortung, dann aber bleibt ihnen nur noch die Angst vor dem Gericht. Eine Generation der Menschheit wird die letzte sein; vielleicht schon wir! Die in diesen Bildern in der Apokalypse angekündigten Vorläufer des Endes sehen wir heute schon. Fassen wir den Mut, darüber nachzudenken und die Zeichen der Zeit zu deuten, auch wenn wir nicht alles erklären können.

Wer kann da noch bestehen?

Im Kapitel 7 kommt ein – für uns gleichsam notwendiges – Zwischenstück, das auf die Frage antwortet: Wer kann da bestehen? Das Bisherige hat uns vielleicht sehr erschreckt, ließ uns fragen: Was ist mit mir als Glaubendem, der ich doch mit Christus leben will? Hier stehen nun der Verlorenheit und Verzweiflung der Bewohner der Erde als Gegenstück die Bewahrung und die hoffnungsfrohe Aussicht der Gläubigen entgegen. Dieser Trost durchzieht – wie wir schon sagten – als roter Faden die ganze Geheime Offenbarung. Sie ist so für uns ein „Trostbuch“. Die Antwort lautet: Die Gläubigen werden mit Gottes besonderem

Schutz auf Erden nicht untergehen, und das Wie wird jetzt für uns spannend!

Die Rettung

Die Verse 7,1–3 sagen uns darüber etwas: *Danach sah ich: Vier Engel standen an den vier Ecken der Erde. Sie hielten die vier Winde der Erde fest, damit der Wind weder über das Land noch über das Meer wehte, noch gegen irgendeinen Baum. Dann sah ich vom Osten her einen anderen Engel emporsteigen; er hatte das Siegel des lebendigen Gottes und rief den vier Engeln, denen die Macht gegeben war, dem Land und dem Meer Schaden zuzufügen, mit lauter Stimme zu: Fügt dem Land, dem Meer und den Bäumen keinen Schaden zu, bis wir den Knechten unseres Gottes das Siegel auf die Stirn gedrückt haben.* Vier Engel halten also die Mächte der Vernichtung zurück. Die Weltzeit ist immer eine Geschichte voller „Stürme" gewesen. Die Stürme nehmen zu, je näher sich diese Welt dem Ende nähert. Mit der Kirche geschieht dabei etwas Besonderes: Es erscheint ein Engel, durch den Heil verheißen ist, denn er kommt, wenn wir genau hinhören, vom Sonnenaufgang, also von Osten her. Das ist das Zeichen dafür, dass er von Gott her, von der Auferstehung her kommt, wie auch das Licht ein Symbol für Gott ist. Das heißt also: Dieser Engel bringt Heil! (Von dorther erwarten ja auch die Juden den kommenden Herrn). Der Engel will vor Beginn der neuen Drangsal die Auserwählten kennzeichnen. Wieder gibt es dazu ein alttestamentliches Vorbild, eine Parallele, bei Ez 9, 2–7. Der Engel zeichnet den Buchstaben T auf die Stirn. Besiegeln bedeutet hier: zu Gott gehören und seinen Schutz genießen. Damit wird nicht verheißen, dass sie vor den Stürmen bewahrt werden, wohl aber, dass sie in den Stürmen bewahrt werden und durch sie hindurch sogar gerettet werden.

Dann folgen die Verse 7,4–8: *Und ich erfuhr die Zahl derer, die mit dem Siegel gekennzeichnet waren. Es waren hundertvierundvierzigtausend aus allen Stämmen der Söhne Israels, die das Siegel trugen: Aus dem Stamm Juda trugen zwölftausend das*

Siegel, aus dem Stamm Ruben zwölftausend, aus dem Stamm Gad zwölftausend, aus dem Stamm Ascher zwölftausend, aus dem Stamm Naftali zwölftausend, aus dem Stamm Manasse zwölftausend, aus dem Stamm Simeon zwölftausend, aus dem Stamm Levi zwölftausend, aus dem Stamm Issachar zwölftausend, aus dem Stamm Sebulon zwölftausend, aus dem Stamm Josef zwölftausend, aus dem Stamm Benjamin trugen zwölftausend das Siegel. Zwölf ist die vollkommene Zahl und 1000 die Vollzahl der Auserwählten. Aus jedem der Stämme Israels tragen zwölftausend das Siegel. Die Zahl hundertvierundvierzigtausend setzt sich zusammen aus 12 x 12 x 1000. Die Nennung der zwölf Stämme Israels ist symbolisch, denn im Neuen Gottesvolk gibt es keinen Unterschied mehr zwischen Juden und Heiden. Zwölf meint hier das ganze Gottesvolk, die zwölf Apostel und das neutestamentliche Gottesvolk.

Die Verse 7,9–12 durchbrechen das Grauen, damit die Guten nicht verzweifeln: *Danach sah ich: eine große Schar aus allen Nationen und Stämmen, Völkern und Sprachen; niemand konnte sie zählen. Sie standen in weißen Gewändern vor dem Thron und vor dem Lamm und trugen Palmzweige in den Händen. Sie riefen mit lauter Stimme: Die Rettung kommt von unserem Gott, der auf dem Thron sitzt, und von dem Lamm. Und alle Engel standen rings um den Thron, um die Ältesten und die vier Lebewesen. Sie warfen sich vor dem Thron nieder, beteten Gott an und sprachen: Amen, Lob und Herrlichkeit, Weisheit und Dank, Ehre und Macht und Stärke unserem Gott in alle Ewigkeit. Amen.*

Die Guten sollen Hoffnung schöpfen und wissen, wohin der Weg sie führt. Auf die Vision der Auserwählten auf Erden folgt eine ergänzende zweite Vision, in der Johannes die gleiche Schar der auf Erden Gekennzeichneten im Himmel in weißen Gewändern sieht. Sie sind bereits am Ziel angekommen. Die auf Erden gegebene Verheißung ist hier bereits erfüllt. Im Preislied wird freudig anerkannt, dass Gott und dem Lamm die Rettung und Seligkeit zu verdanken sind. Vor Gott allein, vor keiner anderen Gewalt auf Erden, beugt die erlöste Menschheit in tiefer Dankbarkeit die Knie. *Sie warfen sich vor dem Thron nieder, beteten Gott an und sprachen: Amen, Lob und Herrlichkeit, Weisheit und Dank, Ehre und Macht und Stärke unserem Gott in alle Ewigkeit. Amen.*

In den folgenden Versen (7,13f) wird Johannes eine Frage gestellt, die er vor lauter Ergriffenheit und Ehrfurcht nicht selbst zu beantworten wagt: *Da fragte mich einer der Ältesten: Wer sind diese, die weiße Gewänder tragen, und woher sind sie gekommen? Ich erwiderte ihm: Mein Herr, das musst du wissen. Und er sagte zu mir: Es sind die, die aus der großen Bedrängnis kommen; sie haben ihre Gewänder gewaschen und im Blut des Lammes weiß gemacht.* Johannes schaut die unübersehbare Menge derer, die aus der großen Drangsal gekommen sind. Sie haben die Auseinandersetzungen und Prüfungen der Endzeit mit Gottes Hilfe als Besiegelte durchgestanden. Die große Drangsal dürfen wir aber nicht übersehen, weil wir immer versucht sind zu wünschen, dass wir hier auf Erden schon im Paradies sind. Die Leistung der „Sieger“ war nicht in erster Linie ihr eigenes Verdienst. Der Weg zur Verklärung musste ihnen erst eröffnet werden, und zwar, wie es hier heißt, durch den Sühnetod, durch das Blut des Lammes. Ihre persönliche Tat ist, dass sie die Gnade angenommen haben. Das ist auch das, was wir tun können: den Anstoß der Gnade annehmen. Aber das Rettende ist das, was das Lamm uns verdient hat.

Die alltäglichen Widerwärtigkeiten annehmen

Dann folgt noch ein wunderbarer Ausblick auf das, was uns alle dort erwartet (Verse 7,15–17): *Deshalb stehen sie vor dem Thron Gottes und dienen ihm bei Tag und Nacht in seinem Tempel; und der, der auf dem Thron sitzt, wird sein Zelt über ihnen aufschlagen. Sie werden keinen Hunger und keinen Durst mehr leiden, und weder Sonnenglut noch irgendeine sengende Hitze wird auf ihnen lasten. Denn das Lamm in der Mitte vor dem Thron wird sie weiden und zu den Quellen führen, aus denen das Wasser des Lebens strömt, und Gott wird alle Tränen von ihren Augen abwischen.*

Das sollten wir uns immer wieder vor Augen halten. Die Herrlichkeit und Seligkeit am Thron Gottes ist in der Gnade der Erlösung begründet und in der freien Annahme, der freien Mitwirkung des Menschen mit dem Heilsangebot Gottes. Wie wir Menschen mitwirken können, haben die Seligen bei ihrem geduldigen Ausharren in Mühsal und Verfolgung auf Erden bewiesen. Vielleicht erinnern wir uns hier noch einmal der heiligen Gertrud von Helfta, die auf ihre Frage, was ihm, ihrem Herrn, das Liebste sei, die Antwort erhielt: *Wenn du die alltäglichen Widerwärtigkeiten in Geduld erträgst. Das ist mir das Liebste.*

Das kann man auch in der Apokalypse immer wieder heraushören: Diese Seligen blieben im geduldigen Ausharren in Mühsal und Verfolgung auf Erden treu; das war ihr „Anteil". Nun ist das Zelt über ihnen aufgeschlagen, d.h. bildlich: Sie leben in der Gottesgemeinschaft frei von aller irdischen Angst, Anfechtung usw. Alle Wünsche und Sehnsüchte sind jetzt im Tiefsten erfüllt. Jesus selbst hat im Bild des Guten Hirten bei Joh 10,1–18 seine Sorge um die Seinen dargelegt. Dieses bekannte Bild drückt die Sorge des Herrn um uns, die Seinen, aus; das ist Sache des Guten Hirten. Aber an uns liegt es, diese Sorge des Herrn anzunehmen. Die Apokalypse zeigt uns, dass er die Verheißung wahrmachen wird. Er führt die Seinen hin auf die Weideplätze ewiger Seligkeit und an die Quellwasser ewigen Lebens!

Nachdem wir den Blick in den Himmel, in unsere ewige Zukunft, nun tun durften, werden wir wieder zurückgeführt in die irdische Existenz. Wir können das immer wieder in der Apokalypse erleben, dass wir fragen, was mit uns geschehen wird, wenn die Drangsale, die Zeichen der Zeit, so dicht über uns kommen. Aber dann reißt auf einmal gleichsam der Himmel auf, und Johannes darf die Erfüllung sehen, um uns zu trösten, damit wir auf unserem Weg der Drangsal weitergehen können. Wir verlassen nun im Folgenden wieder den tröstlichen Blick in den Himmel und steigen hinab in unsere Zeit, in der wir immer noch leben, um uns zu bewähren. Wir werden nun weiter hören, was geschehen wird, was ist und was kommen wird.

VII. Das siebte Siegel und die Plagen

Offb 8,1 – 9,12

Wir betrachten Offb 8,1: *Als das Lamm das siebte Siegel öffnete, trat im Himmel Stille ein, etwa eine halbe Stunde lang.* Mit dem letzten Siegel ist nun der ganze Inhalt der von innen und von außen beschriebenen Buchrolle einzusehen, d.i. der Heilsplan Gottes für die gesamte Geschichte. Es entsteht eine starke Spannung im Himmel, denn eine halbe Stunde vollkommene Stille kann sich gefühlsmäßig sehr lange hinziehen, ein Warten Gottes, das für die Gläubigen eine sehr harte Prüfung sein kann. Für die Ungläubigen bringt es oft sogar eine Ermunterung; das werden wir im Folgenden noch sehen. Wir beten ja oft: *Herr, komm jetzt, und mach mal Ordnung in dieser Welt* usw. Wir Gläubigen wünschen uns, dass es ein bisschen schneller gehe. Die Ungläubigen fühlen sich durch die Pause ermutigt, in ihrer Bosheit weiterzuleben.

Das siebte Siegel, die Plagen

Auf dem letzten, dem siebten Siegel entfaltet sich noch einmal eine Siebenergruppe von Plagen, eine Siebenzahl, wie in den sogenannten Posaunenvisionen. Bis jetzt war es, kann man sagen, nur der Anfang der Wehen, obwohl es uns eigentlich schon grausam genug erschien; jetzt aber kommt noch eine Steigerung. Je mehr wir uns dem Ende nähern, desto härter und deutlicher gestalten sich die Heimsuchungen, weil die Bekehrung immer dringlicher wird. Das ist ja das Ziel all dieser Heimsuchungen: Gott will den Menschen zurückrufen, an sich ziehen.

Vers 8,2: *Und ich sah: Sieben Engel standen vor Gott; ihnen wurden sieben Posaunen gegeben.* Sieben Engel vor Gott, das spielt im Himmel, während mit den *sieben Posaunen* ein Ereignis auf der Erde beginnt. Das zeigt uns gleichzeitig, dass nichts auf Erden geschieht, was nicht im Himmel vorbereitet ist. Diese Einheit von Himmel und Erde ist in Gott gegeben, weil er der Schöpfer der beiden ist. Die sieben Engel vor Gott werden in der jüdischen Apokalyptik auch „Engel des Angesichts“ oder „Engel der Gegenwart“ genannt, wir nennen sie einfach Erzengel, wie es Gabriel kundtut, wenn er sagt: *Einer der sieben, die vor Gott stehen.* Posaune ist in der Hl. Schrift durchgehend das Instrument des Gerichtes.

In den Versen 8,3f heißt es: *Und ein anderer Engel kam und trat mit einer goldenen Räucherpfanne an den Altar; ihm wurde viel Weihrauch gegeben, den er auf dem goldenen Altar vor dem Thron verbrennen sollte, um so die Gebete aller Heiligen vor Gott zu bringen. Aus der Hand des Engels stieg der Weihrauch mit den Gebeten der Heiligen zu Gott empor.* Die Weihrauchwolke ist das Zeichen der Gebete der Heiligen und auch ein Symbol in der Liturgie. Die Engel des Himmels machen sich das Gebet derer, die auf der Erde mit dem Siegel Gottes bezeichnet sind, zu Eigen und bringen es geläutert vor Gottes Angesicht, wie wir schon erfuhren. Wir sind mit dem Siegel von Taufe und Firmung gleichsam „eingesiegelt“ für alle Ewigkeit, haben ein *unauslöschliches Merkmal* in der Seele. Die Engel ergänzen und opfern unser schwaches Gebet, wie auch beim Weihrauch etwas verbrennt. Wir brauchen uns mit der bedrängten Kirche nie verlassen zu fühlen, sondern sind immer sicher.

Es folgt in Vers 5 ein Bild des Schreckens: *Dann nahm der Engel die Räucherpfanne, füllte sie mit glühenden Kohlen, die er vom Altar nahm, und warf sie auf die Erde; da begann es zu donnern und zu dröhnen, zu blitzen und zu beben.* Auf das wunderbare Bild der Geborgenheit und des Friedens, das wir gerade noch erfuhren im Gebet der Engel, das sich mit dem Gebet der Heiligen auf Erden verband, folgt ein Bild des Schreckens, des Gerichtes. Eine ausdrückliche Erklärung für dieses aus der Räucherpfanne herabgeworfene Feuer fehlt. Das kann jeder für sich selbst betrachten oder Gott bitten, er solle es ihm deuten. Durch Gewitterstürme und Erdbeben kündigt sich das göttliche Gericht über jene an, die sich außerhalb der Ordnung Gottes gegen den Heilswillen Gottes behaupten wollen. Wer das Kennzeichen Christi trägt, ist mit dem Himmel verbunden, ist in einer

Gemeinschaft. Wer aber die Langmut Gottes missbraucht, um gleichgültiger dahinzuleben und in der Bosheit zu verharren, kommt direkt vor das Gericht.

Vers 8,6 schildert uns: *Dann machten sich die sieben Engel bereit, die sieben Posaunen zu blasen.* Das alles geschieht immer noch innerhalb des siebten Siegels. Die Engel müssen auf den Augenblick warten, den Gott allein bestimmt *(...sie machten sich bereit...).* Auch hier wird wieder auf all das hingewiesen, was aus der Schöpfung selber an Unheil auf den Menschen kommt, weil der Mensch falsch handelte. Trotzdem hat Gott alles in der Hand, und er hat für alles eine bestimmte Zeit. Es gibt demnach nichts, was über uns eine absolute Herrschaft hätte, was für uns unausweichlich wäre.

Die ersten vier Posaunen

Nun kommen wir zu den ersten vier Posaunen. Bei der Siebenergruppe der Posaunen bilden sie eine geschlossene Einheit, ähnlich wie bei den ersten vier Siegeln. Die vier Posaunenplagen treffen nicht, wie die entsprechenden Plagen der Siegel, unmittelbar die Menschen mit Krieg, Bürgerkrieg, Hungersnot usw., sondern es geht um den Lebensraum des Menschen. Die Ordnung der Natur gerät plötzlich aus den Fugen; aber diese Ereignisse bedeuten bei aller Schrecklichkeit noch nicht das Ende. Nur ein Drittel des jeweiligen Bereichs ist davon betroffen, wie es nachher heißt. Es sind ungeheure Gewalten der Natur, die in symbolischen Bildern für das Zerstörungswerk entbunden werden. Man kann diese Bilder nicht einfach durch Konkretisierung auf Heutiges hin (wie bereits gesagt), veranschaulichen; das wäre zu zeitgebunden. Das „Wort Gottes“ ist zeitlos.

Im Vers 8,7 (erste Posaune) wird Unheil für das Festland angekündigt: *Der erste Engel blies seine Posaune. Da fielen Hagel und Feuer, die mit Blut vermischt waren, auf das Land. Es verbrannte ein Drittel des Landes, ein Drittel der Bäume und alles grüne Gras.* Die in Offb 7,3 befohlene Schonzeit für alles auf

Erden ist nun abgelaufen, und das Unheil bricht herein über Feld, Wald, Wiesen. Eine Parallele dazu finden wir bereits bei den ägyptischen Plagen in Ex 9,23. Durch den Ausfall der Ernte sind natürlich Mensch und Vieh indirekt auch betroffen, viel mehr aber das Festland, das Umfeld des Menschen. Ob das so konkret, wie hier beschrieben, eintreffen wird, können wir nicht wissen. Es geht in erster Linie darum, das bildhaft wahrzunehmen, im Gedächtnis zu behalten und die Zeichen der Zeit zu verstehen. Es sind Zeichen der nahen Ankunft des Herrn und seines Rufs, umzukehren. Viele allerdings weichen einer Antwort darauf aus, indem sie – wie gesagt – es naturwissenschaftlich zu erklären versuchen. Diese Denkweise meint, dass wir uns selbst helfen könnten; man meint unwissenschaftlich zu sein, wenn man es als göttliche Zeichen sähe. Wir scheuen – wie man so sagt – die *Courage zur Blamage,* deswegen können wir das Evangelium heutzutage nicht richtig verkünden. Eigentlich müssten wir heute klar und deutlich reden. Wenn jemand das nicht glauben will, wird er ja nicht dazu gezwungen; er muss dann halt warten, bis ihn die Folgen treffen. Gott meint es sehr ernst mit uns. Er erwartet, dass wir sein werbendes Wort auch ernstnehmen, weil es Ausdruck seiner Sehnsucht ist, uns glücklich zu machen.

Die zweite Posaune

Dann die zweite Posaune in den Versen 8,8f: *Der zweite Engel blies seine Posaune. Da wurde etwas, das einem großen brennenden Berg glich, ins Meer geworfen. Ein Drittel des Meeres wurde zu Blut. Und ein Drittel der Geschöpfe, die im Meer leben, kam um, und ein Drittel der Schiffe wurde vernichtet.* Vom zweiten Posaunensignal ist nach dem Festland nun das Meer betroffen. Nicht nur Hitze, sondern ein Feuerball machen das Wasser siedend, es wird – symbolisch – in Blut verwandelt, wie es z.B. bei den ägyptischen Plagen in Ex 7,20 bereits vorausgebildet ist. Auch hier können wir nicht einfach konkretisieren. Der Untergang eines Drittels der Schiffe ist durch die hochgehende See zu erklären und verständlich. Die konkreten Naturerfahrungen sind hier nicht das Entscheidende, sondern wiederum ihre Zeichenhaftigkeit, wie wir es bereits vorher sagten. Schon zur Zeit Jesu – wir sahen es am Beispiel der Brotvermehrung – haben die Menschen immer (wie auch heute) nur das Konkrete gesehen. Da geschieht heute z.B. ein Erdbeben; für viele verschieben sich da nur irgendwelche Erd-Platten usw., das Wichtigste, das Zeichen, das Gott damit gibt, wird nicht erkannt. Wir aber sind bei der Lektüre des Wortes Gottes angehalten, das immer zu beachten. Es geht also bei all diesen Visionen zunächst ums Festland und um das Meer und was darin und darauf ist: Tiere und Schiffe. Wenn wir dies als Symbol sehen, kann uns das von Johannes Geschaute eine Erklärung für die Ereignisse sein, die heute dort geschehen.

Die dritte Posaune

In Vers 8,10f bei der dritten Posaune ereignet sich etwas außergewöhnlich Schreckliches: *Der dritte Engel blies seine Posaune. Da fiel ein großer Stern vom Himmel; er loderte wie eine Fackel und fiel auf ein Drittel der Flüsse und auf die Quellen. Der Name des Sterns ist «Wermut». Ein Drittel des Wassers wurde bitter, und viele Menschen starben durch das Wasser, weil es bitter geworden war.* Ein gewaltiger Stern fällt wie ein Meteorit vom Himmel, ein Zeichen dafür, dass Gott hinter diesem Ereignis steht, gleichzeitig eine wichtige Aussage! Das Trinkwasser wird vergiftet; deshalb trägt der Stern den Namen *Wermut.* Wir lassen das Zeichen als Zeichen stehen und legen uns auch hier nicht auf etwas Konkretes fest, weil sie die für uns selbst richtige Deutung des Zeichens verhindern könnte. Dass z.B. Tschernobyl ein Zeichen war, ist m.E. nicht zu bezweifeln. Das gilt auch für ähnliche Ereignisse heute. Wir dürfen uns aber auch hier nicht festlegen, weil die Apokalypse als Wort Gottes zeitlos ist.

Für uns ist das insofern sehr interessant, weil diese Schilderungen der Apokalypse von den Naturkräften ausgehen; da sollten wir noch genauer hinhören, wenn uns Ähnliches in der Welt und in unserem Land begegnet. Wenn wir das als ein Zeichen wahrnehmen und ernstnehmen würden, durch das Gott uns zu sich rufen will, und wenn wir dann alle umkehren würden, könnte man die

Apokalypse zuklappen und sagen: *Es ist vorbei.* Leider aber scheint es so zu sein, dass die Langmut Gottes – wie wir sagten – die Bösen noch zu ermutigen scheint, in ihrer Bosheit fortzufahren, zu meinen, da komme ja doch nichts, es gebe keinen Gott. Das können wir immer wieder beobachten. Man flucht höchstens noch auf Gott. Man sagt, wo denn unser Gott bei der Überschwemmung, bei dem Sturm, bei jeglichem Unheil gewesen sei. Da soll er dann plötzlich – nach deren Meinung – der Gütige sein, nachdem das Übel hereingebrochen ist. Viele kümmern sich vorher um Gott überhaupt nicht, aber wenn sie einen Sündenbock brauchen, dann soll plötzlich Gott für alles herhalten, Da zeigt sich dies Verbohrt-Sein im Bösen und seine Verschlimmerung. Das alles deckt uns die Apokalypse auf, und wir erleben das auch heute! Gott aber will die Menschen zur Besinnung bringen, dass sie zurückkehren zur Quelle, zu Christus, zu Gott, eben zu dem, der auf dem Thron sitzt und zu dem Lamm.

Die vierte Posaune: Das Licht erlischt

Und so geht es dann in 8,12f um eine weitere Beschränkung der Lebensmöglichkeiten: das Licht fällt um ein Drittel aus. *Der vierte Engel blies seine Posaune. Da wurde ein Drittel der Sonne und ein Drittel des Mondes und ein Drittel der Sterne getroffen, so dass sie ein Drittel ihrer Leuchtkraft verloren und der Tag um ein Drittel dunkler wurde und ebenso die Nacht. Und ich sah und hörte: Ein Adler flog hoch am Himmel und rief mit lauter Stimme: Wehe! Wehe! Wehe den Bewohnern der Erde! Noch drei Engel werden ihre Posaunen blasen.* Ohne Licht gibt es kein Wachstum. Das deutete damals auch schon – in einer weiteren Parallele aus dem Alten Testament – die neunte ägyptische Plage in Ex 10,21–23 an. Die Lebensgeschichte des Mose ist ja im Grunde die geistliche Geschichte auch jedes Christen, dort sind Grundregeln, Lebensregeln jeglicher Gemeinde und Gemeinschaft zu finden: Dort ereignete sich der Auszug aus der Sünde, der Sklaverei, durch die Wüste in das Land der Verheißung. Die Plagen von damals lassen sich übertragen auf das Volk Gottes auch heute, werden verdeutlicht durch die Geheime Offenbarung.

Hier erkennt man die Einheit zwischen Altem und Neuem Testament: Es ist ein und derselbe Heilige Geist, der das inspiriert und uns offenbart hat.

Die Lichtquellen des Alls werden jetzt *um ein Drittel* reduziert. Gerade hier merken wir, dass die Bilder symbolisch gedeutet werden müssen. Diese Begrenzung des Strafgerichtes Gottes als Vorbote des Gerichtes ist letztlich wieder nichts anderes als der warnende Aufruf zur Bekehrung – er sollte es wenigstens sein. Die Zeit der Gnade und die Möglichkeit der Umkehr sind immer noch gegeben. Das sieht man im eingefügten Bild mit dem Weheruf des Adlers, der in der apokalyptischen Literatur ein Unheilsbote Gottes ist. Die drei noch ausstehenden Plagen – kündigt er an – werden nun nicht mehr nur das Umfeld, sondern unmittelbar die Menschen treffen, nämlich die Gottlosen, die das Siegel des lebendigen Gottes nicht angenommen haben.

Die fünfte Posaune. Das Reich der Dämonen

Im nun beginnenden neunten Kapitel, Verse 1f, geht es um die fünfte Posaune: *Der fünfte Engel blies seine Posaune. Da sah ich einen Stern, der vom Himmel auf die Erde gefallen war; ihm wurde der Schlüssel zu dem Schacht gegeben, der in den Abgrund führt. Und er öffnete den Schacht des Abgrunds. Da stieg Rauch aus dem Schacht auf, wie aus einem großen Ofen, und Sonne und Luft wurden verfinstert durch den Rauch aus dem Schacht.* Die nun folgenden Plagen erscheinen außernatürlich, denn sie kommen nicht aus der Atmosphäre, sondern von unten, d.h. aus dem Reich der Dämonen, also nicht aus der Schöpfung, nicht aus der Natur.

Damit treten nun die Mächte auf den Plan, bei denen das Nein zu Gott und das Nein zu seiner Welt der Inbegriff ihrer Existenz und der Ausdruck ihres pervertierten Seins ist, nämlich der Lüge, des Widerspruchs und des Hasses. Das dreifache *Wehe* des Adlers über Welt und Mensch deutet auf die maßlose Wut hin, mit der diese zerstörerischen Gestalten die Schöpfung verderben. Aber auch hier steht das sog. göttliche Passiv: *es wurde gegeben,* was uns (wie wir bereits wissen) sagt, dass sie unter einer höheren Macht stehen und nicht tun können, was sie wollen. Was zugelassen wird, hat auch hier immer das Ziel, dass der Mensch zur Besinnung kommt und umkehrt. Es ist gleichsam das Werben Gottes um den Menschen; die Gewalten müssen ihm gehorchen. Ein gefallener Stern bedeutet in der apokalyptischen Literatur einen gestürzten Engel, einen Dämon, also einen abtrünnigen, verdammten Engel. Der Qualm aus dem dunklen Feuerpfuhl breitet sich nun über die Erde aus und hüllt sie und die Menschheit in höllische Finsternis.

In 8,3 und 4 machen sich dann die Hölle und ihr Zustand auf der Erde breit: *Aus dem Rauch kamen Heuschrecken über die Erde, und ihnen wurde Kraft gegeben, wie sie Skorpione auf der Erde haben. Es wurde ihnen gesagt, sie sollten dem Gras auf der Erde, den grünen Pflanzen und den Bäumen keinen Schaden zufügen, sondern nur den Menschen, die das Siegel Gottes nicht auf der Stirn haben.* Infolge des schwarzen Dunstes der Unterwelt ist ein Ausblick zum Himmel nicht mehr möglich. Das ist ein sehr eindrucksvolles Bild: Die Unterwelt zieht die Menschen gleichsam so in ihren „Dunstkreis" hinein, dass ein Durchblick auf Gott hin nicht möglich ist. Sie „vernebelt" ihnen den Blick auf Gott. Wenn wir in unsere Umwelt hineinschauen, so können wir z.B. bei der Gesetzgebung der letzten zehn, zwanzig Jahre erkennen, dass fast alle Staaten in unseren Regionen von solchen „Vernebelungen" erfasst wurden, ob es nun die Tötung der Kinder im Mutterleib oder die Tötung der alten und kranken Menschen usw. betrifft. Das wird sogar noch vom Staat bezahlt, und all das geschah innerhalb eines Lebensalters! Da dürfen wir uns fragen: Hat der Mensch den Blick auf Gott, auf das Gesetz Gottes, das Naturgesetz (lex divina) verloren? Das alles ist in dem vorliegenden Bild der Apokalypse ausgedrückt. Wir haben uns leider an viele Ereignisse gewöhnt, und das ist erschütternd; wir müssen uns dessen wieder bewusst werden, dass das ein Werk Satans ist.

Das Licht leuchtet in der Finsternis

Wenn das Licht Gottes den Menschen nicht mehr leuchten kann, dann ist dies eine Art „Gottesfinsternis". Der Widersacher Gottes ist schlau. Auch wenn er verdammt ist, hat er doch sein Wissen behalten, und er lernt ständig dazu. Er kommt heutzutage nicht mehr wie in den alten Vorstellungen, etwa mit Hufen, Schwanz und Hörnern, sodass man ihn schon von weitem erkennen kann. Er kommt vielmehr – bildlich gesprochen – mit Samthandschuhen, mit Frack und Zylinder, ganz fein, vielleicht sogar mit dem Anschein eines göttlichen Wesens, im Licht eines Engels. Leider lassen sich die Menschen leicht blenden. Als glaubende Menschen können wir nicht aufmerksam genug sein. Angst brauchen wir zwar deswegen nicht zu haben; das macht uns die Apokalypse deutlich. Aber wir müssen unterscheiden lernen, um verwirrten Menschen den Weg weisen zu können, damit sie sich bekehren. Es gibt z.B. Bücher, die von Esoterik sprechen als sei es Mystik, aber diese Mystik, müsste man eher mit einem „i" schreiben! Echte Mystik ist nämlich reine Gnade und nicht durch Übungen erreichbar. Leider gibt es da manchmal sogar von theologischer Seite Verwirrungen, Vernebelungen. Wir dürfen uns auch dann nicht darauf einlassen, uns vielleicht nur wundern, wenn wir auf Mitchristen stoßen, die wir nicht mehr überzeugen können. Sie sind vollkommen in dem „Dunstkreis" und meinen, das sei einerlei, sei alles gleich. Sie haben keine Unterscheidung mehr.

Das Sakrament der Buße

Wir sehen also: Das Angriffsziel dieser dämonischen Mächte sind nun auch die Menschen, nicht die Natur. Die Finsternis scheint nur die Gottlosen zu treffen, also jene Menschen, die mit der Hölle geistesverwandt sind. Gefährliche Übel, durch die Dämonen Macht über uns bekommen, sind Neugier und Lüge. Wichtig ist deswegen vor allem das weitgehend vergessene Bußsakrament, das uns durch die Kraft des Todes und der Auferstehung Jesu wieder reinigt. Das ist ja auch so ein böser dämonischer Trick, dieses wichtige Sakrament der Versöhnung auszuschalten. Dort wird mir wieder mehr Gnade geschenkt, als die Sünde in mir töten konnte. In diesem Sakrament führt mich nämlich die Erlösungskraft neu zur Taufgnade, dort kann ich wieder einen Durchblick durch den „Nebel" bekommen. Dort, wo Menschen wieder von Gott berührt werden, spielt das Bußsakrament eine große Rolle in ihrem Leben.

Es ist wichtig, dass wir das erspüren. Wir müssen gleichsam wieder Wartende auf die Hochzeit des Lammes werden und uns freuen, weil sie näherkommt. Wir sind damit für die Menschen, die keine Hoffnung mehr haben, wie eine Säule, an der sie sich halten können. Wer in dem Dunstkreis ist, hat keine Hoffnung mehr. Über die Besiegelten, die Auserwählten, die zu Gott stehen, hat die Hölle keine Macht. Sie sind ihr ausdrücklich entzogen. Das heißt aber nicht, dass sie nicht auch angegriffen werden, wie wir es z.B. am hl. Pfarrer von Ars oder dem hl. Pater Pio sehen. Vielleicht werden sie von diesen Mächten sogar körperlich angegriffen, aber das bringt sie nicht weg von Gott. All die esoterischen Kulte usw. können gläubigen Menschen nicht den Durchblick auf das Ziel nehmen, das den andern vernebelt ist. All das kann sie nicht trennen von der Liebe Christi.

Unsere Verantwortung für die anderen

In den Versen 9,5f wird es nun noch spannender: *Es wurde ihnen befohlen, die Menschen nicht zu töten, sondern nur zu quälen, fünf Monate lang. Und der Schmerz, den sie zufügen, ist so stark, wie wenn ein Skorpion einen Menschen sticht. In jenen Tagen werden die Menschen den Tod suchen, aber nicht finden; sie werden sterben wollen, aber der Tod wird vor ihnen fliehen.* Auch hier geht es wieder in erster Linie um das, was für uns jetzt wichtig ist, und um das, was kommen wird. Im Bild des Skorpions sehen manche z.B. Düsenjäger, Panzer usw. Aber das ist eine zu sehr zeitgebundene Erklärung. Wir müssen immer auf die jeweilige Zeit hin hören, was damit gemeint ist, dass die Auserwählten zu verschonen und die Gottlosen nicht zu töten sind.

Das letztere ist allerdings auch ein Hinweis darauf, wie deren Qualen zu verstehen sind. Die hier erwähnten körperlichen Schmerzen sind nur Bilder, um die sinnentleerten Geistesqualen der Menschen zu schildern, die sich dem Widersacher Gottes überlassen und sich Gott verschließen. Sie bekommen Angst, verlieren sich in alle möglichen Süchte, die nicht glücklich machen, nicht zur Befriedigung führen; sie wissen nicht mehr, wohin und wo hinaus etc. Es ist deswegen so wichtig, dass wir ihnen einen hoffnungsvollen Ausblick durch unser Leben geben, weil wir ja in der gleichen Welt wie sie leben und trotzdem glücklich sein und strahlen können. Man spürt doch, wenn man einem Menschen begegnet, ob er glücklich ist. Wir brauchen dann vielleicht nur ein paar Worte zu wechseln oder sie zu grüßen; die meisten wundern sich, wenn jemand freundlich zu ihnen ist, sie überhaupt wahrnimmt; sie sind das nicht mehr gewöhnt. Unser Verhalten ist dann gleichsam wie ein Evangelium, eine Frohbotschaft, gerade in Städten.

Ein Kaplan aus einer Großstadt erzählt, er habe als eine Art Erstevangelisation alle ihm begegnenden Leute gegrüßt, große und kleine, alle ohne Ausnahme. Er sei auch zurückgegrüßt worden. Wenn er dann später zu den Menschen als Seelsorger gekommen sei, hätten sie oft gesagt: *Ach ja, wir kennen Sie schon. Sie grüßen immer so freundlich.* Dann war die Tür zu ihren Herzen bereits geöffnet. Beim Grüßen geschieht nämlich auch etwas Geistliches. Wir zeigen dann gleichsam den Menschen ein wenig von der Herrlichkeit, von dem Blick in den Himmel. Wir sollten nicht, – rät uns Johannes – sozusagen auf den Boden starren, sondern nach oben, damit andere sich an uns orientieren können. Um diese Sendung jedes Christen geht es hier in der Apokalypse. Wir teilen allen dann etwas von unserer Freude mit, dass wir nämlich vor der ewigen Hochzeit des Lammes stehen. Viele Menschen heute – gerade auch junge Menschen – sind in einer fast aussichtslosen geistigen Verwirrung, wissen nicht, woran sie sich orientieren sollen. Sie sind allen möglichen Ideologien nachgelaufen, stehen in einer Atmosphäre ohne Liebe. Das ist uns doch nicht fremd, dieses Gefühl der Heimatlosigkeit auf Erden und der Verlorenheit im Angesicht des Nichts! Manche Philosophen formulieren: *Wir sind geworfen ins Nichts.* Das alles zermürbt innerlich und führt in eine Verzweiflung, die schließlich den Tod sucht, um Ruhe zu finden. All das ist wohl gemeint mit den Wirkungen des Dunstes, der aus der Unterwelt aufsteigt, ein Dunst der Verwirrung, der Vernebelung.

Die fünfte Posaune

Die fünfte Posaunenplage ist eingegrenzt nach der Zeit (fünf Monate); ferner trifft sie nur die Gottlosen, weil die nicht getötet werden dürfen, sie müssen die Plage aushalten, für sie gleichsam die Hölle, in der es keinen Selbstmord mehr gibt, um durch ihn evtl. den Qualen auszuweichen. Man könnte sich gut vorstellen, dass beim Kommen des Herrn in Herrlichkeit die Gottlosen ihre Situation so tief erfahren, dass sie dabei sterben müssen. Aber alle Mächte der Finsternis stehen unter der Oberhoheit Gottes, sie können nicht willkürlich handeln, denn: *Es wurde gegeben* – wie wir schon oben erklärten. Damit ist gemeint, dass sie sich nicht verselbstständigen können, dass sie beschränkt sind in Art, Umfang und Zeit...

Bilder des Unheils

Die Verse 9,7–12 fahren mit Bildern fort: *Und die Heuschrecken sehen aus wie Rosse, die zur Schlacht gerüstet sind; auf ihren Köpfen tragen sie etwas, das goldschimmernden Kränzen gleicht, und ihre Gesichter sind wie Gesichter von Menschen, ihr Haar ist wie Frauenhaar, ihr Gebiss wie ein Löwengebiss, ihre Brust wie ein eiserner Panzer; und das Rauschen ihrer Flügel ist wie das Dröhnen von Wagen, von vielen Pferden, die sich in die Schlacht stürzen. Sie haben Schwänze und Stacheln wie Skorpione, und in ihren Schwänzen ist die Kraft, mit der sie den Menschen schaden, fünf Monate lang. Sie haben als König über sich den Engel des Abgrunds; er heißt auf hebräisch Abaddon, auf griechisch Apollyon. Das erste «Wehe» ist vorüber. Noch zweimal wird das «Wehe» kommen.*

Man könnte das alles sehr leicht konkretisieren auf Kriegsgeräte von heute, wir aber versuchen wieder, die Symbolik zu sehen. Nachdem die Dämonengeister bisher ihrem Wesen und ihrem Wirken nach geschildert wurden, werden sie jetzt nach ihrem Aussehen geschildert. Damit soll ihr dämonischer Charakter noch deutlicher hervortreten. *Panzer* bedeutet hier im Text z.B. so etwas wie erbarmungslose Härte, *Frauenhaare* und *Löwengebiss* meinen furienhafte Wildheit, *Schlachtrosse* vor Eisenwagen eine eisenharte Rücksichtslosigkeit, *Skorpionstacheln* hinterlistige Gewalt, denn Skorpione können hinterlistig agieren. *Menschengesichter* stehen, so kann man sagen, für raffiniert ausgedachte Quälereien, die nur ein Mensch ersinnen kann. *Goldschimmernde Kränze* bedeuten unwiderstehliche Macht, womit der teuflische Vernichtungswille gemeint ist. Wir müssen all diese Bilder als Symbolbilder sehen und uns fragen, was sie für uns jetzt ausdrücken: die Kälte, die Härte, die Rücksichtslosigkeit, die in diesen Bildern stecken. Wir erkennen die in ihnen steckende Atmosphäre. Der Anführer dieser grauenvollen Gestalten ist der Engel des Abgrunds. Dieser Engel hat zwei Namen: *Abaddon* bedeutet Abgrund, Unterwelt, wie es ähnlich in Ijob 26,6 heißt. Ähnliches ist in Ps 88,12 mit *Totenreich* gemeint. Schon in der Septuaginta wird er auch *Apollyon* (das ist hier der zweite Name) genannt, d.h. soviel wie Verderber.

Die Macht der Finsternis

Mit der fünften Posaunenvision, dem ersten *Wehe* des Adlers, tritt (wie wir sahen) erstmals die Macht der Hölle in der Geschichte direkt auf. Diese Macht der Finsternis wird uns bei den beiden folgenden *Wehe* in verstärkter Form – als unmittelbar in die Geschichte eingetreten – begegnen. Wenn wir sehen, was heutzutage bis in die Dörfer hinein geschieht, was früher vielleicht im Verborgenen war, werden wir uns nicht mehr wundern. Junge Leute erzählen manchmal aus ihrer Schule, wie da der eine oder andere Schulkamerad schwarz gekleidet in der Klasse sitzt, sich Braut Satans nennt, beim Satanskult mitwirkt usw. Ein Mädchen erzählt z.B. – dass neben ihr einmal ein anderes Mädchen saß, neben der sie es nicht aushalten konnte, weil sie noch gläubig war. Aber auch der selbst fiel es schwer, es neben der Mitschülerin auszuhalten. So etwas geschieht heute nicht mehr nur in der Großstadt, sondern bis in die Dörfer hinein. Viele Leute wissen nicht, was da geschieht.

Das erste *Wehe* des Adlers war also Ausdruck dafür, dass die Macht der Hölle erstmals in der Geschichte unmittelbar auftritt. Wir brauchen nicht – wie man so sagt – den Teufel an die Wand zu malen; in der Apokalypse wird uns gesagt, dass er unter uns ist, in unseren Breiten ist das alles schon gang und gäbe. Da ist es außerordentlich wichtig, immer wieder darauf hinzuweisen, dass wir keine Angst zu haben brauchen. Diese Mächte können uns zwar angreifen, auch körperlich, aber sie können uns das Leben und den Blick auf den Himmel nicht nehmen. Unser Anliegen muss es nur sein, wo immer wir können, die Menschen zum Herrn zu bringen. All diese Mächte der Hölle müssen letztlich zu ihrem eigenen Untergang beitragen, müssen daran mitwirken, dass die Heiligen noch heiliger werden und dass durch sie noch mehr Leben und Gnade in die Welt fließen und Menschen retten kann. Das muss für die Bösen schlimm sein, dass sie mit ihrer Bosheit mithelfen müssen, Gott noch mehr zu verherrlichen. Unser leises Lächeln darüber wird nicht spöttisch, sondern es spiegelt nur die Freude über den Sieg Christi wider, der schon errungen ist. Es muss uns klar sein, dass der Teufel keine Macht mehr hat. Er hat als einzige Möglichkeit nur noch die, sozusagen im Menschen gegen Gott zu kämpfen. Deshalb versucht er immer wieder, Menschen für sich zu gewinnen, um durch sie gegen Gott zu kämpfen.

Evangelisation heute

Wer ein bisschen Einblick in unsere Gesellschaft hat, wer ein bisschen mit Schulen usw. zu tun hat, wird wissen, wie überall dieser Kampf bereits geführt wird. Er fängt ganz leise mit der Neugier an, die immer gefährlich ist! Es scheint doch anfangs (meint man) alles so interessant: Ein bisschen Tische rücken, ein bisschen Tote befragen usw. Aber dann wird die Neugier immer größer, immer stärker. Mein Tun zieht mich immer weiter in den Abgrund, bis ich fast nicht mehr herauskomme, bis der Nebel mir die Aussicht nimmt. Deshalb ist es so wichtig, dass alle, die orientierungslos wurden, Menschen begegnen, bei denen sie spüren können, dass die etwas haben, was sie nicht (mehr) haben, aber suchen.

Das scheint heute wohl eine der wichtigsten Formen der Evangelisation zu sein! Wir haben nämlich die Bibel, die heute noch gelesen wird. Wir haben das Leben nach dem Wort Gottes. Vieles kann uns durch diesen Text der Apokalypse klarer werden, was wir in unserer Umwelt erfahren. Wir müssen wach sein und nie den Blick nach oben vergessen, müssen bei der Lektüre der Apokalypse mit Johannes gleichsam in den Himmel schauen. Ohne das könnten wir das Grauenhafte nicht verkraften, könnten Angst bekommen. Die Apokalypse ist nämlich letztlich – wie wir schon sagten – ein Trostbuch, aber sie ist auch unerbittlich ehrlich und offen. Sie sagt, wie es ist. Deshalb brauchen wir alle die Treue Gott gegenüber, eine Treue im Gebet; wir brauchen die Sakramente als Quellen der Kraft. Gott gibt uns das alles. Wir müssen es bloß annehmen.

VIII. Die sechste Posaune, das kleine Buch und der Tempel

Offb 9,13 – 11,8

Dämonische Kräfte

Es geht hier zunächst (9,13) um die sechste Posaune. *Der sechste Engel blies seine Posaune: Da hörte ich eine Stimme, die von den vier Hörnern des goldenen Altars her kam, der vor Gott steht.* Nachdrücklich wird hier betont, dass Gottes Wille und Heilsabsicht hinter allem stehen, was geschieht, auch wenn es der Widersacher ausführt. Gott benutzt selbst die Angriffe gegen sich, um etwas Positives zu bewirken, das vom Altar ausgeht. Die Stimme vom Altar her ist offenbar die Antwort auf die Gebete der Christgläubigen auf Erden, die der Engel (wie wir schon hörten) vor Gott gebracht hat. Entsprechend dieser Antwort können wir auch den Inhalt der Gebete vermuten: Die hart bedrängte Christenheit der Endzeit bittet den Herrn um Erleichterung und Schutz in der Verfolgung durch die Gottlosen.

Dann folgen die Verse 9,14–16: *Die Stimme sagte zu dem sechsten Engel, der die Posaune hält: Binde die vier Engel los, die am großen Strom, am Eufrat, gefesselt sind. Da wurden die vier Engel losgebunden, die auf Jahr und Monat, auf Tag und Stunde bereitstanden, um ein Drittel der Menschheit zu töten. Und die Zahl der Reiter dieses Heeres war vieltausendmal tausend; diese Zahl hörte ich.* Jetzt geht es um die Bekämpfung der Feinde, ihr Fernhalten und die Rettung der von ihnen Verfolgten. Die vier gefesselten Engel werden losgelassen, vier Zeiten werden genannt, vier ist eine kosmische Vollzahl. Das soll uns wieder daran erinnern, dass es in Gottes Welt keine eigenmächtigen Kräfte der Zerstörung gibt. Die Zahl vier bei den Unheilsgeistern zeigt, dass ihnen die ganze Erde überlassen wird, um ein Drittel der Menschheit umzubringen. Hier taucht auch das Drittel wieder auf, das immer wieder genannt wird, z.B., dass der Teufel mit seinem Schwanz ein Drittel der Sterne vom Himmel fegt. Das ist der

Ratschluss Gottes, die Zahl vermittelt uns eine Ahnung vom Ausmaß. Die Unheilsgeister stehen an der Spitze einer riesigen Reiterschar, die die Vernichtung durchführen soll. Das ist wiederum ein Symbol, das uns aufmerken lässt, wenn das Unheil eintritt. Gott kommt dann den bedrängten Heiligen auf dieser Welt zu Hilfe, sogar mit Unterstützung seines Gegners.

Dann die Verse 9,17–19: *Und so sahen die Pferde und die Reiter in der Vision aus: Sie trugen feuerrote, rauchblaue und schwefelgelbe Panzer. Die Köpfe der Pferde glichen Löwenköpfen, und aus ihren Mäulern schlug Feuer, Rauch und Schwefel. Ein Drittel der Menschen wurde durch diese drei Plagen getötet, durch Feuer, Rauch und Schwefel, die aus ihren Mäulern hervorkamen. Denn die tödliche Macht der Pferde war in ihren Mäulern und in ihren Schwänzen. Ihre Schwänze glichen Schlangen, die Köpfe haben, mit denen sie Schaden zufügen können.* Man kann manchmal lesen, dass die hier genannten Gegenstände als Panzer ausgelegt werden, weil diese auch das feurige Maul haben, aus dem heraus gleichsam „geschossen“ wird. Die Schwänze werden da als Flugzeuge gesehen, die gleichsam „von hinten her“ Bomben abwerfen. Doch das alles erscheint wieder als zu zeitgebunden. Diese Symbolbilder können sich nämlich in verschiedenen Zeiten je anders zeigen. Die Aufzählungen – *feuerrot, rauchblau, schwefelgelb* – sind bildhaft und lassen uns etwas von dem ahnen, was sich dahinter alles verbergen kann. Die Beschreibung der Rosse und Reiter bestimmt sie eindeutig als dämonisch durch *Schwefel, Rauch, Feuer, feuerrot.*

Beim *Drachen*, später in Kapitel 12, spielen auch feuerrot, rauchblau und der Schwefel eine Rolle. Das sind in der Apokalyptik bekannte Bilder für Dämonisches, auch im Alten Testament. Die Zahl der getöteten Menschen ist riesig, viele Millionen. Am besten bleibt man hier – statt das wörtlich zu nehmen – wieder bei der Symbolik. Dann können wir immer offen für das sein, was evtl. in unserem Umfeld geschieht, und bekommen eine zeitgemäße Antwort, wie die dämonischen Mächte wirken, ob durch Medien, ob direkt oder in menschlicher Verzweiflung, Sinnlosigkeit, bis hin zum Sterben...

Das erinnert an eine Vision, die Papst Leo XIII. vor der Jahrhundertwende 1899/1900 hatte, in der er sah, wie die ganze Macht der Hölle über die Kirche herfiel. Daraufhin hat er den sog. „Leonischen Exorzismus“ formuliert. Es gibt ernst zu nehmende Leute, die vermuten, dass das letzte schreckliche und grausame 20. Jahrhundert vielleicht mit der Apokalypse insofern übereinstimmt, als dort gleichsam die Hölle noch einmal losgelassen wurde: Millionen Menschen wurden in den Weltkriegen umgebracht; den Diktaturen von Stalin und Hitler fielen Millionen von Menschen zum Opfer. Aber der Sieg Christi konnte umso stärker und leuchtender daraus hervorgehen. Das ist bestimmt wieder nicht wörtlich zu nehmen, aber wir sollten den Gedanken einfach einmal zulassen.

Besserung der Guten, Verstocktheit der Bösen

Ganz konkret wird das in den Versen 9,20f: *Aber die übrigen Menschen, die nicht durch diese Plagen umgekommen waren, wandten sich nicht ab von den Machwerken ihrer Hände: Sie hörten nicht auf, sich niederzuwerfen vor ihren Dämonen, vor ihren Götzen aus Gold, Silber, Erz, Stein und Holz, den Götzen, die weder sehen, noch hören, noch gehen können. Sie ließen nicht ab von Mord und Zauberei, von Unzucht und Diebstahl.* Dieses unheimliche Bild endet mit der bedrückenden Feststellung, dass alle Mittel fehlschlugen, die Gott in Bewegung setzte, um die Abtrünnigen zurückzugewinnen. Seine Strafgerichte sind letzte Versuche seiner göttlichen Liebe, aber auch sie erreicht nichts gegen Verstocktheit trotz des menschlichen Verstandes. Viele versichern sich heute für ihr Alter, fürs Leben usw... Wenn sie als Christen an Ewigkeit und Weiterleben glaubten, müssten sie sich einmal Gedanken machen, ob all das hier Niedergeschriebene vielleicht doch wahr sein könnte; ob man nicht das Risiko eingeht, ewig verloren zu sein. Aber die Verstocktheit leugnet all das und spottet gar, macht all das lächerlich usw. Diese Haltung, die wir in unserer Umwelt erleben, ist für einen denkenden Menschen unverständlich. Wenn sich manche brüsten, Atheisten zu sein usw., kann man sich fragen, ob das wirklich ehrlich gemeint ist.

Im Krieg konnte man es erleben, und unsere Zeit bestätigt das: Die Guten werden durch Heimsuchungen besser und die Bösen schlechter. Manche sind zu größerer Tiefe im Glauben gekommen, andere wurden noch boshafter oder haben alles Gott gleichsam in die Schuhe geschoben, haben IHN zum Sündenbock für alle Folgen der menschlichen Sünde gemacht. Dann existierte plötzlich Gott wieder für sie. Die Dämonen beschleunigen auf diese Weise sozusagen den Reifungsprozess des Bösen. Wirkliche Buße könnte nämlich die Weltgeschichte wenden. Das sagte schon die heilige Hildegard von Bingen. Obwohl man heute alles Mögliche versucht, macht man nicht den geringsten „Versuch" mit Jesus Christus! Die Bewahrung des rechten Gottesbildes durch neue Umkehr und Buße bewahrt auch Gottes Ebenbild, den Menschen vor Zerfall. Wir sagten es bereits: Je weniger man vom Himmel spricht, umso unmenschlicher wird es auf der Erde. Gottes Ebenbild sollte ehrfurchtsvoll vor den Werken der Hände Gottes, den Menschen wie der Welt, stehen. Weil aber in der technischen Zivilisation der Mensch auf Schritt und Tritt seinen eigenen Leistungen begegnet, ist er stolz auf sie und huldigt sich selbst mit seinen eigenen Werken und schöpferischen Möglichkeiten. Dann bleibt er bei sich selbst stehen. Daher kommt auch der Hang zur Esoterik, die auf das Göttliche im Menschen baut, wobei der Mensch sich selbst zur Gottheit erhebt und sich selbst zu erlösen versucht, etwas so: Ich bin der Herr, mein (eigener) Gott! Der Mensch macht sich dort selbst zum Schöpfer seiner Welt. Das reicht hinein bis in das Manipulieren des Menschen, das viele Menschenleben kostet. Wenn der Mensch sich zum Maß der Dinge macht, führt das zu geistiger Verkehrtheit wie etwa bei der russischen Zeitung „Prawda". Das heißt übersetzt zwar „Wahrheit", aber es ist nur wahr, was die Prawda heute schreibt; morgen kann dann das Gegenteil wahr sein. Das ist mit geistiger Verkehrtheit gemeint, der dann auch bald die sittliche Unordnung, die Verwirrung folgt.

Es gab Zeiten, da konnte man die Haustüre offen lassen, brauchte keine Angst haben, dass jemand einbricht; heute muss man Gitter vors Fenster machen; denn Glaube und Sitte wie auch Unglaube und Sittenlosigkeit entsprechen sich. Vielleicht ahnen wir etwas von dem, was sich in unserem Leben bereits konkretisiert. Das Unheil unseres Volkes im letzten Jahrhundert, die Unwetter und alles Katastrophale scheinen kaum begriffen, es gibt kaum Umkehr, eher das Gegenteil. Vielleicht liegt das mit daran, dass vor allem wir Christen nicht den Mut haben, den Mitmenschen wenigstens einmal zu sagen, dass all das Zeichen sind, durch die Gott uns etwas sagen will. Dann könnten wenigstens die, die noch ein wenig offen und wach sind, das verstehen und umkehren.

Der Engel und das kleine Buch

In den ersten zwei Versen des nun beginnenden Kapitels 10 lesen wir eine wunderbare Beschreibung eines Engels: *Und ich sah: Ein anderer gewaltiger Engel kam aus dem Himmel herab; er war von einer Wolke umhüllt, und der Regenbogen stand über seinem Haupt. Sein Gesicht war wie die Sonne, und seine Beine waren wie Feuersäulen. In der Hand hielt er ein kleines, aufgeschlagenes Buch. Er setzte seinen rechten Fuß auf das Meer, den linken auf das Land.* Manchmal haben wir von Engeln eine seltsame Vorstellung – etwa von niedlichen Engelchen, „Puttchen“, die gleichsam den halben Leib verloren zu haben scheinen und im Raum herumschwirren. Die heilige Hildegard hat ein anderes Bild vom Engel: Er sei in der Geisterwelt vergleichbar dem Makrokosmos und Mikrokosmos in der geistigen Welt. Hätten wir dieses Bild von einem Engel (wie es die Geheime Offenbarung lehrt), würden wir ehrfurchtsvoller mit diesen mächtigen Geistern umgehen. Würden wir diese hoheitsvollen Engel und die Dämonen leugnen, dann könnten wir die Geheime Offenbarung streichen! Deswegen bleiben wir am besten bei der Hl. Schrift und bei der Lehre der Kirche, ohne auf gewisse Leute zu hören. Manchmal muss man das ein bisschen deutlich sagen.

Ein Zwischenstück handelt nun von einer zweiten Berufung des Johannes. Der Ort ist der gleiche wie bei der ersten Berufung, nämlich Patmos. Es erscheint ein Engel von übergroßer Gestalt. Der Abglanz der Herrlichkeit des Himmels weist den Engel ganz klar als Abgesandten Gottes und des Lammes aus. Die Bilder – *Sonne, Regenbogen,* der Bund Gottes mit seinem Volk – bestätigen das. Sein Äußeres spiegelt sowohl die Allherrschaft wie auch die Gnade Gottes wider. Das kleine Buch, das er in der rechten Hand hält, ist eine Teilbotschaft, denn wir sind nun beim siebten Siegel. Das Buch ist geöffnet, es enthält den Heilsplan Gottes.

Vers 10,3: *... und (dieser Engel) rief laut, so wie ein Löwe brüllt. Nachdem er gerufen hatte, erhoben die sieben Donner ihre Stimme.* Auf den lauten Ruf (wie ein Löwe) des Engels antwortet ein siebenfaches Echo, die sieben Donner; Sieben wieder als Vollzahl. Der Donner ist eine biblische Umschreibung der Stimme Gottes wie z.B. am Sinai oder auch in Psalm 29 (dort auch siebenmal!). Gott spricht im Donner, hier ist es die Antwort Gottes auf den Ruf des Engels.

Ergänzend heißt es im Vers 10,4: *Als die sieben Donner gesprochen hatten, wollte ich es aufschreiben. Da hörte ich eine Stimme vom Himmel her rufen: Halte geheim, was die sieben Donner gesprochen haben; schreib es nicht auf!* Hier wird das vorher Gesagte ganz klar. Johannes hörte also die Stimme Gottes, soll aber nichts aufschreiben. Der Seher hat also anscheinend verstanden, was der Engel rief und was die Donner antworteten. Hier wird etwas angedeutet, was niemand wissen kann, was nur für Johannes bestimmt war. Wenn Gott einen Propheten erwählt, schenkt er ihm manchmal auch besondere übernatürliche Einsichten und Hilfen. Man kann wohl annehmen, dass ihm hier etwas kundgetan wurde, worüber wir oft in seinen Briefen und in seinem Evangelium staunen und uns fragen, woher er das wohl weiß. Das Johannesevangelium hat eine ganz große Tiefe, die aus dem kommt, was er „hörte“, was nur für ihn bestimmt war.

Die Verse 10,5–7 beschreiben die volle Erfüllung der Heilsverheißung: *Und der Engel, den ich auf dem Meer und auf dem Land stehen sah, erhob seine rechte Hand zum Himmel. Er schwor bei dem, der in alle Ewigkeit lebt, der den Himmel geschaffen hat und was darin ist, die Erde und was darauf ist, und das Meer und was darin ist: Es wird keine Zeit mehr bleiben, denn in den Tagen, wenn der siebte Engel seine Stimme erhebt und seine Posaune bläst, wird auch das Geheimnis Gottes vollendet sein; so hatte er es seinen Knechten, den Propheten, verkündet.* Der Engel schwört, dass beim Ertönen der siebten Posaune der Heilsratschluss Gottes vollständig verwirklicht wird, weil er jetzt keinen Aufschub mehr duldet. Dadurch soll den Gläubigen Hoffnung und Sicherheit gegeben werden, dass das Ende und Ziel der Weltgeschichte Gott selbst ist.

Das WORT GOTTES „essen"

In den Versen 10,8f folgt noch eine zweite Botschaft an Johannes: *Und die Stimme aus dem Himmel, die ich gehört hatte, sprach noch einmal zu mir: Geh, nimm das Buch, das der Engel, der auf dem Meer und auf dem Land steht, aufgeschlagen in der Hand hält. Und ich ging zu dem Engel und bat ihn, mir das kleine Buch zu geben. Er sagte zu mir: Nimm und iss es! In deinem Magen wird es bitter sein, in deinem Mund aber süß wie Honig.* Johannes wird aufgefordert, das Büchlein entgegenzunehmen. Diese Berufung geht (wie alle) unmittelbar von Gott aus. Der Donner, die Gottesstimme, zeigt das an. Johannes soll das Buch essen. In diesem „Essen" werden Voraussetzung und Wesen der Verkündigung bildlich veranschaulicht: Es sollen immer nur Offenbarungen Gottes verkündet werden, nicht eigene Gedanken des Verkündenden. Dieser steht nämlich immer wieder in der Gefahr, eigenwillig seine Gedanken vorzubringen, sich nicht am Evangelium zu orientieren. Deswegen muss der Prophet sich das Wort Gottes innerlich zu Eigen machen (essen). Der hl. Dominikus sagt: *Contemplata aliis tradere.* Nur was ich selbst verinnerlicht, betrachtet habe, was mein Eigen geworden ist, kann ich verkünden. Viel Unfruchtbarkeit in der Verkündigung gründet darin, dass die Verkünder (Prediger) oft nicht betrachteten, was sie verkündigen sollen, sondern aus allen möglichen Büchern Stoff sammelten, den sie dann vorlesen. Papst Paul VI. schreibt in seiner Enzyklika *Evangelii nuntiandi* sinngemäß, dass die Menschen heute nur von Zeugen gelehrt werden könnten, die von einem Gott sprächen, der ihnen so nahe sei, als sähen sie den

Unsichtbaren. Dann werden die Verkünder auch von der Meinung anderer unabhängiger, selbst wenn diese sie ablehnen.

Die Botschaft ist nicht nur Gnade, sondern auch Gericht, süß und bitter; das künden die Verse 10,10f: *Da nahm ich das kleine Buch aus der Hand des Engels und aß es. In meinem Mund war es süß wie Honig. Als ich es aber gegessen hatte, wurde mein Magen bitter. Und mir wurde gesagt: Du musst noch einmal weissagen über viele Völker und Nationen mit ihren Sprachen und Königen.* Die Kenntnis des göttlichen Willens hat auch einen bitteren Beigeschmack, eben weil sie auch Gericht und Entscheidung enthält. Gemeint sind damit allerdings auch die bitteren Erfahrungen bei der Ausübung des Prophetenamtes. Das darf nicht übersehen werden, denn im Alten Testament wurden die Propheten oft umgebracht. Aber auch heute kann der Prophet bei der Ausübung seines Amtes manches erleben! Er muss es tun, er ist verpflichtet dazu. Paulus sagte schon: *Weh mir, wenn ich das Evangelium nicht verkünde!* (1 Kor 9,16) Das ist keine Drohung, die Angst machen soll, aber ein Auftrag. So heißt es auch hier: Du musst noch einmal weissagen...

Kirche in der Endzeit

Was in Kapitel 11,1f steht, kann man leicht überlesen, weil es unbedeutend zu sein scheint, aber nicht ist! *Dann wurde mir ein Messstab gegeben, der aussah wie ein Stock, und mir wurde gesagt: Geh, miss den Tempel Gottes und den Altar, und zähle alle, die dort anbeten! Den Hof, der außerhalb des Tempels liegt, lass aus, und miss ihn nicht; denn er ist den Heiden überlassen. Sie werden die heilige Stadt zertreten, zweiundvierzig Monate lang.* Der Seher muss im Tempelbezirk einen bestimmten Teil ausmessen, der eine endzeitliche Situation des neuen Gottesvolkes anzeigt, die für die Kirche Jesu Christi gefährlich wird: Sie ist zwar begrenzt, und mit Gottes Hilfe wird das Volk Gottes hindurchgerettet, bleibt also in Glaube und Kult intakt. Das ist zwar eine Zusage, aber die Lage der Kirche wird schwieriger, denn ein großer Bezirk des Tempels, hier Symbol der Kirche, soll beim

Abmessen ausgelassen werden. Das heißt, dass die Kirche beim Angriff ihrer Feinde nicht vollständig abgeschirmt wird. Es ist ihr nur verheißen, dass die kleine Schar, die sich im Kampf bewährt hat, innerlich geläutert und gefestigt, treu in der Anbetung Gottes ausharrt. Die kleine Schar kann man zählen; ich kann mich nun fragen, ob ich dazugehöre. Es geht (wie immer) darum, auszuharren, auf den Herrn zu schauen, treu bei ihm zu bleiben im Alltäglichen, nicht im Außergewöhnlichen. Wer lau oder müde wird, ist leicht verführbar, wird dann „gebissen" werden. *Sie werden die Heilige Stadt zertreten...* können wir so verstehen, dass die Kirche vollständig ihren kulturell-profanen Einfluss in der Welt verliert, der nicht unmittelbar zu ihrer Sendung gehört. Deswegen braucht der Vorhof auch nicht ausgemessen zu werden; er wird von den Heiden zertreten. Es kommt eine Zeit, da bleibt nur noch das Wesentliche. Das gab es zeitweise schon, z.B. in den östlichen Ländern. Da konnte man nur noch im Tempel anbeten, nicht außerhalb, konnte Politik, Kultur usw. nicht mehr bewusst mitprägen. Hier nun wird von der ganzen Heiligen Stadt, dem ganzen Tempel, der ganzen Kirche gesprochen. Sie wird sozusagen in ein „Sakristeichristentum" zurückgedrängt, denn durch einen Massenabfall wird sie auch personell dezimiert. Die Apokalypse spricht immer wieder von einem wirklichen Abfall. Was wir heute erleben, ist ein eigentümlicher „Abfall". Viele laufen weg und verabschieden sich schon gar nicht mehr, und man scheint es nicht mehr zu merken. Das ist eine Art „leiser Abfall", der viel gefährlicher ist als ein entschiedener. Wer entschieden geht, dem kann man evtl. noch bewusst machen, was er da tut. Diese *Zeiten der Heiden* kennen auch die synoptischen Evangelien (die drei ersten Evangelien), z.B. in Lk 21,24. Dort sagt Jesus das Gleiche fast wörtlich. Ähnliches steht in Dan 7,25 und in Dan 12,7. Auch bei den Engeln, von denen wir gerade gehört haben, stießen wir schon auf die Zeitangabe: Eine Zeit und zwei Zeiten und eine halbe Zeit, das sind dreieinhalb Zeiten. Bei Daniel finden wir sie auch fast wörtlich in 9,27. Dreieinhalb ist rechnerisch eine halbe Sieben. So bedeutet auch hier dreieinhalb, dass das Treiben der bösen Mächte sich nicht vollenden wird; sie werden nicht alles erreichen, was sie wollen. Die Kirche wird trotz größter Bedrängnis von außen und innen während dieser apokalyptischen Epoche in ihrem inneren Wesen und in ihrem eigentlichen Bereich von Gott selbst gehütet und bewahrt werden. Zugleich ist es aber auch an sie die Warnung: In solchen schwierigen Zeiten soll sie keine Kompromisse schließen auf Kosten der ganzen Wahrheit. Sie soll das Urteil nicht überhören, das hier über jede Art eines bloßen Rand- oder Kulturchristentums gesprochen wird. Sie soll sich klar entscheiden, dass sie nicht in den großen Abfall hineinschlittert, ohne es zu merken. Niemand sollte sich einreden, dass er nicht abfallen könnte. Jesus selbst sagt: *Und wenn jene Zeit nicht verkürzt würde, dann würde kein Mensch gerettet.* (Mt 24,22) Das ist erschütternd. Es kommt also etwas, das jeden von uns verwirren kann und keiner merkt, wie er raffiniert hereingelegt wird. Da braucht es unbedingt die (schon oft erwähnte) Unterscheidung der Geister. Wir sehen hier erneut, wie wichtig die Apokalypse für jede Zeit ist, besonders aber für unsere Zeit. Wir müssen bereitet und gegürtet sein, dass wir nicht in den „leisen Abfall" hineinschlittern. Wie vielen geschah das schon, und sie haben es nicht gemerkt. Vielleicht trifft das in gewisser Weise auch schon auf mich selbst zu!

Zeugnis geben

Dann sagt uns aber Vers 11,3, dass die Kirche sich auch in dieser Bedrängnis nicht aus der Weltöffentlichkeit zurückziehen soll: *Und ich will meinen zwei Zeugen auftragen, im Bußgewand aufzutreten und prophetisch zu reden, zwölfhundertsechzig Tage lang.* Die Kirche soll ihren Sendungsauftrag erfüllen, das Zeugnis Jesu Christi bewahren und es der Menschheit an allen Orten und zu allen Zeiten verkünden, so weit es ihr möglich ist. Jesus sagte das prophetisch voraus in Mt 10,18f und auch in Lk 21,12–15 (vgl. auch Mk 13,9). Der Hauptinhalt des Zeugnisses ist der prophetische Ruf zur Bekehrung. So können die hier genannten zwei Zeugen Sinnbild für die Kirche in ihrer Gesamtheit sein, nicht als zwei konkrete Personen oder zwei Ansichten der Kirche, sondern als Sinnbild dafür, dass das Zeugnis zweier wahrhaftig ist. Das drückt auch ihr Bußgewand aus, in dem sie prophetisch zur Umkehr, zur Buße aufrufen. Die Kirche kann deshalb die Aufforderung zur Umkehr nicht verstummen lassen. Wenn wir beispielsweise an Zeiten wie die unter Hitler denken, da sind immer wieder einzelne Zeugen aufgetreten, wie etwa der „Löwe von Münster“ (v. Galen) oder der Bischof von Rottenburg oder auch Laien. Natürlich haben sie es oft mit ihrer Gesundheit und mit ihrem Leben bezahlen müssen. Ob also die Kirche oder zwei konkrete Personen gemeint sind, lässt sich hier nicht genau ausmachen.

Als Ölbaum und Leuchter werden in Vers 11,4 die zwei Propheten symbolisch bezeichnet: *Sie sind die zwei Ölbäume und die zwei Leuchter, die vor dem Herrn der Erde stehen.* Beim Propheten Sacharja versinnbildlicht der eine Ölbaum den Hohenpriester und der andere den König. Der Leuchter ist bei Sacharja nur einmal vorhanden als der siebenarmige Leuchter, der auf die Allwissenheit Jahwes hinweist, übrigens wieder mit der Vollzahl sieben. Die religiöse und weltliche Obrigkeit, Hoherpriester und König, wurden gesalbt. Deshalb konnten sie ihr Amt mit Jahwes Vollmacht im geistlichen wie im weltlichen Sinn vertreten und auch ausüben. Das gilt ebenso hier von den zwei Zeugen, die ihre Aufgabe priesterlich und königlich ausüben sollen, wie dies auch auf die Gesamtkirche zutrifft. Die Leuchter sind Ausdruck dafür, dass die Propheten Lichtträger der göttlichen Weisheit sind, die in der Gottesfinsternis der Entscheidung inmitten der profanisierten Stadt wirken. Jerusalem steht ja für die Kirche. Auch in der Kirche ist vieles profanisiert. Die Zeugen aber stehen vor dem Herrn, d.h. sie sind in seiner besonderen Obhut. Auch da gilt es wieder in die jeweilige Zeit hineinzuhören, ob etwas anklingt, was dort konkretisiert ist.

In den Versen 11,5 und 6 verleiht Gott den Propheten Wunderkräfte: *Wenn ihnen jemand Schaden zufügen will, schlägt Feuer aus ihrem Mund und verzehrt ihre Feinde; so muss jeder sterben, der ihnen schaden will. Sie haben Macht, den Himmel zu verschließen, damit kein Regen fällt in den Tagen ihres Wirkens als Propheten. Sie haben auch Macht, das Wasser in Blut zu verwandeln und die Erde zu schlagen mit allen möglichen Plagen, sooft sie wollen.* Sie erhalten diese Fähigkeiten zu ihrem eigenen

Schutz und damit sie in der gottfeindlichen Welt ihren Auftrag erfüllen können. Außerdem wird dadurch ihre Predigt beglaubigt. Gegen Gottes Willen kann keine Gewalt, weder von Menschen noch von Dämonen, der Kirche etwas anhaben oder ihr Wirken unterbinden. Alle, die sich an der Kirche bei der Ausübung ihres Sendungsauftrags vergreifen, trifft das Schicksal der Feinde des Elija wie in 2 Kön 1,10 beschrieben. Ähnlich ist es bei Mose in Num 16,25. Gott schützt die Person seiner Zeugen und ermöglicht ihnen ihr Wirken durch übernatürliche Hilfe. Wir können hier auch an Jesu Wort zu Petrus denken. (Mt 16,18) Die Kirche wird auch die äußerste Gefährdung überleben.

Bei diesem Wort stellt sich allerdings noch die Frage, ob es sich bei *meine zwei Zeugen* nicht doch um zwei bestimmte, bekannte Personen handelt. Bei ihrer Beschreibung denkt man unwillkürlich an Mose und Elija, es kann sich aber auch um zwei am Ende der Zeiten mit Geist und Kraft auftretende Propheten handeln. Die *Kraft des Elija* wird z.B. an anderer Stelle auf Johannes den Täufer angewandt. (vgl. Lk 1,17) Die Frage bleibt offen, ob das aus dem Meer aufsteigende Tier (der Antichrist), von dem später die zwei Zeugen umgebracht werden, eine Person oder eine Institution ist. Ähnlich wird auch bei den zwei Propheten beides möglich sein. Wir dürfen uns auch hier nicht festlegen, um auch diese Voraussage als Botschaft für jede Zeit anwenden zu können. Dieser Text beschreibt auf jeden Fall das Schicksal der Kirche in der Endzeit. Das „Wer“ und das „Wie“ kann offenbleiben. Wichtig ist für uns nur, dass Gott uns in dieser schwierigen Zeit, wenn das Tier auftritt, Hilfen gibt.

Martertod der Zeugen

Die Verse 11,7 und 8 schildern dann das Schicksal der Zeugen: *Wenn sie ihren Auftrag als Zeugen erfüllt haben, wird sie das Tier, das aus dem Abgrund heraufsteigt, bekämpfen, besiegen und töten. Und ihre Leichen bleiben auf der Straße der großen Stadt liegen. Diese Stadt heißt, geistlich verstanden: Sodom und Ägypten; dort wurde auch ihr Herr gekreuzigt.* Sodom steht hier für

Unzucht, Ägypten für Götzendienst. Die beiden Zeugen werden also, wenn Gott die Zeit für erfüllt erachtet, durch das Tier umgebracht, das, seiner Herkunft nach, eine dämonische Macht ist. Denn mit dem Erscheinen des Tieres scheint die Weltgeschichte in einen Triumph des Bösen einzumünden, und der Sieg des Antichristen über die Kirche Christi scheint vollständig zu sein. Die Zeugen sterben den Martertod, und der Hass ihrer Feinde verfolgt sie noch über den Tod hinaus; man schändet sogar ihren Leichnam und verweigert eine Bestattung. Die Heilige Stadt, die den Heiden preisgegeben ist, heißt nach ihrer Untat *die Große Stadt,* wie später Babylon, die Hauptstadt des Antichristen. Wie es in dieser *Großen Stadt* zugeht, bezeichnen die Namen *Sodom* und *Ägypten*, wie oben erklärt. Die Tatsache, dass Jesus in Jerusalem gekreuzigt wurde, nimmt Johannes zum Anlass, zu erklären, dass die gleichen Mächte, die Christi Tod veranlassten, auch hinter der Verfolgung der Kirche stehen. Jesu Tod setzt sich gleichsam fort im Martyrium seiner Gläubigen.

IX. Die Ablehnung des Prophetischen

Offb 11,9 – 12,17

In den Versen 11,9f geht es noch um die Leichen der zwei vom Tier umgebrachten Zeugen: *Menschen aus allen Völkern und Stämmen, Sprachen und Nationen werden ihre Leichen dort sehen, dreieinhalb Tage lang; sie werden nicht zulassen, dass die Leichen begraben werden. Und die Bewohner der Erde freuen sich darüber, beglückwünschen sich und schicken sich gegenseitig Geschenke; denn die beiden Propheten hatten die Bewohner der Erde gequält.*

Bei diesen Versen kann uns ein Ereignis einfallen, das zeigt, wie unerwünscht Propheten sind. Als Papst Johannes Paul II. sehr schwer krank war und man nicht wusste, wie lange er noch leben würde, wurden in einem katholischen Jugendhaus Sektflaschen kaltgestellt für den Augenblick seines Todes. Propheten sind immer unangenehm für solche, die ihre Ruhe haben und ihr Leben nach Lust und Laune gestalten wollen. Wie vollständig die Herrschaft des Tieres über die Menschheit geworden ist, ergibt sich daraus, dass alle Welt (wieder liegt hier die kosmische Vierzahl zugrunde) wie befreit aufjubelt und sich wie an hohen Festtagen gegenseitig beschenkt. Den Ruf zur Umkehr, die Aufgabe jedes Propheten, empfindet man in diesen Kreisen immer als Belästigung oder (wie es hier heißt) als Quälerei. Nun atmen die Bewohner der Erde auf, weil sie wieder unter sich sind. Es ist erschütternd, dass das Evangelium Gottes als Qual empfunden werden kann. Das können auch wir immer wieder erfahren, vor allem dann, wenn man es nur als Morallehre und nicht als befreiende, frohmachende Botschaft auffasst. Deshalb kommt es immer darauf an, wie das Evangelium verkündet wird. Der Triumph der Bosheit ist zwar nur von kurzer Dauer, wieder nur dreieinhalb Tage. Das ist das Zeitmaß des Bösen. Aber diese Stelle aus der Offenbarung macht sehr betroffen, weil wir mit solchen Erfahrungen rechnen müssen.

Die Auferstehung der Zeugen

Nach der Zeit der Bosheit folgt die Auferstehung der Zeugen in den Versen 11,11–13: *Aber nach den dreieinhalb Tagen kam von Gott her wieder Lebensgeist in sie, und sie standen auf. Da überfiel alle, die sie sahen, große Angst. Und sie hörten eine laute Stimme vom Himmel her rufen: Kommt herauf! Vor den Augen ihrer Feinde stiegen sie in der Wolke zum Himmel hinauf. In diesem Augenblick entstand ein gewaltiges Erdbeben. Ein Zehntel der Stadt stürzte ein, und siebentausend Menschen kamen durch das Erdbeben um. Die Überlebenden wurden vom Entsetzen gepackt und gaben dem Gott des Himmels die Ehre.* So wie Christus nach drei Tagen auferstand und seine Feinde verstummen ließ, so geschieht es auch bei diesen beiden Zeugen Jesu. Die Beschreibung ihrer Auferweckung durch Johannes gleicht der aus der Auferstehungsprophetie des Ezechiel in Ez 37,1-14.

Der Jubel der Bewohner der Erde schlägt jäh in Angst und Schrecken um, denn sie ahnen Gottes Strafgericht, das ähnlich wie bei der Auferweckung Jesu in einem Erdbeben besteht. Ein Zehntel der Stadt geht in Trümmer und siebentausend Menschen werden unter den Trümmern begraben. Wieder weisen die Sieben als vollkommene und die Tausend als vollendete Zahl darauf hin, dass es sich um alle jene handelt, die sich nicht bekehrt haben. Das meint jetzt weniger, dass die Stadt einstürzt und die Leute begraben werden, sondern eher, dass sie unter den Zeichen Gottes sich selbst erkennen und dadurch so sehr erschrecken und in den Trümmern ihrer verkommenen Stadt gleichsam sterben. Sie kommen – bildlich gesprochen – unter den Trümmern ihrer eigenen Bosheit um. Der große Abfall der Christenheit ist dann beendet. Was wir heute erleben, ist so etwas wie ein großer Abfall. Die Überlebenden aber gehen in sich, d.h. bekehren sich.

Die Bedrohung von innen

Das alles zeigt, dass die Ereignisse dieser eingefügten Perikope etwas Einmaliges im Vergleich zu den Plagenvisionen sind. Es fällt auf, dass all das symbolisch in Jerusalem geschieht. Das lässt auch darauf schließen, dass neben der Bedrohung von außen die Kirche viel kritischer von innen durch die Christen gefährdet ist, die sich dieser Welt anpassen und dadurch die Ausstrahlung der Kirche verdunkeln. Das klingt an, wenn die Stadt Jerusalem (Bild für die Kirche) damit verglichen wird. Es ist nämlich bemerkenswert, dass von der Stadt Jerusalem ein Zehntel zugrundegeht und siebentausend Menschen unter den Trümmern begraben werden. Die Kirche wird also radikal gereinigt. Wenn wir uns auch hier an die Geheime Offenbarung halten, dann haben wir einen guten Führer durchs Leben!

In der Kirchengeschichte gab es immer wieder diesen überlebenden guten Rest. Auch bei den sieben Gemeinden waren die abgefallenen Christen ermahnt worden umzukehren; die treu gebliebenen waren der neue lebendige Kern für eine wieder wachsende Gemeinschaft der Kirche. Die hier nun beschriebene Situation scheint allerdings unwiederholbar zu sein, weil die Epoche des Antichristen, des „Tieres", im Blick ist. Diese Epoche wird in Offb 13,1 genauer dargestellt, wo es dann heißt: *Und ich sah: Ein Tier stieg aus dem Meer, mit zehn Hörnern und sieben Köpfen. Auf seinen Hörnern trug es zehn Diademe und auf seinen Köpfen Namen, die eine Gotteslästerung waren.* Es ist also eine ernste Existenzkrise, die durch die Herrschaft des Tieres eintritt: ein starker Druck von außen, aber auch Unglauben und Sittenzerfall im Inneren der Kirche. Das alles ist uns heute nicht unbekannt. Der Kirche ist Hilfe zugesagt durch außerordentliches Eingreifen Gottes, einmal in den zwei Propheten, die umgebracht, aber dann wieder auferweckt werden, zum andern in der Wolke, dem Zeichen für die Gegenwart Gottes. Auch das ist als Bild zu verstehen. Wenn in der Kirche Menschen dem Unglauben und Sittenzerfall ausgeliefert sind und nicht umkehren wollen, auch nicht durch die Verkündigung dieser Propheten – dann werden sie wohl in irgendeiner Weise sterben.

Die siebte Posaune: Der Jubelruf im Himmel

In den Versen 11,14–18 geschieht das Einmalige, was wir gerade betrachteten: *Das zweite «Wehe» ist vorüber, das dritte «Wehe» kommt bald. Der siebte Engel blies seine Posaune. Da ertönten laute Stimmen im Himmel, die riefen: Nun gehört die Herrschaft über die Welt unserem Herrn und seinem Gesalbten; und sie werden herrschen in alle Ewigkeit. Und die vierundzwanzig Ältesten, die vor Gott auf ihren Thronen sitzen, warfen sich nieder, beteten Gott an und sprachen: Wir danken dir, Herr, Gott und Herrscher über die ganze Schöpfung, der du bist und der du warst; denn du hast deine große Macht in Anspruch genommen und die Herrschaft angetreten. Die Völker gerieten in Zorn. Da kam dein Zorn und die Zeit, die Toten zu richten: die Zeit, deine Knechte zu belohnen, die Propheten und die Heiligen und alle, die deinen Namen fürchten, die Kleinen und die Großen, die Zeit, alle zu verderben, die die Erde verderben.*

Jetzt gehört die Welt dem Herrn, der auf dem Thron sitzt, und seinem Gesalbten. Die Ältesten sagen nicht mehr:... der Du kommen wirst..., denn jetzt hat Er seine Herrschaft angetreten. Mit dem siebten Posaunenstoß wird nach dem Wort des Engels die Zeit zu Ende sein und das Geheimnis Gottes, also sein ewiger Heilsplan, ist am Ziel angelangt. Wir hören deswegen einen Jubelruf aus dem Himmel. Die Gottesherrschaft ist auf ewig wieder erfahrbar, und zwar hier auf Erden, nicht erst nach dem Tod,. Die Vertreter der Kirche am Thron Gottes, die vierundzwanzig Ältesten, feiern dies mit einem Preis- und Danklied, denn nun ist der Kampf vorüber. Der Satan hat keinen Platz mehr in der neuen Gottesstadt. Alles, was zu ihm gehört, ist unter den Trümmern der verdorbenen Stadt begraben, über ihn und seine Anhänger erging das Gericht. Gott, der Allherrscher, der ist und der war, ist gekommen. Deshalb fehlt hier das Futur: der kommen wird. Die Getreuen haben die Prüfungen bestanden und sind nun weit über Verdienst dafür belohnt.

Das Allerheiligste

Nun kommt ein ganz neuer Abschnitt mit dem Vers 11,19: *Der Tempel Gottes im Himmel wurde geöffnet, und in seinem Tempel wurde die Lade seines Bundes sichtbar: Da begann es zu blitzen, zu dröhnen und zu donnern, es gab ein Beben und schweren Hagel.* Johannes sieht im Bild des Tempels von Jerusalem, wie der Himmel sich öffnet, in dem Jahwe einst (im Alten Testament) wohnte und sich bei der Tempelweihe in der Form der Wolke niederließ. Niemand durfte damals ins Allerheiligste gehen, solange die Wolke darüber schwebte. Johannes kann jetzt aber bis ins Allerheiligste hineinschauen. Im Alten Testament durfte nur der Hohepriester einmal im Jahr hineingehen. Dort konnte er die Bundeslade, die Stätte der Gegenwart Gottes, sehen. Sie ging etwa 500 v.Chr. verloren, als das Volk Israel in die Verbannung geführt wurde. Jeremia hat damals die Bundeslade in die Berge tragen und verstecken lassen. Das ist beim Propheten Jeremia und im 2. Makkabäerbrief überliefert. Einige Gefährten wollten damals die Verstecke markieren, um sie wiederfinden zu können. Jeremia wies sie zurecht: Die Lade solle erst wieder gefunden werden, wenn das Reich Gottes erscheine und die Verheißungen erfüllt seien, d.h. wenn Christus komme. Der Schrein enthielt die zwei steinernen Tafeln vom Sinai, etwas Manna aus der Wüstenzeit, den Aaronstab und die Urkunden des ersten Bundes vom Sinai. Für die Getreuen bedeutete die Gegenwart Gottes Seligkeit, für seine Feinde immer aber Schrecken. Wenn die Juden die Bundeslade in die Schlacht mitführten, hatten die Feinde Angst, weil sie um den mächtigen Gott Jahwe wussten.

Die Frau

Im nun folgenden Kapitel 12 geht es um den Kern der ganzen apokalyptischen Prophetie; diese wird in Einzelbildern entfaltet, die den Hintergrund für die Geisteskämpfe aufzeigen. Wir haben ja bereits einen Durchblick auf den Sieg Gottes bekommen. Jetzt – es ist immer noch bei der siebten Posaune – wird in einem Rückblick entfaltet, was alles noch mit dem Tier geschieht.

Das Tier hatte – wie wir wissen – zwei Propheten umgebracht. Jetzt wird diese Zeit noch einmal entfaltet. Die Macht der Finsternis hat nicht nur massiv die Kirche angegriffen, sondern zugleich geschah ein gewaltiger Aufbruch des Geistes. Das hilft uns, die Geisteskämpfe und Heilsereignisse in der Weltgeschichte einzuordnen, wenn wir sie erleben. Die Deutung der Wirklichkeit, die uns hier begegnet, ist keine Selbstdarstellung der Welt von heute, bei der der Mensch meint, alles in Händen zu halten, z.B. in der Wissenschaft. Jetzt wird uns zunächst einmal das innerste Geheimnis der Kirche in der Geschichte erschlossen, darüber hinaus auch die Rolle Satans in der Weltgeschichte aufgezeigt.

Die Verse 12,1f sagen uns: *Dann erschien ein großes Zeichen am Himmel: eine Frau, mit der Sonne bekleidet; der Mond war unter ihren Füßen und ein Kranz von zwölf Sternen auf ihrem Haupt. Sie war schwanger und schrie vor Schmerz in ihren Geburtswehen.* Alles geschieht in der Welt, auch das Verkehrte, es kann allerdings nur von Gott her verstanden werden. Die Vision beginnt deshalb mit dem entscheidenden Wendepunkt in der Weltgeschichte, nämlich der Menschwerdung Jesu, des Sohnes Gottes. Hier wird uns in wenigen Sätzen das Leben Christi angedeutet, das Evangelium, auch die Heils- und Unheilsgeschichte der Menschheit. *Sie war schwanger und schrie vor Schmerz in ihren Geburtswehen.* Der Schöpfer hat sich durch die Menschwerdung der darniederliegenden Welt als Retter angenommen. Damit begann die Endzeit, die zur Vollendung drängt. Der Blick wendet sich zuerst auf den Erlöser der Welt, damit wir danach den furchtbaren Anblick des Antichristen ertragen können.

Das erste Zeichen ist eine Frauengestalt in strahlendem Licht, von der Sonne umgeben, eindeutig Maria, immer aber auch die Kirche, deren Urbild Maria ja ist. Sie wird zunächst als Mutter dargestellt, die schwanger ist. Das gilt im übertragenen Sinn auch für die Kirche, die in der Zeit ständig durch die Sakramente, gleichsam unter Schreien und Schmerzen, Gotteskinder gebiert, weil sie immer verfolgt und in der Bedrängnis ist. Hier ist es Maria, die eigentliche Bundeslade. Sie trägt Gott in sich wie damals die Bundeslade. In ihr erfüllt sich das Vorbild des Alten

Testaments, denn in ihr ist nun Christus gegenwärtig. Sie ist von der Sonne bekleidet, denn sie hat nichts aus sich selbst, erhält ihre ganze Ausstrahlung und Herrlichkeit von der Sonne, die ein Symbol für Christus ist. *Der Mond war unter ihren Füßen.* Der Mond, der aus der Sonne, aus Christus, erwächst und in sie sozusagen hineinstirbt, war bei den Vätern das Symbol der Kirche. Die Sterne sind Sinnbilder der Heiligen. Zwölf ist wieder die Vollzahl.

Der Drache

Die Verse 12,3f schildern das zweite Zeichen: *Ein anderes Zeichen erschien am Himmel: ein Drache, groß und feuerrot, mit sieben Köpfen und zehn Hörnern und mit sieben Diademen auf seinen Köpfen. Sein Schwanz fegte ein Drittel der Sterne vom Himmel und warf sie auf die Erde herab. Der Drache stand vor der Frau, die gebären sollte; er wollte ihr Kind verschlingen, sobald es geboren war.* Das zweite Zeichen ist gekennzeichnet durch die Farbe rot, die wir schon einmal erwähnten. Das Monstrum Drache ist hier eindeutig ein Wesen aus dem Abgrund, das die Ordnung zerschlägt, das Chaos und Finsternis liebt. Es ist der Widersacher Gottes, der Gottes Schöpfung verwüstet und seine Heilsabsichten zu durchkreuzen versucht. Später, im Vers 12,9, wird er ausdrücklich Teufel genannt wie in Dan 7,7 und in Dan 8,8-10. Die hier geschilderte Gestalt ist ein Ausdruck des misslungenen Versuchs, selbst Gott sein zu wollen, eine verzerrte Nachahmung des Lammes, des wahren Herrn der Weltgeschichte. Immer wieder gebärdet sich das Tier als der *Affe Gottes*, es kommt aber nur eine Missbildung heraus. Aus den sieben Augen des Lammes in Offb 5,6 als Sinnbild der Gottesgeister werden Hörner, beim Drachen hier sind sie sogar auf zehn vermehrt. Die sieben Diademe des Lammes in Offb 19,12 erscheinen beim Drachen als sieben Kronen. Wir spüren, wie pervers das alles nachgeäfft ist. Die Gestalt ist der Ausdruck des Protestes gegen die Macht Gottes und auch ein Ausdruck der Verneinung der göttlichen Macht. Wir dürfen dabei nicht übersehen, dass der Drache trotzdem Herrschermacht besitzt, worauf die sieben Kronen hinweisen. Jesus nennt in Joh 12,31 den Satan bildlich sogar *Fürst dieser Welt*. Er ist dazu noch sehr stark, worauf die zehn Hörner, Symbol der Stärke, hinweisen. Wir dürfen nicht, wie manche Christen es tun, nachlässig mit satanischen Mächten umgehen und meinen, die könnte man leicht mit dem Fuß zertreten. Da fragt man sich dann, wer hier wen zertritt. Leider fallen viele darauf herein und werden schlimm gequält. Man muss diese Mächte ernstnehmen. Sie sind eine Herrschermacht, die weit stärker ist als wir. Man kann nur im Namen Jesu dagegen antreten, braucht den besonderen Schutz des Herrn. Wir müssen uns ganz bewusst der Macht des Herrn unterstellen, weil der Drache von einer unbändigen Vernichtungswut beseelt ist. Er fegt ja ein Drittel der Sterne vom Himmel, was Daniel auch schon schaute. Hier nun steht dieses Ungetüm vor der lichten, aber wehrlosen Frau, um ihr Kind zu verschlingen. Es ist – menschlich gesehen – eine hoffnungslose Situation für die Frau.

Das Kind

Vers 12,5 lautet: *Und sie gebar ein Kind, einen Sohn, der über alle Völker mit eisernem Zepter herrschen wird. Und ihr Kind wurde zu Gott und zu seinem Thron entrückt.* Kurz wird hier also – wie gesagt – die Geschichte Jesu mit Herodes und allen Mächten der Finsternis angedeutet und Jesus Christus als Messias gemeint. Die Frau ist seine Mutter Maria, das Kind der verheißene Herr, der Messias, also der Gottgesandte, der nach Joh 12,31 den Fürsten dieser Welt durch den Kreuzestod „hinauswerfen" soll. Wir spüren die gespannte Bereitschaft, mit der der Drache die Geburt dieses Knaben erwartet. Es sieht zunächst auch so aus, als würde sein Vorhaben gelingen, denn es gibt keine Hoffnung, wenn ein so fürchterliches Tier einer so wehrlosen Frau gegenübersteht. Auch das neugeborene Kind ist Ausdruck von Hilflosigkeit.

Aber da ereignet sich etwas Unerwartetes: Der allmächtige Gott selbst greift ein. Er rettet das Kind – hier können wir an die Flucht nach Ägypten oder auch die ganze Lebensgeschichte Jesu denken

– und macht es zum Mitherrscher auf seinem Thron. Wer das Leben Jesu kennt, hört das alles in den paar treffenden Sätzen. Für den Wissenden ist also mit dem Geheimnis der Menschwerdung alles ausgedrückt. Als Glaubender steht Jesu ganzes Leben vor meinen Augen. Hier kann man auch an das Pauluswort (1 Kor 1, 28 u. 29) denken: *Das Törichte in der Welt hat Gott erwählt, um die Weisen zuschanden zu machen, und das Schwache in der Welt hat Gott erwählt, um das Starke zuschanden zu machen. Und das Niedrige in der Welt und das Verachtete hat Gott erwählt: das, was nichts ist, um das, was etwas ist, zu vernichten.*

Gottes Beistand

In Vers 12,6 eilt Gott dieser hilflosen Frau zu Hilfe, nimmt sich ihrer ebenso wie seines Gesalbten an: *Die Frau aber floh in die Wüste, wo Gott ihr einen Zufluchtsort geschaffen hatte; dort wird man sie mit Nahrung versorgen, zwölfhundertsechzig Tage lang.* Deshalb ist der Angriff des Drachen zum Scheitern verurteilt. Wie Gott sein Volk vor der Übermacht Pharaos rettete und durch die Wüste ins Gelobte Land führte, für es sorgte in seiner Not und Bedrohtheit, so handelt er auch hier. Zwölfhundertsechzig Tage begrenzen hier (dreimal im gleichen Zeitraum) die Epochen: erstens der Besetzung Jerusalems durch die Heiden (Vers 11,2), zweitens auch des Auftritts der beiden Säulen (Vers 11,3) und drittens der Herrschaft des Antichristen (Vers 13,5).

Die Frau, Maria, ist zum einen die Messiasmutter, aber auch – wie gesagt – das alttestamentliche Gottesvolk, gerettet durch den Auszug aus Ägypten, geführt durch die Wüste und geführt in das Land der Verheißung. Zum andern stellt sie die Kirche dar, das neutestamentliche Gottesvolk, das berufen ist, der Welt den Messias zu schenken, wie es in Röm 9,5 heißt. Die zwölf Sterne des Diadems sind ein Hinweis auf die zwölf Stämme Israels. So steht Maria stellvertretend für das Alte wie das Neue Testament und für die zwölf Apostel, die Grundsteine des Neuen Gottesvolkes. Die Sterne werden aber auch als die Heiligen, als die Vollendeten, als das ganze Volk Gottes gesehen. Wir finden an dieser Stelle also verschiedene Symbole. Schon die Propheten vergleichen die Geschichte Israels mit Geburtswehen, und zwar gerade auf ihrem Weg zu einer besonderen Berufung, wie es Jes 66,7 sagt. Das wird dann ähnlich auch in Mich 4,9 so gesehen. Der Weg des Volkes Gottes ist immer von Wehen begleitet, ein Bild auch im Alten Testament. Sie deuten darauf hin, dass es im Gottesvolk immer wieder neue Glieder zu gebären gilt. Deshalb nennen wir beide, Maria und die Kirche, *Mutter*. Wir müssen oft betend, opfernd, fastend für Menschen um Gnade ringen, dass sie wieder „Göttliches Leben" in sich aufnehmen! Das alles sind gleichsam „Geburtswehen". Altes und Neues Testament bilden eine organische Einheit in der gesamten Heilsgeschichte, die zwölf Stämme Israels wie die zwölf Apostel. Das finden wir dann wieder in der Beschreibung des himmlischen Jerusalem am Schluss der Apokalypse im Kapitel 21.

Die ohnmächtige Wut des Drachen

Vers 12,7 zeigt uns nun den Grund für die Wut, aber auch für die Ohnmacht des Drachen: *Da entbrannte im Himmel ein Kampf; Michael und seine Engel erhoben sich, um mit dem Drachen zu kämpfen. Der Drache und seine Engel kämpften.* Diese widergöttliche, satanische Macht entstand und existiert innerhalb der Schöpfung Gottes Das erste Bild zeigt den Versuch Satans, die Erlösungstat Gottes zu verhindern, das Kind zu vernichten. Im zweiten Bild werden uns die hoffnungslosen Folgen offenbart, die sich für den Widersacher Gottes aus dem Heilswerk Christi ergeben haben: Er hat nichts erreicht! Der Allmächtige hat eingegriffen, hat das Kind und die Frau gerettet. In diesem gewaltigen Geisteskampf, den wir Drangsal nennen, rettet Gott seine Freunde zu allen Zeiten.

Der Sturz der Engel

Der Engelsturz erklärt auch die Herkunft des Bösen. Es gibt immer wieder Versuche, Gott als die Ursache des Bösen wie des

Guten hinzustellen. Das ist Unsinn! Es gibt kein ewig böses Prinzip. Die Dämonen waren ursprünglich gute Engel, mächtige Geister, die von Gott abfielen und deshalb gestürzt wurden. In der Versuchungsgeschichte der ersten Menschen ist die Ursache des Engelsturzes eigentlich schon mitgesagt. Das wird in Vers 12,9 deutlich: *Er wurde gestürzt, der große Drache, die alte Schlange, die Teufel oder Satan heißt und die ganze Welt verführt; der Drache wurde auf die Erde gestürzt, und mit ihm wurden seine Engel hinabgeworfen.* Die Schlange sagt z.B. in Gen 3,5 zu Eva: *Gott weiß vielmehr: Sobald ihr davon esst, gehen euch die Augen auf; ihr werdet wie Gott und erkennt Gut und Böse.* Ähnlich ist es auch beim Sturz der Engel: Sie wollten sein wie Gott. Die Väter wie auch manche Theologen heute vermuten, die Prüfung der Engel habe darin bestanden, die Menschwerdung anzunehmen, einem in ihren Augen gleichsam „erniedrigten" Gott zu dienen, der als hilfloses Kind auf die Welt kommen wollte. Außerdem sollten sie die *Frau* als die *Königin der Engel* akzeptieren. Das kommt überzeugend darin zum Ausdruck, wie sich der Erzengel Gabriel bei der Verkündigung in Ehrfurcht unter Maria stellt, ganz anders als er Zacharias im Tempel begegnet, denn da spricht er kein Grußwort, geht ohne Abschied, gleichsam wie ein Herrscher: *Ich bin gesandt, dir das und das zu sagen* (vgl. Lk 1,19). Bei Maria dagegen grüßt er ehrfürchtig als der Niedrigere (vgl. Lk 1,28). Er wartet auf ihre Antwort und verabschiedet sich höflich. Er anerkennt da gleichsam stellvertretend für alle Engel, was Luzifer und sein Anhang ablehnten: Einen „erniedrigten" Gott, der sich von einem Menschen, von einer Frau, gebären lässt. *Michael* lautet deswegen der Name des Anführers der guten Engel, d.h. *Wer ist wie Gott?* Gleichzeitig finden wir hier auch den Grund für alle Auseinandersetzungen in der Geschichte der Menschheit sowie für die Kämpfe in jedem Menschen. Es ist die ständige Versuchung: *Ihr werdet sein wie Gott.* Immer wieder geht es auch in vielen heutigen geistigen Strömungen um die Gott-Gleichheit, eine falsche Selbstverwirklichung bis zum scheinbaren Gott-Werden.

Die Verse 12,7b–9 künden vom Engelsturz: *Der Drache und seine Engel kämpften, aber sie konnten sich nicht halten, und sie verloren ihren Platz im Himmel. Er wurde gestürzt, der große Drache, die alte Schlange, die Teufel oder Satan heißt und die ganze Welt verführt; der Drache wurde auf die Erde gestürzt, und mit ihm wurden seine Engel hinabgeworfen.* Es ist schrecklich, dass der Drache und sein Anhang auf die Erde, nicht in die Hölle geworfen werden, das wäre dann ein endgültiger und unwiderruflicher Sturz. Dreimal kommt in einem Satz das Wort gestürzt vor. Das klingt fast wie ein Siegesruf, weil die Macht des Drachen gebrochen ist. In drei Namen wird angedeutet, was er verloren hat. Das ist einmal: *Die alte Schlange*, also ihr hinterlistiges, lügnerisches Vorgehen bei der Verführung der ersten Menschen in Gen 3,1–7. Deshalb wird der Satan auch *Vater der Lüge*, oder auch *Menschenmörder von Anbeginn* genannt, als den ihn Jesus in Joh 8,44 bezeichnet. Der andere Name ist Teufel. Im Deutschen ist das ein Lehnwort aus dem Griechischen und bedeutet *Durcheinanderwerfer*, *Verleumder*, wie es dann auch in Vers 10 deutlich wird. Auf ihn gehen jegliches Durcheinander in der Welt zurück, alle Missverständnisse und Feindschaften unter den Menschen. Der dritte Name ist *Satan*, ein hebräisches Wort, das Widersacher, Gegenspieler Gottes, bedeutet. Er ist also der Verführer der ganzen Welt, wie es bei Mt 24,23 heißt: *Wenn dann jemand zu euch sagt: Seht, hier ist der Messias! oder: Da ist er! so glaubt es nicht!*

Hymnus über das Heil

Die Verse 12,10–12 besingen in einem Hymnus das Heilsereignis: *Da hörte ich eine laute Stimme im Himmel rufen: Jetzt ist er da, der rettende Sieg, die Macht und die Herrschaft unseres Gottes und die Vollmacht seines Gesalbten; denn gestürzt wurde der Ankläger unserer Brüder, der sie bei Tag und bei Nacht vor unserem Gott verklagte. Sie haben ihn besiegt durch das Blut des Lammes und durch ihr Wort und Zeugnis; sie hielten ihr Leben nicht fest, bis hinein in den Tod. Darum jubelt, ihr Himmel und alle, die darin wohnen. Weh aber euch, Land und Meer! Denn der Teufel ist zu euch hinabgekommen; seine Wut ist groß, weil er weiß, dass ihm nur noch eine kurze Frist bleibt.*

Der Hymnus verkündet den Wendepunkt in der Menschheitsgeschichte, der sich im Opfertod des Messias, des Gotteslammes, ereignet hat, den Sieg über die *alte Schlange*. Das Heil in der Gottesherrschaft ist nun angebrochen; sie ist zwar noch nicht vollendet, aber auch nicht mehr aufzuhalten. Sie drängt zur Vollendung. Für die erlöste Menschheit bedeutet das, dass der Rechtsanspruch Satans, den er von der Verführung der ersten Menschen her ableitet, ihm nun endgültig entrissen ist, wie auch Paulus in Röm 8,33 schreibt: *Wer kann die Auserwählten Gottes anklagen? Gott ist es, der gerecht macht.* Man könnte dafür auch sagen, die Hörigkeit des Menschen gegenüber Satan sei erloschen (wenn sich der Mensch nicht mehr freiwillig hineinbegibt). Durch das Blut des Lammes ohne Fehl und Makel, kraft der Gnade, haben die Menschen die Fähigkeit erhalten, Herr zu werden über den Bösen. So wird der Sieg Christi zum Sieg aller. Deshalb ist es wichtig, immer wieder das Blut Christi in Anspruch zu nehmen. Den stärksten Beweis für diesen Sieg bringen die Christen mit ihrem Bekenntnis *bis hinein in den Tod,* im Martyrium. Sie können wirklich ihr Leben riskieren, weil eine unbeschreibliche Kraft da ist. Das mutige Martyrium ist für sie keine Überforderung mehr, weil die Macht Gottes im Menschen aufscheint.
Diese Vision will jedem gläubigen Christen ein Bewusstsein seiner Überlegenheit vermitteln. Wenn wir uns diesen Mächten nicht mehr freiwillig ausliefern – oder andere tun es – dann können wir mit der Kraft des Blutes Jesu aus aller *Drangsal* herauskommen. Die Schrift will uns dieses Bewusstsein der Überlegenheit vermitteln. Im Griechischen ist das mit dem Perfekt ausgedrückt, das zugleich auch Gegenwart und Zukunft meint: *Sie haben ihn besiegt.* Das meint einen Sieg, der immer bleibt; ich muss ihn nur in Anspruch nehmen. Der Sieg in jedem christlichen Leben ist nicht nur möglich, sondern er wird hier – in diesem Perfekt – als Tatsache hingestellt.

Der Antichrist am Werk

Das *Wehe* leitet zum nächsten Bild, einem Schreckensbild über, in dem wir den Antichristen am Werk sehen: *Weh aber euch, Land und Meer! Denn der Teufel ist zu euch hinabgekommen..* Das Rasen Satans ist die wütende Verzweiflung dessen, der sein Schicksal besiegelt weiß. Gegenüber der Ewigkeit ist jetzt seine Zeit nur noch kurz bemessen, deshalb auch sein wildes anstrengendes Wüten noch *für eine kurze Zeit.* Er wird sich jetzt noch nicht in der Hölle gleichsam zur Ruhe setzen und so seine letzte Chance verpassen. Einer der größten „Siege" Satans (heute) ist z.B., dass man ihn leugnet. Dann nämlich hat er freies Spiel, kann ungehindert „arbeiten". In vielen Spielen wird beispielsweise Satan nur als Witzfigur herumgereicht, über ihn wird gelacht; niemand aber scheint zu merken, was diese Spiele ihm ermöglichen. All diese „Spieler" werden von ihm sozusagen „kassiert". Es ist ein Wahnsinn, dass Hunderttausende von Christen dafür auch noch Geld zahlen und Zuschauer bei diesen teuflischen Spielchen sind!

Die Verse 12,13f sprechen wieder von *dreieinhalb Zeiten*: *Als der Drache erkannte, dass er auf die Erde gestürzt war, verfolgte er die Frau, die den Sohn geboren hatte. Aber der Frau wurden die beiden Flügel des großen Adlers gegeben, damit sie in die Wüste an ihren Ort fliegen konnte. Dort ist sie vor der Schlange sicher und wird eine Zeit und zwei Zeiten und eine halbe Zeit lang ernährt.* Für Satan und seinen Anhang gibt es keine Bekehrung mehr, weil er sie gar nicht will. Als Gescheiterter und auch als Verstockter nutzt er nur in seinem Protest seine letzten Möglichkeiten, die Herrschaft des *Gesalbten* zu stören oder gar zu zerstören. Der Kampf im Himmel zwischen Michael und dem Drachen geht nun auf irdischer Ebene weiter.

Maria im Heilsplan Gottes

Vor allem richtet der Kampf sich gegen die Kirche, *die übrigen Kinder der Frau.* Maria ist Urbild der Kirche und Mutter aller Lebendigen. Als die „zweite Eva" kann sie ihren Auftrag nur erfüllen, wenn wir in aller Freiheit ihr das auch erlauben. Deshalb ist Marienverehrung nicht Privatsache von Frommen, sondern sie ist heilsnotwendig. Maria hat uns Christus gebracht, und das ist nicht nur einmal geschehen. Das bleibt ihre Sendung von Gott zu unserem Heil, sie ist die Mittlerin. So wie durch sie – auch durch jeden von uns – Menschen zum Heil kommen können (oder auch durch uns am Heil gehindert werden), so hat sie die Heilssendung für alle Menschen, ihnen Christus zu bringen, das geschah schon bei der Menschwerdung. In Christus haben wir damals alles erhalten, und durch ihre Fürbitte soll sich das weiter vollziehen. Das ist letztlich auch ein Grund für die vielen Marienerscheinungen heute; Maria erscheint nicht etwa deswegen, weil die Menschen „marianisch" sind, sondern, weil das ihre Sendung ist! Deshalb bittet sie auch ständig: *Weiht euch meinem Unbefleckten Herzen!* Das ist nicht egozentrisch gemeint, sondern bedeutet: *Übergebt euch mir, damit ich an euch das tun kann, was der Herr mir aufgetragen hat. Ich kann mich ja nicht aufzwingen.*

Der Kampf Satans geht gegen die übrigen Kinder der Frau – das sind wir alle – und das bewegt Maria zu ihrer Bitte, weil sie unsere Mutter und Urbild der Kirche ist. Deshalb heißt es im Buch Genesis: *Feindschaft setze ich zwischen dich und die Frau, zwischen deinen Nachwuchs und ihren Nachwuchs. Er trifft dich am Kopf, und du triffst ihn an der Ferse* (Gen 3,15). Der Nachkomme, das sind wir, *der Christus in uns*, wird der Schlange den Kopf zertreten, denn wir sind sein Leib. Und es ist demütigend für den *Satan*, für die *Schlange*, dass ihr der Kopf durch uns erbärmliche, sündige Menschen zertreten wird. Je mehr wir also der *Frau* gehören und die Kindschaft annehmen, desto mehr kann sie in uns und durch uns handeln. Denn der Kampf im Paradies findet eindeutig zwischen der Frau und der Schlange statt, und zwar der Frau mit dem Artikel der, nicht irgendeiner Frau. Deshalb nennt Jesus sie Frau, als er in Kana seine Herrlichkeit offenbart, wie auch am Kreuz, als seine Sendung endet. Auch hier ist es wieder die Frau, die Frau des Lammes. Daher ist der marianische Aspekt heilsnotwendig, deswegen tobt auch der Kampf gegen Maria, der unter Christen bei genauer Kenntnis der Schrift unbegreiflich ist. Wenn man bedenkt, wie Maria von Luther verehrt wurde, was er über sie schrieb (das könnte der Papst geschrieben haben), versteht man seine Anhänger nicht, wenn sie als Schriftkundige so tun, als spielte Maria überhaupt keine Rolle.

Der Kampf im Himmel geht – wie gesagt – nun auf irdischer Ebene weiter und richtet sich vor allem gegen die Kirche, *gegen die übrigen Kinder der Frau,* wie es schon im ersten Buch der Schrift angesprochen wird. Aber auch dieses Unternehmen ist genauso wie das erste aussichtslos. Das Heilsvolk Gottes – *die übrigen Kinder der Frau* – wird während der ganzen Unheilszeit, die ja die bekannten dreieinhalb Jahre dauert, dieselbe übernatürliche Hilfe erfahren, die Gott ihm in seiner Geschichte von Anfang an zuwandte. Wie ein Adler, der seine Jungen beim Flug an sich nimmt, um sie zu retten, hat Gott sich an Israel offenbart, heißt es in Dtn 32,11. So trägt Gott die Frau – Maria und gleichzeitig auch die Kirche in ihrer Drangsal – und bringt sie an den geschützten Ort. Er gibt ihnen die zwei *Flügel des Adlers*, um sie gegen die Anfechtungen des Widersachers durchzutragen, ein wunderbares Bild!

Gottes Hilfe im Kampf

Dann folgen die Verse 12,15-17: *Die Schlange spie einen Strom von Wasser aus ihrem Rachen hinter der Frau her, damit sie von den Fluten fortgerissen werde. Aber die Erde kam der Frau zu Hilfe; sie öffnete sich und verschlang den Strom, den der Drache aus seinem Rachen gespien hatte. Da geriet der Drache in Zorn über die Frau, und er ging fort, um Krieg zu führen mit ihren übrigen Nachkommen, die den Geboten Gottes gehorchen und an dem Zeugnis für Jesus festhalten.*

Wie damals Israel die Natur im Roten Meer zu Hilfe kam, so auch jetzt die Erde der Frau. Immer wieder kommen die Elemente selbst dem Menschen zu Hilfe. Das ist ein Hinweis darauf, dass Gott die Kirche nicht nur mit übernatürlichen Mitteln bewahrt und trägt. Die ganze Welt – also auch alle Gewalten der Natur – sind ja sein Eigentum, und er kann auch sie zu unserem Schutz benutzen. Auch die geistigen Fähigkeiten der Menschheit kann er in Bewegung setzen, um seine Ziele zu erreichen und so dem Fürsten dieser Welt klarzumachen, dass ER, Gott, der Allherrscher ist.

Die Kirche ist zwar in Sicherheit durch Gottes wunderbare Hilfe, aber das heißt nicht, dass sie in der Welt auch unbehelligt bleibt. Zwar kann Satan das Volk Gottes nicht überwältigen, aber er versucht unablässig, es zu verfolgen und zu schädigen. Die Kinder der Frau erkennt man in der Welt an ihrem Glauben, weil sie – wie es hier heißt – *am Zeugnis Christi festhalten*. Man erkennt sie auch an ihrem Handeln, weil sie gegenüber den Geboten Gottes gehorsam leben, wie es Apg 1,8 sagt. Diese *übrigen Kinder der Frau* sind also zur Treue bis in den Tod bereit. Sie bewähren sich in ihrer Hingabe und verleihen so dem Christsein die letzte Größe; im Tod werden sie dadurch dem Zeugen Jesus ganz ähnlich. Der blind wütende Hass Satans dient sogar letztlich der Verlebendigung und Verherrlichung der Kirche Gottes und dem inneren Wachstum der Gottesherrschaft auf Erden.

Zusammenfassung

Diese Verse zeigen uns die Kirche in der Zeit, in der Welt: Ihr eigentliches Geheimnis ist unsichtbar, denn sie lebt unter dem Schutz des allmächtigen Gottes aus der Kraft dessen, was Christus, ihr Herr, in seinem Erdenleben für sie getan und gelitten hat. Sie lebt aus einem unergründlichen Geheimnis, einer unsichtbaren Kraft. An die Stelle des *Anklägers* (12,10) ist jetzt ihr Erlöser getreten, der zur Rechten des Vaters thront und dort für uns eintritt, wie es in Hebr 9,24 heißt. Die Kirche ist unsere Mutter und Christus ist unser Bruder. So wie Christus es erfahren und durchgestanden hat, müssen alle seine Getreuen lernen, unter der Wut des Drachen zu leben. Eine Kirche, die nicht mehr gehasst und verfolgt ist, müsste sich ernsthaft fragen, ob sie noch die Kirche Jesu Christi ist.

X. Die tödliche Bedrohung der Kirche

Offb 12,18 – 14,5

Im dreizehnten Kapitel folgt die tödliche Bedrohung der Kirche, und es sieht fast so aus, als ob der Sieg des Drachen über *die übrigen Kinder der Frau,* also die Kirche, gelingen würde. Das Bild der beiden Tiere, die jetzt auftauchen, gehört zu den schaurigsten und zu den unheimlichsten in der Apokalypse. Deshalb gingen Bilder des Trostes voraus.

In den nun folgenden Versen begegnen wir wieder dem sog. „Affen Gottes", Satan, Gottes Gegenspieler. So wie Gott seinen Sohn, den Messias, zur Erlösung der Menschheit schickte, so erweckt nun Satan eine Art „Weltheiland" aus der Hölle, um die Menschen von Gott und seinem Gesalbten, von Christus, loszureißen. Der Antichrist ist gleichsam das Gegenstück zu dem Messias Gottes. Die widergöttliche Macht begleitet wie ein dunkler Schatten die Kirche Jesu Christi auf ihrem Weg durch die Geschichte bis zur Wiederkunft des Herrn. Wir dürfen nicht vergessen, dass auch der Widersacher Gottes aus seinen Erfolgen wie auch Misserfolgen lernt. Die Verbindung von Macht und Geist, von Zwang durch äußere Gewalt und Überlistung durch verführerische Propaganda bestimmt diesen letzten verzweifelten Versuch des Gottes dieser Weltzeit, wie ihn der heilige Paulus in 2 Kor 4,4 nennt,.

Die Wirkmächte Satans

Es beginnt mit 12,18: *Und der Drache trat an den Strand des Meeres* und fährt fort mit 13,1–3: *Und ich sah: Ein Tier stieg aus dem Meer, mit zehn Hörnern und sieben Köpfen. Auf seinen Hörnern trug es zehn Diademe und auf seinen Köpfen Namen, die eine Gotteslästerung waren. Das Tier, das ich sah, glich einem Panther; seine Füße waren wie die Tatzen eines Bären und sein Maul wie das Maul eines Löwen. Und der Drache hatte ihm seine*

Gewalt übergeben, seinen Thron und seine große Macht. Einer seiner Köpfe sah aus wie tödlich verwundet; aber die tödliche Wunde wurde geheilt. Und die ganze Erde sah dem Tier staunend nach.

Hier erweckt also der *Drache* (der *Teufel* und *Satan* heißt, wie wir hörten) aus seinem Element, nämlich dem *Meer*, einen Helfer. Dieses Bild *aus dem Meer* ist wohl ein letzter Rest aus dem vorweltlichen Chaos von Gen 1,1-2. Das Meer, das hier im letzten Buch der Heiligen Schrift geschildert wird, heißt im ersten Buch der Schrift *Urflut*, über der Finsternis liegt. Der Helfer Satans, das Tier aus dem Meer, ist eine Kreatur aus dem Abgrund. Sein Oberteil gleicht einem Spiegelbild des Drachen, wie er hier geschildert wird. *Das Tier, das ich sah, glich einem Panther...* usw. Die Kronen als Symbole der Macht sind auf zehn vermehrt, ein Zeichen dafür, dass Satan in diesem Tier die ganze Fülle seiner Macht zum Einsatz bringen will. Die sieben Köpfe (wir erinnern die Zahl „Sieben" als Bild der Vollkommenheit) bedeuten hier eine hohe Intelligenz, die zehn Hörner eine große Gewalt, die zehn Diademe die Herrschermacht. Das alles hat der Drache dem Tier gegeben. Die Namen, die auf seinen Köpfen stehen, bezeichnen den Widersacher Gottes; es sind nämlich Hoheitstitel, mit denen das Tier sich anmaßt, selber Gott zu sein.

Was Johannes hier sieht, ist eine Art Zusammenschau der vier Tiere, die Daniel in einer Vision (Dan 7,2–7) gezeigt wurden. Die großen Tiere, vier an der Zahl, bedeuten bei Daniel vier Könige, die sich auf der Erde erheben werden. Alles, was Daniel von den vier Tieren sagt, ist in der Apokalypse in dem Bild eines Tiers zusammengefasst. Bei Daniel bedeuten die vier Tiere gleichsam vier Weltmächte. Johannes will in der Apokalypse zu bedenken geben, dass er den Antichristen, das Tier, als politischen Machthaber ansieht. Dieser will mit Gewalt den letzten Rest der Herrschaft Gottes auf Erden beseitigen und dem Widergöttlichen zur Macht in der Welt und in der Menschheit verhelfen. Das kommt dadurch zum Ausdruck, dass Satan, der Drache, seine ganze Macht (angedeutet in den Kronen und Hörnern) dem Tier überträgt. Er setzt es auch auf seinen Thron, wieder ein Nachäffen dessen, wie Gott, dem Messias, Jesus, seine Macht (nach Mt 28,18) übertrug. Bei Joh 17,2 heißt es: *Denn du hast ihm Macht über alle Menschen gegeben, damit er allen, die du ihm gegeben hast, ewiges Leben schenkt.* Christus hat diese Macht durch seine Auferstehung bewiesen, dasselbe ahmt der Antichrist nach. Dass er die Auferstehung Jesu in satanischer Verkehrtheit nachzuäffen vermag, wirkt auf die Menschen besonders überzeugend, denn es heißt: *Sie staunten hinter dem Tier her als einem leibhaften Wunder,* denn das Tier hatte eine Todeswunde, die geheilt wurde, gleichsam eine heile Todeswunde. Es ist bestürzend, dass alle Menschen hinter dem Tier wie hinter einem leibhaftigen Wunder herstaunen, eine völlige Verblendung der Menschheit! Das Tier erweckt dazu noch den Eindruck von Unüberwindlichkeit und täuscht damit auch Ewigkeit vor. Das ist eine ganz gefährliche Situation, die hier ins Wort kommt, und es ist (auch für uns) wichtig, auf der Hut zu sein. Wir wissen, wie viele schon heute als der wiedergeborene Messias (Christus) auftreten. Das gibt es sogar in Deutschland, nicht bloß in fernen Ländern. Johannes tendiert hier zwar dazu – so scheint es – eine politische Macht darzustellen. Aber auch hier ist es gut, dass wir nicht festlegen, ob das Tier eine Institution, eine Religion, eine Weltmacht im Sinne von einer Gruppierung oder eine Person ist. Wir müssen genau hinhören, wem der Drache alle seine Macht gibt.

Die Anbetung des Tieres

Vers 4 schildert die Anbetung des Tieres: *Die Menschen warfen sich vor dem Drachen nieder, weil er seine Macht dem Tier gegeben hatte; und sie beteten das Tier an und sagten: Wer ist dem Tier gleich, und wer kann den Kampf mit ihm aufnehmen?* Es muss etwas ganz Subtiles, Hintergründiges sein, worauf die Menschen da hereinfallen. Wieder ist hier die Parallele zu Christus und dem Lamm unübersehbar. Es wird vorausgesagt, dass der Satan und das Tier tatsächlich die beabsichtigte Wirkung auf die Menschen erreichen. Die Menschen bekennen sich zu dem Tier und zu dem, der ihm die Gewalt verliehen hat, wie zu einem göttlichen Wesen. Der Zuruf: *Wer ist dem Tier gleich?,* ähnelt dem Ruf des Erzengels Michael: *Wer ist wie Gott?* Das Tier hat seine Kraft vom Drachen, also vom Satan. Da er aber einer außerweltlichen Ordnung angehört, bleibt der Drache, Satan, unsichtbar. Die göttliche Verehrung, die dem Tier als dem Abbild seines Ursprungs, des Drachen, dargebracht wird, gilt letztlich dem Drachen. Diese Satansanbetung ist heute schon bei uns bis in die Dörfer hinein verbreitet; bei uns heute fehlt nicht mehr viel, dass er seinen „Propheten", das Tier, schickt. In Bolivien, Südamerika, so war zu lesen, nimmt die Satansanbetung im katholischen Bereich zu. Wir müssen uns noch auf etwas Gewaltiges einstellen. Alle, die lau gelebt haben, wie wir es bei den sieben Gemeinden sahen, alle, die sich nicht für Christus entschieden, müssen umkehren, damit sie nicht in die Falle des Tieres hineingeraten. Wie Christus der Abglanz des Vaters und seiner Herrlichkeit und die Ausprägung seines Wesens ist (vgl. Hebr 1,3), so wird das auch hier nachgeäfft als eine Art „Religion des Tieres". An die Stelle der Anbetung Gottes und der Anbetung seines Gesalbten tritt der Kult des Teufels und seiner Abgesandten. Es gibt heute die sogenannte *Satanskirche*, die selbstverständlich mit unserer Kirche nichts zu tun hat. Leider wird das – und das ist sehr gefährlich – weithin nicht ernst genommen, da viele meinen, den Teufel gäbe es nicht; so hat er leichtes Spiel, weil nicht mehr gegen ihn gekämpft wird. Man lässt allem seinen Lauf. Man meint, eine psychologische Betreuung genüge; die aber wird in diesem Falle nicht viel helfen.

Lästerung Gottes

<u>Vers 13,5 erzählt:</u> *Und es wurde ermächtigt, mit seinem Maul anmaßende Worte und Lästerungen auszusprechen; es wurde ihm Macht gegeben, dies zweiundvierzig Monate zu tun.* Hier wird das Werkzeug des Tieres genannt, sein Maul. Dagegen müssen wir uns wappnen. Es heißt: *Es wurde ihm gegeben.* Darauf müssen wir genau hinhören. Das heißt nämlich (wie schon oben gesagt): *Es wurde ihm <u>von Gott</u> gegeben,* denn alles, was ist, verdankt ja seine Fähigkeit Gott. Keiner hat etwas, was er nicht geschenkt bekam, auch wenn er es (wie hier) missbraucht. Zum Trost wird

auch hier die Zeit begrenzt. Selbst wenn einzelne Geschöpfe die ihnen gegebenen Möglichkeiten gegen ihren Schöpfer verwenden, kann es nur mit seiner Zulassung geschehen; denn alles muss der Vollendung des Reiches Gottes dienen, auch wenn wir das manchmal nicht verstehen können. Die Wirkmöglichkeit des Tieres ist auf ein Mindestmaß, das bekannte Maß *dreieinhalb*, beschränkt, wie wir schon in Vers 11,2 hörten.

Das Tier öffnete sein Maul, um Gott und seinen Namen zu lästern, seine Wohnung und alle, die im Himmel wohnen. Und es wurde ihm erlaubt, mit den Heiligen zu kämpfen und sie zu besiegen. Es wurde ihm auch Macht gegeben über alle Stämme, Völker, Sprachen und Nationen. Alle Bewohner der Erde fallen nieder vor ihm: alle, deren Name nicht seit der Erschaffung der Welt eingetragen ist ins Lebensbuch des Lammes, das geschlachtet wurde. (Verse 13,6–8) Das Tier versteht es, mit großen Worten und geschickter Rede, Aufmerksamkeit zu wecken. Hier kann man sich eine Person mit fesselnder Beredsamkeit vorstellen. Die gotteslästerlichen Namen auf seinem Kopf, wie es in Vers 13,1 heißt, die auch sein ganzes Wesen kennzeichnen sollen, werden jetzt durch seine Worte bestätigt. Seine Rede wendet sich gegen Gott und gegen alles, was zu Gott gehört. Nicht nur mit Worten, sondern auch mit Taten bekämpft das Tier alle, die an Gott glauben, die Heiligen.

Verfolgung der Heiligen

Es beginnt eine Verfolgung der Heiligen, die an Christus festhalten, die im Lebensbuch des Lammes aufgeschrieben sind. Wie die beiden Zeugen in Vers 11,7, so unterliegen auch die Heiligen dieser äußeren Gewalt, sie bezahlen ihre Treue mit dem höchsten Preis, nämlich mit ihrem Blut. Aber die Kirche Christi ängstigt sich nicht unter dem Druck, der nur kurz währt, wie es schon in 12,12 hieß. Die christlichen Martyrer wissen ihre Namen unauslöschlich eingetragen im Buch des Lebens, wie es heißt. Sie haben also mit der Kirche Christi gleichsam den Atem der Ewigkeit.

Mit seiner dämonischen Macht gelingt dem Tier das Meisterstück, die Völker der Erde zu einer weltumspannenden (globalen) Ordnung zusammenzuschließen. Vielleicht dürfen wir einmal – hellhörig – darüber nachdenken, was es mit den ständig wachsenden Konzernen auf sich hat, bei denen zwar alles vereinigt und vereinnahmt, alles Kleine, alles Individuelle aber zerstört wird. Am Ende ist alles in einer Hand – das ist auffällig.

Oder zwei weitere Beispiele: Es macht nachdenklich, wenn der Präsident Amerikas, das stark unter dem Einfluss der Freimaurerei steht, den Vorschlag macht, man wolle eine Weltregierung unter der Führung der USA. Man könnte dann erfahrungsgemäß dort nichts werden, wenn man nicht Freimaurer wäre. So etwas könnte wie ein Versuch einer politischen Einigung aussehen, bei der wir die Hintermänner und ihr System noch gar nicht entdeckt haben.

Was bedeutet es z.B., dass bei der Ausbildung zum Heilpraktiker wie selbstverständlich das Schamanentum und esoterische, okkulte Elemente dazugehören! Das sind okkulte Praktiken sogar bei der Aus- und Weiterbildung von Ärzten? Wir müssen auch hier hellhörig sein! Hinter dieser Art, die Welt zu vereinen, sieht Johannes die Macht der Finsternis, wie es Lk 22,53 auch andeutet. Hier sind dämonische Mächte angesprochen, mit denen wir rechnen müssen. So vermag das Tier die göttliche Verehrung seiner selbst und des Drachen durchzusetzen. Die Bewohner der Erde, also jene, deren Namen nicht im Buch des Lebens eingetragen sind, fügen sich bereitwillig dieser Forderung, denn für sie ist das Irdische das Erste und Wichtigste. Die Heiligen jedoch beugen davor nicht ihre Knie, unterwerfen sich nicht der Anerkennung dieses Tieres, weil sie sicher wissen, dass der Herr wiederkommt.

Es werden im Gegenteil klare Fronten geschaffen, sagen uns die Verse 13,9f: *Wenn einer Ohren hat, so höre er. Wer zur Gefangenschaft bestimmt ist, geht in die Gefangenschaft. Wer mit dem Schwert getötet werden soll, wird mit dem Schwert getötet. Hier muss sich die Standhaftigkeit und die Glaubenstreue der Heiligen bewähren.* Wer Gott und Christus die Treue halten will, wird aus der Gesellschaft ausgeschieden. Das berichten schon Jer 15,2 und ähnlich Jer 43,11. So früh schon finden wir diese Hinweise. Das Schicksal der Besiegelten ist Gefängnis oder Tod. Darauf muss man gefasst sein. Hinter allem allerdings steht ermutigend die Kraft des Herrn, die Aussicht, die uns vorher durch den Blick auf den himmlischen Thronsaal geschenkt wurde, der ewig schon für uns bereitet ist. Unter der allumfassenden Herrschaft des Antichristen kann man kaum mehr einer letzten Entscheidung ausweichen. Es kann keiner mehr sozusagen ein bisschen zu Christus, ein bisschen zur Welt gehören. Das war auch schon bei Hitler und im Kommunismus zu beobachten. Durch die prophetische Vorausschau, die uns Christus durch den Engel an Johannes gegeben hat, ist die Kirche sozusagen eine Kirche ohne Illusionen. Sie kennt ihr Los auf Erden, das dem ihres Herrn und Meisters ähnlich ist. Wir dürfen nie vergessen, dass wir nicht das Paradies auf Erden besitzen. Wenn das kommt, dann ist es ewig und dauert nicht nur ein paar Stunden oder ein paar Tage.

Das zweite Tier im Dienst des ersten

Im Vers 13,11 taucht ein weiteres Ungeheuer auf: *Und ich sah: Ein anderes Tier stieg aus der Erde herauf. Es hatte zwei Hörner wie ein Lamm, aber es redete wie ein Drache.* Das scheint zunächst harmlos zu sein, raffiniert getarnt in der Gestalt eines friedlichen, unschuldigen Lammes. Aber seine Hörner – wir wissen das schon – deuten auf Macht hin. Zusammen mit den zehn Hörnern des ersten Tieres ergibt sich die Vollzahl zwölf, denn das zweite Tier ist mit dem ersten Tier verbündet; es vollendet die Macht des ersten Tieres. Das Diadem, Zeichen der Herrschaft, fehlt bei ihm, denn es steht ganz im Dienst des ersten Tieres. Man könnte es auch einen Propheten des ersten Tieres nennen.

Dieses zweite Tier steigt vom (Fest-) Land – von der Insel Patmos aus gesehen – auf, wo Johannes all dies schaute; das Land ist Kleinasien. Sein ungefährlich wirkendes Aussehen ist nur eine geschickte Tarnung; denn das Tier redet wie der Drache: Man weiß gleich, wessen Geistes Kind es ist. Es ist gleichsam der Theologe und Prophet des Antichristen. In Offb 16,13 kommen *später aus dem Maul des falschen Propheten drei unreine Geister hervor, die wie Frösche aussahen.* In Offb 19,20 lesen wir dann: *Aber das Tier wurde gepackt und mit ihm der falsche Prophet; er hatte vor seinen Augen Zeichen getan und dadurch alle verführt, die das Kennzeichen des Tieres angenommen und sein Standbild angebetet hatten. Bei lebendigem Leib wurden beide in den See von brennendem Schwefel geworfen.* Das ist dann das Ende, aber jetzt sind wir noch mittendrin im Kampf gegen den Lügenpropheten, den Jesus schon in Mt 7,15 anspricht. Dieser dürfte nicht nur eine politische Erscheinung sein, sondern evtl. auch eine geistige Größe. Dieses zweite Tier stellt ja der Welt das erste vor und macht es in der Welt bekannt, offenbart auch seine Macht. Hier ist wieder die nachgemachte Ähnlichkeit zu sehen, ein Gegenbild zum wahren Gott mit Jesus Christus und dem Heiligen Geist. Der Drache mit den beiden Tieren ist gleichsam die satanische Dreieinigkeit.

In Vers 13,12 taucht noch einmal die geheilte tödliche Wunde auf: *Die ganze Macht des ersten Tieres übte es vor dessen Augen aus. Es brachte die Erde und ihre Bewohner dazu, das erste Tier anzubeten, dessen tödliche Wunde geheilt war.* Das Tier ist ja eine Nachäffung Christi. Das zweite Tier als eine Nachäffung Christi ist vom ersten bestellt und ausgerüstet zur unbegrenzten Machtergreifung des ersten Tieres; es soll die Menschen dazu bringen, das erste Tier anzubeten, es gleichsam als Gott zu erklären. Hier geht es nicht um eine philosophische Weltanschauung, sondern um religiöse Verklärung der Weltmacht des Antichristen, um die Menschheit dazu zu bringen, diesen anbetend zu verehren. Die Gestalt des falschen Propheten nimmt also priesterliche Züge an. Auch hierfür gibt es in unserer Zeit Anzeichen, eigentümliche Phänomene.

Da gibt es diesen sog. Matreya-Christus, der vom Himalaya kommt und jetzt in England lebt. Er nennt sich *Messias der Christen, Messias der Juden und Messias der Moslems.* Er verspricht, die ganze Welt in Frieden zu vereinigen. Benjamin Grewe ist so eine Art Prophet dieses Matreya-Christus, der Bücher schreibt und überall predigt. Es gab schon Vorträge von ihm im Großen Saal in München über das Kommen des Matreya-Christus. Es gibt auch eine Weltzeitschrift mit Bildern von seinen Auftritten an verschiedenen Orten in der Welt, wo er große Zeichen und Wunder gewirkt haben soll, dann aber wieder verschwand. Ob dies nur ein vorübergehendes Vorspiel oder schon real ist, bleibe dahingestellt. Es war allerdings zu lesen, dass bei Zusammenkünften, in denen man etwas plante, auch hohe politische Beamte der USA anwesend waren, die nur noch von einer geistigen Macht eine Veränderung der Welt erwarten, weil sie sehen, dass es rein wirtschaftlich, politisch etc. nicht mehr vorangeht.

Mit dem Herrn leben

Letztlich wissen nur wir Christen, wo es endgültig hingeht. Aber wir spüren auch deutlich, dass der Augenblick kommt, da wir uns entscheiden müssen, am besten gleich, sonst könnte es zu spät sein. Später könnten wir vielleicht Angst bekommen und abfallen. Deswegen sollten wir ein intensives Leben mit Christus führen und nicht zu lange mit der Entscheidung warten. Unter Hitler z.B. sind viele sozusagen „umgefallen". Nach dem Krieg gab es sogenannte „alte Nazis", die sich dann sozusagen wieder „taufen" ließen, heimlich kirchlich getraut werden wollten. Sie waren in der Nazizeit nicht standhaft genug. Deshalb müssen wir heute schauen, dass wir sozusagen auf die Füße kommen, sonst werden wir die entscheidenden Augenblicke nicht überstehen. Wir brauchen den Geist Gottes, damit wir im Geist und in der Wahrheit anbeten, d.h. dass der Geist in uns betet, dass er unsere Kraft ist. Das geschieht nicht von selbst, sondern da muss ich bewusst und in Freude mit dem Herrn leben. Dann kann ich auch die Apokalypse lesen, ohne Angst zu bekommen, weil ich weiß, dass es auf den Sieg zugeht. Alle Feinde Gottes müssen IHM dienen, auch wenn sie uns umbringen sollten!

Die Wunderzeichen des Tieres

Die Verse 13,13–18 berichten konkret von den Zeichen des Tieres: *Es tat große Zeichen; sogar Feuer ließ es vor den Augen der Menschen vom Himmel auf die Erde fallen. Es verwirrte die Bewohner der Erde durch die Wunderzeichen, die es im Auftrag des Tieres tat; es befahl den Bewohnern der Erde, ein Standbild zu errichten zu Ehren des Tieres, das mit dem Schwert erschlagen worden war und doch wieder zum Leben kam. Es wurde ihm Macht gegeben, dem Standbild des Tieres Lebensgeist zu verleihen, so dass es auch sprechen konnte und bewirkte, dass alle getötet wurden, die das Standbild des Tieres nicht anbeteten. Die Kleinen und die Großen, die Reichen und die Armen, die Freien und die Sklaven, alle zwang es, auf ihrer rechten Hand oder ihrer Stirn ein Kennzeichen anzubringen. Kaufen oder verkaufen konnte nur, wer das Kennzeichen trug: den Namen des Tieres oder die Zahl seines Namens. Hier braucht man Kenntnis. Wer Verstand hat, berechne den Zahlenwert des Tieres. Denn es ist die Zahl eines Menschennamens; seine Zahl ist sechshundertsechsundsechzig.*

Es wird hier die Zahl eines Menschennamens genannt. Im Hebräischen birgt jeder Buchstabe auch eine Zahl. Ein Beispiel dafür möge das Wort „Computer“ sein. Würden wir es in Zahlen umwandeln – das C ist eine Drei – würden dann alle für die Buchstaben gewonnenen Zahlen addieren und das Ergebnis mit 6 multiplizieren, kämen wir auf 666. Bei manchen Kochrezepten, auf manchen Bankauszügen oder beim Barcode auf vielen Warenverpackungen können wir immer wieder auf diese 666 stoßen. Bei schwarzen Autos mit der Nummer 666 kann man sogar davon ausgehen, dass diese Nummer wohl bewusst gewählt wurde. Laut einer mündlichen Überlieferung dürfen die Christen überzeugt sein, dass ihnen die notwendige Weisheit übernatürlich geschenkt wird, damit sie den Antichristen erkennen. Das sagt schon der hl. Irenäus im 2. und 3. Jahrhundert. Gott wird uns nicht verlassen. Jesus, der wirkliche Messias, braucht keine Wunderzeichen, um seine göttliche Sendung zu beweisen. Auch wir sollen uns nicht zur Schau stellen (vgl. Mt 6,1–4). Jesus will immer nur auf Gott hinweisen. Der Lügenprophet aber bringt für sich große Schauwunder hervor, wie es schon in Mt 24,24 heißt.

Die Gabe der Unterscheidung

Deshalb ist es so wichtig, dass wir immer wieder um den Geist der Unterscheidung bitten – wie wir schon sagten. Viele aus unsern Reihen meinen – durch trügerischen Anschein getäuscht – da komme etwas Gutes heraus, also sei es gut. Man geht z.B. zu einem Reiki-Meister, hat keine Kopfschmerzen mehr, meint dann, es sei gut; das ist eine irrige Schlussfolgerung! Ich muss richtig fragen: Wer tut das? Mit welcher Kraft tut er es? Der Teufel kann auch Schauwunder und Heilungswunder wirken, aber er verlangt dann einen Preis: Meistens verschiebt sich in solchen Fällen das Phänomen der Krankheit nur, und bald hat man anderswo neue Schmerzen. Das bringt für den Heiler wieder neues Geld. Letztlich aber geht es dabei um meinen Glauben, der wird durch solche Fehlentscheidungen immer „dünner", unsicherer, verwischter, verschwommener, bis er geschwunden ist. Immer aber muss ich beim Gegner Gottes einen Preis zahlen. Ich muss also auf die Wurzel solcher Ereignisse schauen, ob die gut ist. Dann ist auch die Frucht gut. Jedesmal muss ich prüfen, wes Geistes Kind der ist, der solche Dinge tut, keineswegs mich irreführen lassen! Paulus drückt es so aus: *Der Gesetzwidrige aber wird, wenn er kommt, die Kraft des Satans haben. Er wird mit großer Macht auftreten und trügerische Zeichen und Wunder tun* (2 Thess 2,9). Hier beschreibt er die heutige Zeit sehr genau. Diese Schein- und Schauwunder verfehlen leider ihre Wirkung auf die Menschen nicht. Dem Lügenpropheten gelingen sogar Wunder wie Elija in 1 Kön 18,38.

Nachdem der Glaube der Erdenbewohner für den Antichristen geweckt ist, werden diese zum entsprechenden Kult geführt. Das Standbild soll das Tier mit seiner irdischen Allmacht dauernd im Bewusstsein der Menschen wachhalten. Illustriert wird das z.B. durch die Tatsache, dass bestimmte Diktatoren wie Hitler, Lenin, Saddam Hussein usw., überall ihre Standbilder aufstellen ließen;

das ist vielleicht sozusagen schon ein Vorgeschmack dafür. Das Standbild, hier das Tier, beginnt die Denkart und Urteilskraft der Menschen zu beherrschen, regt Philosophen an, inspiriert Dichter. Wir müssen bedenken, dass hier mächtige dämonische Kräfte walten. Sie können Großartiges vollbringen, z.B. in der Literatur, aber das sind dann Eingebungen der Gegenseite Gottes. Die Grundeinstellung in der Gesellschaft wird so vom Geist des Tieres bestimmt; die Öffentlichkeit identifiziert sich mit ihm. Für den, der sich dagegen wehrt, ist kein Platz mehr in der Weltgemeinschaft. Er kann ohne das eingeprägte Kennzeichen nichts mehr kaufen und verhungert. Er spricht sich sozusagen selbst das Todesurteil. So zwingt das zweite Tier, der falsche Prophet, die Menschen dazu, gleichsam Farbe zu bekennen. Das ist wieder eine der uns schon bekannten Nachäffungen, ähnlich dem Siegel Gottes, das auch die Auserwählten auf ihrer Stirn tragen und das in der Apokalypse öfter als sakramentales Siegel des lebendigen Gottes vorkommt, das Siegel des Hl. Geistes, das uns in Taufe und Firmung eingeprägt wurde, z.B. in Offb 7,4 und Offb 14,1–3:

Das Lamm und sein Gefolge

Nach den erschreckenden Bildern dürfen wir nun im Kapitel 14 doch noch etwas Liebenswürdiges, Tröstliches schauen, nämlich das Lamm mit seinem Gefolge. Die Kirche wird geschützt, denn sie hat die Verheißung, dass sie nicht untergehen wird. Auf dem Höhepunkt des endgeschichtlichen Kampfes, schon im 11. Kapitel, wurde im Tempel ein Bezirk abgesteckt. Seine abgesteckten Grenzen (der Vorhof des Tempels gehörte den Heiden) dürfen von den anstürmenden höllischen Mächten nicht überrannt werden. Dieses Bild gibt Antwort auf die Frage, ob bei diesem mörderischen Kampf von der Kirche Gottes überhaupt noch etwas auf Erden übrigbleibt. Unter dem Schutz des Lammes aber, das in ihrer Mitte ist, können die Auserwählten sich sicher und geborgen wissen.

So sagt uns nun der Vers 14,1: Und ich sah: *Das Lamm stand auf dem Berg Zion, und bei ihm waren hundertvierundvierzigtau-*

send; auf ihrer Stirn trugen sie seinen Namen und den Namen seines Vaters. Schauplatz ist der Zion, der Tempelberg (auch die Tempelstadt) in Jerusalem, also auf der Erde. Schon die Propheten weissagten, dass der Zion die Zufluchtsstätte für die Heilsgemeinde der Endzeit sein werde, wie z.B. bei Joël 3,5 und Joël 4,17. Zion ist hier auch Symbol für die Kirche. Das Lamm wird uns hier als Sieger vorgestellt. Es ist umgeben von den hundertvierundvierzigtausend Auserwählten, das sind zwölfmal zwölf. Auf der Stirn eingeprägt ist das Zeichen der Zugehörigkeit zum Lamm, nämlich sein Name und der Name Gottes.

Das neue Lied

In den Versen 14,2f ist vom Lied der hundertvierundvierzigtausend die Rede: *Dann hörte ich eine Stimme vom Himmel her, die dem Rauschen von Wassermassen und dem Rollen eines gewaltigen Donners glich. Die Stimme, die ich hörte, war wie der Klang der Harfe, die ein Harfenspieler schlägt. Und sie sangen ein neues Lied vor dem Thron und vor den vier Lebewesen und vor den Ältesten. Aber niemand konnte das Lied singen lernen außer den hundertvierundvierzigtausend, die freigekauft und von der Erde weggenommen worden sind.* Nur die hundertvierundvierzigtausend können das Lied singen. Es geht hier – wie wir schon sagten – um die irdische Kirche. Die ganze Szene ist in das verklärte Licht der kommenden Vollendung eingetaucht. Inmitten der Vergänglichkeit des Irdischen sind die Versammelten schon im Einklang mit ihrer endgültigen Gestalt, wie es die Stimme aus dem Himmel eigens andeutet. Das Dröhnen gewaltiger Donner begegnete uns schon in früheren Bildern als Ausdruck der Majestät Gottes, aber auch der Erhabenheit der himmlischen Welt. Die Gefolgschaft des Lammes macht den Eindruck einer überlegenen Ruhe und einer unbeirrbaren Sicherheit.

Auf dem Hintergrund des vorher Geschauten (Drache, Tiere) sind die Auserwählten bereits jetzt auf Erden durch das Lamm in ihrer Mitte mit den seligen Scharen im Himmel verbunden. Sie vernehmen deren Lied und dürfen es sich jetzt schon zu eigen machen. Es ist ein Siegeslied auf den vorausgeschauten Endsieg des Lammes und auch auf die Vollendung der Gottesherrschaft. Wer sein Leben wie das Lamm ganz hingibt, kann Gott wahrhaft anbeten, d.h. er kann Gott absolut und ohne Einschränkungen anerkennen im Lobpreis. Der Lobpreis ist die betende Fortsetzung der Hingabe.

.

Die Auserwählten des Lammes

In den Versen 14,4f folgt eine weitere Beschreibung derer, die bei dem Lamm sind: *Sie sind es, die sich nicht mit Weibern befleckt haben; denn sie sind jungfräulich. Sie folgen dem Lamm, wohin es geht. Sie allein unter allen Menschen sind freigekauft als Erstlingsgabe für Gott und das Lamm.* Denn in ihrem Mund fand sich keinerlei Lüge. Sie sind ohne Makel. Das Wichtigste, was hier von ihnen ausgesagt wird, ist ihre Jungfräulichkeit, Zeichen der ungeteilten Hingabe an den Herrn und seine Sache. Die Kirche, zu der wir alle gehören, ist sowohl Jungfrau als auch Mutter. In der Ewigkeit sind wir dann nur noch im Jungfrauenstand, sind die Kirche als Braut. Manche, die schon jetzt in dieser Welt dazu berufen sind, machen das sichtbar, was es heißt, ganz Christus zu gehören, ganz für ihn verfügbar sein, wie es in Mt 19,12 von Jesus selbst beschrieben wird. Paulus spricht in 1 Kor 7,32 davon. Und in 2 Kor 11,2 schreibt er den verheirateten Korinthern: ... *ich habe euch einem einzigen Mann verlobt, um euch als reine Jungfrau zu Christus zu führen.* Damit meint Paulus die Kirche als Ganzes, als jungfräuliche Braut des Lammes, deren Hochzeit in Offb 19,7 angekündigt wird. Die Freiheit vollkommener Liebe bindet alle Auserwählten an den Herrn. Ihre Bereitschaft, dem Herrn zu folgen, schreckt vor nichts zurück, selbst wenn der Weg in den Tod führt. Mit dem Wort *Erstlingsgabe* wird angedeutet, dass mit ihnen der Anfang gemacht ist, dass die Kirche die ganze Welt zu Gott heimführt. Sie steht deshalb in der Welt als Hoffnungszeichen, als Verheißung einer heilen Zukunft für die gesamte Schöpfung Gottes.

Das letzte Merkmal für die Gefolgschaft des Lammes ist die

unbedingte Wahrhaftigkeit. Keine Lüge findet sich in ihnen. Wer Gott angehört, dessen Wesen Wahrhaftigkeit und Zuverlässigkeit ist, kann nicht mehr dem *Vater der Lüge*, dem Satan, dienen. Lauterkeit im Denken und in der Gesinnung, Wahrhaftigkeit im Wort, Zuverlässigkeit in Handel und Wandel, das alles ist heute gar nicht so selbstverständlich und auch nicht leicht zu leben. Nur eine klare Persönlichkeit kann im Lichte Gottes, das Wahrheit ist, bestehen. Die innere Wirklichkeit der Gemeinschaft der Heiligen ist in diesem Bild vom Gefolge des Lammes vollständig gezeichnet. Alle Gläubigen stehen bereits auf Erden in der Gottesherrschaft, sind verbunden mit dem Herrn in ihrer Mitte als ihrem Hirten und Heiland. Inmitten des Kampfes, der mit dem Tier, dem Drachen und den falschen Propheten tobt, schaut Johannes das tröstliche Bild des Sieges. Deshalb nennen wir die Geheime Offenbarung auch ein Buch des Trostes und der Hoffnung.

XI. Gericht und letzte Plagen

Offb 14,6–16,21

Die Ankündigung des Gerichts

Nun geht es um die Vorbereitung auf das Endgericht. Klar abgesteckt sind die beiden Heerlager, das Heerlager des Lammes mit denen, die ihm folgen, und das Heerlager des Drachen mit seinen zwei Tieren. Der kleinen Herde in der Gefolgschaft des Lammes ist Bewahrung zugesagt. (vgl. Lk 12,32) Die endgültige Auseinandersetzung kann nun beginnen.

Vier Botschaften vom Himmel hören wir in 14,6f: *Dann sah ich: Ein anderer Engel flog hoch am Himmel. Er hatte den Bewohnern der Erde ein ewiges Evangelium zu verkünden, allen Nationen, Stämmen, Sprachen und Völkern. Er rief mit lauter Stimme: Fürchtet Gott, und erweist ihm die Ehre! Denn die Stunde seines Gerichts ist gekommen. Betet ihn an, der den Himmel und die Erde, das Meer und die Wasserquellen geschaffen hat.* Diese erste und die vierte der Botschaften betreffen das Heil, die zweite und die dritte sprechen vom Gericht. Die ersten drei werden von Engeln ausgerichtet, die letzte kommt von der Stimme eines Unsichtbaren.

Der erste Engel, wie wir lesen, fliegt hoch im Zenit, wo schon früher der Adler schwebte, der das dreifache „Wehe" über die ganze Erde herabrief. Dieser (erste) Engel hat eine Heils-Botschaft für alle Menschen, die von Gott nichts wissen (die anderen folgen bereits dem Lamme). Gott bietet das Heil noch einmal allen an, ruft alle noch einmal kurz vor dem Ende zur Umkehr, gleichsam als letztes Angebot.

In Vers 14,8 folgt dann der zweite Engel: *Ein anderer Engel, ein zweiter, folgte und rief: Gefallen, gefallen ist Babylon, die Große, die alle Völker betrunken gemacht hat mit dem Zornwein ihrer Hurerei.* Er spricht von einem bereits vollstreckten Gericht; es ist eine prophetische Voraussage in der Vergangenheitsform. Diese bedeutet, dass es unbedingt sicher ist, dass der Sturz Babylons kommen wird. Babylon als Stadt des Antichristen ist schon im Alten Testament in alten Prophezeiungen immer das Gegenbild zu Jerusalem, der Stadt Gottes. Babylon steht für die Verführung der ganzen Welt zur Abgötterei. Der *Zornwein*, der hier eingeschenkt wird, ist Bild dafür, dass ein solcher Abfall immer schon das Gericht in sich trägt. Jesus drückt das einmal so aus: *Wer mich verachtet und meine Worte nicht annimmt, der hat schon seinen Richter: Das Wort, das ich gesprochen habe, wird ihn richten am Letzten Tag.* (Joh 12,48). Babylon ist auch die Reichshauptstadt des Tieres. Sie steht in der Geschichte nicht nur damals, sondern zu allen Zeiten und grundsätzlich gegen den Zionsberg, gegen den Sitz des Lammes, wie es auch Offb 14,1–5 sagt.

Der dritte Engel in 14, 9–11 wendet sich mit einer Warnung an alle Tieranbeter: *Ein anderer Engel, ein dritter, folgte ihnen und rief mit lauter Stimme: Wer das Tier und sein Standbild anbetet und wer das Kennzeichen auf seiner Stirn oder seiner Hand annimmt, der muss den Wein des Zornes Gottes trinken, der unverdünnt im Becher seines Zorns gemischt ist. Und er wird mit Feuer und Schwefel gequält vor den Augen der heiligen Engel und des Lammes. Der Rauch von ihrer Peinigung steigt auf in alle Ewigkeit, und alle, die das Tier und sein Standbild anbeten und die seinen Namen als Kennzeichen annehmen, werden bei Tag und Nacht keine Ruhe haben.*

Auch diese dritte Botschaft ist Ansage eines Gerichts, eine Warnung an alle, die das Tier anbeten, das vom Drachen alle Vollmacht bekommen hat. Auch hier sehen wir wieder das ständige Ringen Gottes um jeden Menschen. Das Ziel Gottes – auch bei jeder Gerichtsandrohung – ist immer die Umkehr. Aber es ist sehr schwer, die Menschen zur Besinnung zu bringen. Wenn es ihnen gut geht, wenn sie ihren Trieben nachgehen können, wie es ihnen gerade passt, sind sie kaum ansprechbar. Es sieht aus, als ob sie keine Vernunft mehr hätten. Sie haben ja nicht nur Gott und seinen Gesalbten verraten, sondern auch sich selbst als Ebenbild Gottes (vgl. Gen 1,26) zerstört. Christen, die in der Taufe zu einem *anderen Christus*, zum Leib Christi, geworden sind, haben darüber hinaus auch das Abbild des Sohnes Gottes verleugnet. Ihnen ist in der Taufe ein unauslöschliches Siegel eingeprägt worden. Für ihren Frevel wird ihnen der Wein des göttlichen Zornes unverdünnt gereicht, d.h. ohne Gnade, ohne Barmherzigkeit. Sie begegnen der reinen Gerechtigkeit Gottes, weil sie seine Barmherzigkeit nicht angenommen haben. Sie wählen freiwillig die Gerechtigkeit. Jesus sagte zu Schwester Faustyna: *Wer nicht durch das Tor der Barmherzigkeit will, muss durch das Tor der Gerechtigkeit.* Dann aber kann kein Mensch bestehen. Der Zusatz im obigen Text: *vor den Augen der heiligen Engel und des Lammes* meint, dass die Verdammten nie vergessen können, dass und wie sie erlöst worden sind, nämlich durch das Leiden Jesu. Sie wissen auch, wie Gott sie ständig zu retten versucht hat. Sie haben alle Möglichkeiten gehabt, die Engel erinnerten sie stets daran. Der Hebräerbrief spricht es aus: *Sind sie nicht alle nur dienende Geister, ausgesandt, um denen zu helfen, die das Heil erben sollen?* (Hebr 1,14) Gegen dieses Strafurteil gibt es dann keine Revision mehr, und der Mensch bleibt eine Ewigkeit lang in seiner Verstocktheit.

Die Bewährung der Heiligen

Die Verse 14,12f sprechen dann von Bewährung: *Hier muss sich die Standhaftigkeit der Heiligen bewähren, die an den Geboten Gottes und an der Treue zu Jesus festhalten. Und ich hörte eine Stimme vom Himmel her rufen: Schreibe! Selig die Toten, die im Herrn sterben, von jetzt an; ja, spricht der Geist, sie sollen ausruhen von ihren Mühen; denn ihre Werke begleiten sie.* Johannes wiederholt nochmals seinen Aufruf zur Standhaftigkeit. Glaube muss in einer Bewährung gewachsen sein, in der die menschliche Existenz, also mein Leben, auf dem Spiel steht. Das Mahnwort des Johannes wird vom Himmel durch eine Seligpreisung bestätigt, die denen gilt, die sich in der Verfolgung bewährten und den Zeugentod starben. Johannes wird aufgefordert, das aufzuschreiben. Tod ist also nicht Ende, sondern Übergang vom Vorläufigen zum Endgültigen.

Der Menschensohn

Nachdem diese vier Stimmen verklungen sind, erscheint die Hauptperson dieser Gerichtsverhandlung, der Menschensohn (in Vers 14): *Dann sah ich eine weiße Wolke. Auf der Wolke thronte einer, der wie ein Menschensohn aussah. Er trug einen goldenen Kranz auf dem Haupt und eine scharfe Sichel in der Hand.* Drei Engel und die Stimme des Unbekannten gingen dem Erscheinen des Menschensohnes voraus. Drei weitere werden später folgen. Ganz am Anfang in der Berufungsvision in Offb 1,12f wurde Christus mit dem gleichen Namen, dem Titel *Menschensohn*, vorgestellt. Auch damals kam er auf den Wolken des Himmels, die Wolke als Bild der Gegenwart Gottes.

Ähnliches finden wir in Dan 7,13. Daniel hatte auch eine Vision und da kam mit den Wolken des Himmels einer wie ein Menschensohn. Jesus spielte in Mt 24, 30, ebenso in Mt 26,64 auf Daniel an. Der Menschensohn ist gekrönt mit einem goldenen Kranz, dem Zeichen des Sieges und der Herrschaft. In der Hand hält er das Symbol des Richteramtes, nämlich eine Erntesichel.

Das Gericht

Jetzt kommen die ihm nachfolgenden drei Engel. *Und ein anderer Engel kam aus dem Tempel und rief dem, der auf der Wolke saß, mit lauter Stimme zu: Schick deine Sichel aus und ernte! Denn die Zeit zu ernten ist gekommen: Die Frucht der Erde ist reif geworden.* Der vierte Engel kommt also aus dem Tempel, dem Ort der Gegenwart Gottes. Er überbringt dem Menschensohn den Befehl des Vaters, mit der Sichel zu ernten, denn der Vater allein bestimmt die Stunde, wie in Mt 24,36 gesagt wird. Wir können hier wieder in der Hl. Schrift die Logik, die Zusammenhänge, die Einheit entdecken. So etwas kann man nicht „machen“. Diese Schriften stammen von verschiedenen Verfassern, durch die Gott uns sein Wort schenkt.

Die Verse 14.17–20 zeigen uns den Vorgang der Ernte: *Und ein anderer Engel trat aus dem himmlischen Tempel. Auch er hatte eine scharfe Sichel. Vom Altar her kam noch ein anderer Engel, der die Macht über das Feuer hatte. Dem, der die scharfe Sichel trug, rief er mit lauter Stimme zu: Schick deine scharfe Sichel aus und ernte die Trauben vom Weinstock der Erde! Seine Beeren sind reif geworden. Da schleuderte der Engel seine Sichel auf die Erde, erntete den Weinstock der Erde ab und warf die Trauben in die große Kelter des Zornes Gottes. Die Kelter wurde draußen vor der Stadt getreten, und Blut strömte aus der Kelter; es stieg an, bis an die Zügel der Pferde, eintausendsechshundert Stadien weit.* Bei diesem Gerichtsakt präsidiert nicht der Menschensohn, sondern ein Engel, dem durch einen anderen von Gott befohlen wird, das Zeichen zur Ernte zu geben und sie einzubringen. Ähnlich steht es auch in Mt 13,41, in Mt 24, 31 und in Mk 13, 27.

Der Engel, der den Befehl überbringt, kommt vom Altar her, an dessen Fuß die Seelen der Martyrer um baldiges Gericht über die Verfolger gebeten haben. Wir erinnern uns an Offb 6,9-10. Dann heißt es, der Engel habe Gewalt über das Feuer. Das erinnert an eine frühere Vision in Offb 7,1 und an eine weitere in Offb 8, 3. Nachdem dort der Engel die Gebete der Heiligen auf den Altar des Himmels gelegt hatte, nahm er Feuer von dem Altar und warf es auf die Erde. Das Zorngericht Gottes zeigt sich – wie wir schon sahen – in irdischen Katastrophen. Mit den Worten *Zorneskelter Gottes* und *Blut* wird das Gericht über die Gottlosen angedeutet. In den Bildern von der Weizen- und der Traubenernte wird die Heimholung der Auserwählten dargestellt. Auch die Trauben des Bösen lässt Gott bis zur Reife wachsen, ehe sie außerhalb der Stadt gekeltert werden. Jesus sagt das schon in Mt 13,30. Auch der Prophet Joël verlegt das Gericht über die Heiden vor die Mauern Jerusalems ins Tal Joschafat (vgl. Joël 4,1-2) Ähnlich finden wir auch bei Joël 4,12f das Bild von der überlaufenden Gerichtskelter. Der Strom von Blut, mit einem Tiefen- und Längenmaß bezeichnet, zeigt uns, wie furchtbar das Gericht sein wird. Mit der Zahl eintausendsechshundert wird symbolisch angedeutet, dass kein Gottloser dem Gericht Gottes entgehen wird, das zwei Seiten hat, eine lichte – das ist die Erwählung – und eine düstere – das ist die Verwerfung. Die Vorentscheidung des Menschen für oder gegen den Menschensohn ist die Entscheidung des Gerichts, die eigentlich schon in unserem Leben erfolgt, im Grunde jetzt nur offenbar wird.

Die Schalenvisionen

Auch hier, im Kapitel 15, finden wir wieder eine Siebener-Gruppierung; nach den sieben Siegeln folgen nun die sieben Schalen. Nach der Ankündigung des Gerichtes werden nun in Einzelbildern genauere Angaben dazu gemacht: der Aufruf zur Bekehrung, Babylons Sturz, das Gericht über die Gottlosen. Der letzten Aufforderung zur Umkehr in den Versen 14,6f folgt nun die letzte Mahnung Gottes in den Schalenplagen. Auch diese letzte Siebener-Reihe von *Zuchtmitteln* Gottes ist letztlich nicht auf Bestrafung aus, sondern (wie immer) auf Bekehrung. Auch hier sind die Zuchtmittel, wie wir das gewöhnlich nennen, nichts anderes als die Folge menschlichen Handelns. Gott überlässt den Menschen seinem eigenen Tun, nimmt ihm also gleichsam die Gnade weg, die das ausgleicht, was durch die Sünde verloren wurde. Der Mensch soll dadurch spüren, was er tut, damit er umkehren und die Erlösung in Anspruch nehmen kann. Es wäre gut, wenn alle Christen genau erführen, was der Verlust der Gnade bedeutet. Ohne Gnade wären wir verloren, würden sehen, dass in uns und um uns nur noch Sinnlosigkeit und Leere herrschten. Wir nehmen leider die uns geschenkte Fülle des Lebens, die Zufriedenheit und die Stärke im Leid als allzu selbstverständlich hin, vielleicht sogar mit einer inneren Freude. Dabei vergessen wir aber oft völlig, dass dies alles Wirken des Geistes ist, Wirken des göttlichen Lebens in uns. Wir sind leider allzu oft nicht mehr dankbar dafür. Im Blick auf viele Menschen, z.B. die Martyrer des 20. Jahrhunderts, sehen wir, wie sie in einer inneren Freiheit Ja sagen und ihr Leben geben konnten.

Heimsuchungen zum Heil

Die Schalen, die jetzt beschrieben werden, sollen also nach Gottes Absicht Heimsuchungen zum Heil sein. Mehrmals wird gesagt, dass dieser Zweck nicht erreicht wurde, z.B. auch später in Offb 16,11 und Offb 16,21. Die Menschen haben hier wie dort Gott erst recht verflucht. Das ist unbegreiflich!

Vers 15,1 ist eine Art Überschrift: *Dann sah ich ein anderes Zeichen am Himmel, groß und wunderbar. Ich sah sieben Engel mit sieben Plagen, den sieben letzten; denn in ihnen erreicht der Zorn Gottes sein Ende.* Es geht also um die letzten Heimsuchungen Gottes vor dem Weltgericht und vor dem Weltende. Sie werden nicht mehr begrenzt; sie treffen vielmehr das gesamte Universum. Am Anfang waren es Erde, Wasser und dann der Mensch. Jetzt – so könnte man sagen – ist es ohne Maß, alles ist davon betroffen. Auf der Erde richten sich die Katastrophen besonders gegen das Reich des vom Drachen stammenden Tieres. Gott stellt sich dem Versuch der antigöttlichen Welt entgegen, sich der absoluten Herrschaft Gottes zu entziehen. Das Tier will zwar herrschen und alles in Einheit und Frieden für sich besitzen, aber diese antichristliche Welt wird durch das nun Kommende gestört und wirksam gehindert. Alles soll wieder Anstoß zur Besinnung sein, aber es trägt auch den Charakter der Strafe in sich. Von daher können wir die gesamte Weltgeschichte gleichsam als ein vorläufiges Weltgericht sehen. Johannes schaut in dieser Vision einen bedeutsamen Vorgang, der sich im Himmel abspielt. Er nennt ihn *groß und wunderbar*, weil er menschliche Vorstellungen übersteigt. Sieben Engel stehen am Himmelsgewölbe, sind bereit, die letzten Plagen zu vollstrecken.

Der Thronsaal Gottes

In den Versen 15,2–8 sieht Johannes ein Bild aus dem Himmel: *Dann sah ich etwas, das einem gläsernen Meer glich und mit Feuer durchsetzt war. Und die Sieger über das Tier, über sein Standbild und über die Zahl seines Namens standen auf dem gläsernen Meer und trugen die Harfen Gottes. Sie sangen das Lied des Mose, des Knechtes Gottes, und das Lied zu Ehren des Lammes: Groß und wunderbar sind deine Taten, Herr, Gott und Herrscher über die ganze Schöpfung. Gerecht und zuverlässig sind deine Wege, du König der Völker. Wer wird dich nicht fürchten, Herr, wer wird deinen Namen nicht preisen? Denn du allein bist heilig: Alle Völker kommen und beten dich an; denn deine gerechten Taten sind offenbar geworden. Danach sah ich: Es öffnete sich der himmlische Tempel, das Zelt des Zeugnisses im Himmel. Und die sieben Engel mit den sieben Plagen traten heraus; sie waren in reines, glänzendes Leinen gekleidet und trugen um ihre Brust einen Gürtel aus Gold. Und eines der vier Lebewesen reichte den sieben Engeln sieben goldene Schalen; sie waren gefüllt mit dem Zorn des Gottes, der in alle Ewigkeit lebt. Und der Tempel füllte sich mit dem Rauch der Herrlichkeit und Macht Gottes. Niemand konnte den Tempel betreten, bis die sieben Plagen aus der Hand der sieben Engel zu ihrem Ende gekommen waren.*

Das alles vermittelt uns sowohl Ermutigung wie auch Trost, in den Himmel zu kommen. Wir dürfen zunächst einen Blick auf die werfen, die das jetzt Folgende bereits durchgestanden haben. Der Schauplatz der Vision ist wieder der Thronsaal Gottes. Der Fußboden, das *gläserne Meer* bedeutet, dass in Gott alles klar und durchsichtig ist. Das Himmelsgewölbe ist Zeichen seiner Gegenwart. So wie das Abendrot das Ende des Tages ankündigt, so kündigt die kristallklare strahlende Fläche das kommende Ende der Welt und das bevorstehende Gericht an. Die Schar der Helden singt das Siegeslied vor dem Thron; sie triumphieren über den Feind in drei Aspekten: dem Tier, seinem Bild und der Zahl 666 (das ist – wie oben gesagt – sein Name). Aus ihrer aussichtslosen Lage wurden sie befreit (wie einst das Volk des Alten Bundes aus der Macht des Pharao) und zwar durch die Allmacht des Allerhöchsten. Deshalb ist ihr Siegeslied gleichzeitig ein Danklied für den, der auf dem Thron sitzt. Der Doppelname *Lied des Mose und Lied des Lammes* weist hin auf die Beziehung zur Rettung Israels im Alten Testament: Das Volk Gottes wird dort wie hier aus der Sklaverei in das Land der Verheißung gerettet. In gleicher Weise kommt jetzt auch in der Weltgeschichte die Rettung vor dem Ende durch das Lamm.

Hier ist zum zweiten Mal der künftige und alles entscheidende Sieg Christi bereits vorweggenommen. In Kapitel 14,1-5 haben wir etwas Ähnliches gesehen. Es wird also das Ziel derer vorausgesagt, die dem Lamm folgen. Man kann deswegen gelassen auf das schauen, was dann an Drangsal kommt. Die Gläubigen werden mit einer prophetischen Gewissheit auf das sichere, endgültige Heil bestärkt, bevor sie durch diese schwere Zeit hindurchgeführt werden.

Das Portal des himmlischen Tempels, das *Zelt des Zeugnisses* im Himmel, öffnet sich nun, so sieht es Johannes in Vers 15,5. Johannes schaut das Urbild, nach dem Mose auf Gottes Geheiß einst das Bundeszelt errichtet hatte, das *Zelt des Zeugnisses*, wie es in Ex 25,9 und Ex 25,40 beschrieben wird. Gott hat dem Mose gezeigt, wie er das Bundeszelt ausrüsten soll, und in dieses *Zelt des Zeugnisses* wirft Johannes einen Blick. Ähnliches steht in Hebr 8,5. In diesem Zelt bezeugte sich Gott im Alten Testament dem Volk gegenüber durch Machttaten.

Die Schalen des Gotteszorns

Aus dem Tempel treten nun sieben Engel in einem priesterlichen Gewand heraus. Sie kommen gleichsam vom priesterlichen Dienst vor dem Allerhöchsten, um diesen Dienst fortzusetzen in der Erfüllung ihres Auftrags für die Erde. Dafür bringen sie die sieben Plagen mit und tun ihren Dienst für den heiligen gerechten König der Erde und der Völker. Eines der vier Wesen, die ja – wie wir sahen – gleichsam die Schöpfung vor Gott bedeuten, rüstet die Engel für ihre Aufgabe mit sieben himmlischen Gefäßen aus, deren Inhalt der Zorn Gottes ist. Das Unheil geht also auch hier von der Schöpfung aus. Das äußere Zeichen für die Anwesenheit der Herrlichkeit und Macht des Allerhöchsten ist der *Rauch der Herrlichkeit*, der den Eintritt für Menschen unmöglich macht. Wir erinnern uns, dass bei der Einweihung des Tempels unter Salomo kein Mensch in den Tempel eintreten konnte, solange die Rauchsäule im Tempel war.

Während die Schalenplagen vollzogen werden, ist Gott unnahbar. Keine Fürbitte oder Vermittlung kann seine Strafgerichte abwenden; das wurde ja vorher angezeigt, um den Menschen die letzte Möglichkeit zu geben, zur Besinnung zu kommen. Die Bitte an den Herrn, die Plagen wegzulassen, wäre nun verfehlt, weil dann viele verloren gingen. Wir aber brauchen keine Angst haben, weil es um die geht, die Gott nicht mehr kennen und trotzdem noch ihr ewiges Heil gewinnen sollen. Allerdings werden wir da in gewisser Weise mit hineingezogen, weil wir in dieser Welt leben; aber wir haben das verheißene Ziel vor Augen. Überspitzt könnte man sagen: Wir müssen ihnen (und damit auch uns) gleichsam das sie heimsuchende Unheil zu ihrem Heil gönnen. Wir sind sozusagen „hineingeflochten" in die Menschheitsgeschichte und sind keine bloßen Zuschauer. Weil das alles uns (und ihnen) zum Heil ist, brauchen wir keine (Existenz-) Angst zu haben.

Nun folgen die sogenannten Schalenplagen, das dritte „Wehe", in Kapitel 16,1–21. Die Schalenvisionen entsprechen in Abfolge und Inhalt den Posaunenvisionen. Beide lehnen sich eng an die Schilderung der ägyptischen Plagen an, das sind Parallelen zum Alten Testament, wie sie uns schon des Öfteren begegneten. In Kapitel 8,7–12 haben wir das bereits betrachtet. Da sie dem nahenden Weltende entsprechen und die Menschen auf die ersten nicht reagierten, sind diese Plagen aufs Höchste gesteigert.

Das Ausgießen der Plagen

Nun Vers 16,1: *Dann hörte ich, wie eine laute Stimme aus dem Tempel den sieben Engeln zurief: Geht und gießt die sieben Schalen mit dem Zorn Gottes über die Erde!* Die Stimme aus dem Tempel, Gott selbst also, gibt jetzt den Befehl, die Schalen auszuleeren. Er leitet den Endprozess ein für die Verwandlung seiner Schöpfung aus der vorläufigen zur vollendeten Gestalt.

Nun das Ausgießen der Schalen in den Versen 16,2–4: *Der erste ging und goss seine Schale über das Land. Da bildete sich ein böses und schlimmes Geschwür an den Menschen, die das Kennzeichen des Tieres trugen und sein Standbild anbeteten. Der zweite Engel goss seine Schale über das Meer. Da wurde es zu*

Blut, das aussah wie das Blut eines Toten; und alle Lebewesen im Meer starben. Der dritte goss seine Schale über die Flüsse und Quellen. Da wurde alles zu Blut. Die ersten vier Schalenplagen treffen parallel, entsprechend den Posaunenplagen, die Erde, das Meer, das Süßwasser und die Sonne. Alle bewirken eine umfassende Vernichtung, nicht nur – wie vorher – ein Drittel. Von der ersten Plage heißt es, dass sie nur jene Menschen trifft, deren innere Verkommenheit in bösartigen Geschwüren nach außen in Erscheinung tritt. Die beiden folgenden Plagen verwandeln alles Meerwasser und alles Süßwasser in Blut. Wer nicht verdursten will, muss es trinken.

Die Verse 16,5–7 bringen uns zwei Gebete: *Und ich hörte den Engel, der die Macht über das Wasser hat, sagen: Gerecht bist du, der du bist und der du warst, du Heiliger; denn damit hast du ein gerechtes Urteil gefällt. Sie haben das Blut von Heiligen und Propheten vergossen; deshalb hast du ihnen Blut zu trinken gegeben, so haben sie es verdient. Und ich hörte eine Stimme vom Brandopferaltar her sagen: Ja, Herr, Gott und Herrscher über die ganze Schöpfung. Wahr und gerecht sind deine Gerichtsurteile.*

Diese zwei Gebete anerkennen die Gerechtigkeit der Gottesgerichte. Auch der Engel, dem die Gewässer in Obhut gegeben waren, muss die Zerstörung seines Elementes als gerechtfertigt bezeugen. Engel haben ja verschiedene Aufsichtsaufgaben über die Elemente, was wir oft im Alten Testament finden. Wie schon in Offb 11,17 fehlt auch hier in der Anrede Gottes die Aussage: *...der kommen wird*, weil er jetzt schon beim Kommen zum Gericht ist. Im Bilde müssen die, die Blut vergossen haben, auch Blut trinken. Das zeigt, dass im Gericht Gottes der Maßstab der unbedingten Gerechtigkeit gilt. Vom Altar her, an dessen Fuß die Seelen der Blutzeugen Gott (in Offb 6,10) um Gerechtigkeit gebeten hatten, sind die Engelsworte gleichsam ein Echo, dass Gott gerecht ist.

Dann folgt in den Versen 16,8f die vierte Schale: *Der vierte Engel goss seine Schale über die Sonne. Da wurde ihr Macht gegeben, mit ihrem Feuer die Menschen zu verbrennen. Und die Menschen verbrannten in der großen Hitze. Dennoch verfluchten sie den Namen Gottes, der die Macht über diese Plagen hat. Sie bekehrten sich nicht dazu, ihm die Ehre zu geben.* Diese Schale wirkt gleichsam wie Öl, das man ins Feuer gießt. Es geht nicht (wie bei den Posaunenplagen) um eine Abnahme der Helligkeit der Sonne, sondern um eine Zunahme ihrer Hitze, die alles versengt. In dieser letzten Zeit rufen Gottes Strafgerichte nicht mehr Buße und Umkehr bei den Menschen hervor, sondern Bosheit, Verstocktheit, Lästerungen und Flüche. Das ist gleichsam der Wahnsinn, den man die Hölle nennt. Die menschliche Verstocktheit verdichtet sich hier immer mehr. Es gibt heute so viele Wunder, dass die Kirche gleichsam nicht mehr nachkommt, sie alle anzuerkennen. Bei jeder Seligsprechung muss ein außergewöhnliches Wunder geschehen, bei jeder Heiligsprechung ein zweites! Und doch interessiert es die meisten Menschen einfach nicht. Gottes Barmherzigkeit, die z.B. bei Sr. Faustyna gepriesen wird, wird ignoriert, sogar von vielen Christen! Sie meinen, ganz gut ohne das leben zu können; Hauptsache für sie scheint es zu sein, dass sie ihre Ruhe haben. Viele, eine erschreckend hohe Zahl, schauen nur noch auf sich, das ist für Gesellschaft und Staat zerstörerisch.

Satans Macht wird eingeschränkt

Die Verse 16,10f betreffen den Thron des Tieres, also seine noch gültige Weltmacht: *Der fünfte Engel goss seine Schale über den Thron des Tieres. Da kam Finsternis über das Reich des Tieres, und die Menschen zerbissen sich vor Angst und Schmerz die Zunge. Dennoch verfluchten sie den Gott des Himmels wegen ihrer Schmerzen und ihrer Geschwüre; und sie ließen nicht ab von ihrem Treiben.*

Diese Weltmacht im Dienst Satans erlebt nun zum ersten Mal, wie ihrer Gewalt trotz aller scharfsinnigen Überlegungen und Planungen Grenzen gesetzt werden. Ihr Glanz erlischt. Die zu ihr gehörenden Menschen fühlen sich plötzlich unsicher; worauf sie ihre Hoffnung gründeten, verfinstert sich, und es kommen unerträgliche körperliche Schmerzen als Plage hinzu. Wir dürfen uns ernsthaft fragen, ob die außergewöhnlichen Krankheiten heute auch schon ein Zeichen in diese Richtung hin sind. Die Andeutungen in der Apokalypse sind zwar sehr knapp, sodass nichts Genaueres abzuleiten ist, aber es genügt schon, wenn man hört, dass alles im Umfeld dieser Weltmacht plötzlich sich verdunkelt. Klar erkennen wir jedenfalls, dass der Einsatz stärkerer Zuchtmittel durch Gott keine Bekehrung bewirkt, sondern nur die Empörung gegen ihn bis zur verbissenen Wut steigert. Sobald aber die Menschen erkennen und wissen, woher die Zeichen kommen, ohne umzukehren, nennt man dies die Sünde gegen den Heiligen Geist. Diese wird nicht vergeben, weil keine Umkehr folgt. Der Hass und dieses: *Jetzt erst recht nicht!* das bewusste: *Ich diene dir nicht, Gott, obwohl ich dich kenne!* Das ist Hölle. Der Gott, den die Abtrünnigen für abgesetzt und für tot erklärt haben, taucht plötzlich wieder in ihrem Blickkreis auf; für sie ist er nun an allem schuld, wenn man das Übel und die Bosheit in der Welt nicht mehr erklären kann. Er ist dann sozusagen der Sündenbock; man bekehrt sich nicht, sondern fühlt sich noch mehr berechtigt, in der Bosheit zu verharren, in der man steckt.

Die Verse 16,12–16 schildern die sechste Schalenplage: *Der sechste Engel goss seine Schale über den großen Strom, den Eufrat. Da trocknete sein Wasser aus, so dass den Königen des Ostens der Weg offen stand. Dann sah ich aus dem Maul des Drachen und aus dem Maul des Tieres und aus dem Maul des falschen Propheten drei unreine Geister hervorkommen, die wie Frösche aussahen. Es sind Dämonengeister, die Wunderzeichen tun; sie schwärmten aus zu den Königen der ganzen Erde, um sie zusammenzuholen für den Krieg am großen Tag Gottes, des Herrschers über die ganze Schöpfung. Siehe, ich komme wie ein Dieb. Selig, wer wach bleibt und sein Gewand anbehält, damit er nicht nackt gehen muss und man seine Blöße sieht. Die Geister führten die Könige an dem Ort zusammen, der auf hebräisch Harmagedon heißt.*

Die Schlacht von Harmagedon

Die vorausgehende Plage bezog sich auf das Tier selbst, die jetzige auf seine Bundesgenossen, die Werkzeuge der Weltmacht, die im Dienst Satans stehen. Mit dem Austrocknen des Eufratstromes ist die Schranke beseitigt, die bisher unterband, dass der Antichrist sein gesamtes Machtpotenzial zusammenfassen konnte. Der Eufrat ist hier ein Bild, ein Symbol für einen Strom, über den man nicht einfach so drübergehen kann. Da er nun ausgetrocknet ist, kann der Antichrist seine ganze Macht zusammenführen. Alle, die im Dienst der satanischen „Dreieinheit" stehen – Drache, Tier, falscher Prophet – meinen, jetzt sei es günstig, den Vernichtungsschlag gegen die Kirche Christi auf Erden zu führen. Die Propaganda wird verdoppelt; es sind dies die Geister, die zu den Königen der Erde gehen, die drei zusätzlichen Werber, die Kriegstreiber einstellen, nämlich Dämonengeister, die aus dem Mund von diesen Dreien kommen, Geister von ihrem Geist. Es heißt, sie hätten die Gestalt von Fröschen, die für die Perser östlich des Eufrat als Werkzeuge des Gottes der Finsternis galten. Ihr Werbefeldzug hat Erfolg. Alle Macht der Welt wird ins Feld geführt und vereinigt sich gegen Gott und gegen die, die ihm treu geblieben sind. Das Schlachtfeld heißt *Harmagedon*, wörtlich übersetzt: Berg von Megiddo, es wird erwähnt in 2 Chr 35,22; bekannt ist es uns auch vielleicht durch die Zeugen Jehovas. Die Feinde Gottes dürfen bildlich im Blut der Erschlagenen von Harmagedon, d.h. unserem Blut, waten.

Die Ortsangabe weckt gleichzeitig das Verlangen nach der Kenntnis des Zeitpunktes. Allerdings sagt Jesus darüber in Mt 24,36, dass ihn nur der Vater kennt, und 1 Thess 5,2 spricht vom *Dieb in der Nacht,* der plötzlich und unerwartet kommt. Deshalb ist da plötzlich der Vers 16,15 eingefügt: *Siehe, ich komme wie ein Dieb. Selig, wer wach bleibt und sein Gewand anbehält, damit er nicht nackt gehen muss und man seine Blöße sieht.* Damit verschärft der Herr die Mahnung, wachsam und bereit zu sein. Die Wachsamkeit achtet nämlich auf alle Anzeichen, die auf die Ankunft des sog. Diebes hinweisen, in diesem Fall auf die Ankunft des Herrn. Gerade, wenn sich alle gegen die Kirche und gegen die, die zu ihr stehen, zusammentun, ist Wachsamkeit noch wichtiger. *Behaltet das weiße Kleid an,* das meint das Taufkleid und die weißen Gewänder derer, die einhergehen und sich im Blut des Lammes gewaschen haben. Immer wieder sehen wir in der Apokalypse den Wunsch, die Menschen zu Gott zurückzuholen, die sich dem Tier verschrieben haben. Zugleich enthält sie auch den tröstenden Zuruf an die, die dem Lamm folgen: Bleibt treu! Haltet fest! Vergesst nicht das andere Wort Jesu: *Und wenn jene Zeit nicht verkürzt würde, dann würde kein Mensch gerettet.* (Mt 24,22)

Gott fordert Rechenschaft

Die Zeichen setzen sich fort in den Versen 16,17–21: *Und der siebte Engel goss seine Schale über die Luft. Da kam eine laute Stimme aus dem Tempel, die vom Thron her rief: Es ist geschehen. Und es folgten Blitze, Stimmen und Donner; es entstand ein gewaltiges Erdbeben, wie noch keines gewesen war, seitdem es Menschen auf der Erde gibt. So gewaltig war dieses Beben. Die große Stadt brach in drei Teile auseinander, und die Städte der Völker stürzten ein. Gott hatte sich an Babylon, die Große, erinnert und reichte ihr den Becher mit dem Wein seines rächenden Zornes. Alle Inseln verschwanden, und es gab keine Berge mehr. Und gewaltige Hagelbrocken, zentnerschwer, stürzten vom Himmel auf die Menschen herab. Dennoch verfluchten die Menschen Gott wegen dieser Hagelplage; denn die Plage war über die Maßen groß.*

Diese Zeichen müssen noch nicht das Ende bedeuten, aber wir sollten wieder darauf achten. Auch wenn man vieles heute naturwissenschaftlich zu erklären versucht, ist es doch auch zugleich ein Zeichen. Der siebte Engel gießt die Schale über die Luft aus, über all das, was die Erde umgibt, sie einhüllt. Die Stimme aus dem Tempel stellt fest: Das Ende der Welt ist da; die kosmischen Erschütterungen erreichen ihr Höchstmaß. Die Erde ist ein gewaltiges Trümmerfeld und verwüstet ist besonders die Hauptstadt des Antichristen, Babylon; sie ist durch das Erdbeben in drei Teile auseinandergebrochen.

Der erste entscheidende Schlag ist also geführt gegen die äußere Einheit, und damit auch die innere Einmütigkeit dieser widergöttlichen Weltmacht. Manchmal hatte es den Anschein, als sei dieser Mittelpunkt der Gottlosigkeit und Verderbtheit von Gott vergessen worden. Wir fragen ja immer wieder: *Warum lässt du, Gott, das so lange zu? Warum handelst du nicht?* Jetzt wird Babylon zur Rechenschaft gezogen. Alles ist zertrümmert, was Natur und Kultur auf Erden hervorgebracht hatten. Die Zeit derer ist nun für immer vorüber, die allen Gnadenangeboten Gottes trotzten. Sie vertaten ihre letzte Chance und fluchten in ihrer Verstocktheit. Gott suchte und warb mit allen möglichen Mitteln. Leider schockieren diese negativen Ereignisse die Menschen manchmal mehr, als dass sie von der Liebe Gottes reden. Wenn aber die Erde erzittert, kommen manche vielleicht doch noch zur Besinnung. Deshalb ist es so wichtig, dass wir Wissenden versuchen, die Menschen vor den seichten Lebensweisen zu bewahren, durch die sie in die Verwirrung hineinschlittern, wie sie z.B. im Bereich von Esoterik und New Age sichtbar werden. Manches davon, ganz für sich betrachtet, mag noch nicht einmal als böse erscheinen. Aber man muss hier die Zusammenhänge sehen. Da wird manches Gute missbraucht, um gute Menschen zu fangen. Man schlittert leicht hinein in eine Mischung aus ein bisschen Christentum und ein bisschen irgendetwas anderem, und ein immer stärkerer Sog zur Gottferne entsteht. So kommt es bis zur Verblendung, zur Verstocktheit. Alles zielt hier letztlich darauf hin, wie Gott sein zu wollen. Wo wir irrenden Menschen helfen können, darin Klarheit zu finden, müssen wir es unbedingt tun, damit sie aufwachen und sich bei den Zeichen Gottes bekehren können.

XII. Der Untergang der Hure Babylon

Offb 17,1 – 18,24

Im Kapitel 17 folgt das Gericht über Babylon, die Gegenstadt zu Jerusalem (das Bild für die Kirche). Die Schalenplagen haben die Gottlosen nicht zur Umkehr bewegen können. Im Folgenden wird aufgezeigt, wie zuerst ihr zentraler Stützpunkt auf Erden, nämlich die Hauptstadt des Antichristen, vernichtet wird. Dann folgt die Ausschaltung und Verurteilung der Hilfskräfte des Drachens und schließlich die Entmachtung des Drachens selbst. In Offb 17,1–18 geht es zunächst einmal um das Bild von der Hure Babylon und den Bauten der Stadt.

In den Versen 17,1f, gleichsam eine Überschrift, heißt es: *Dann kam einer der sieben Engel, welche die sieben Schalen trugen, und sagte zu mir: Komm, ich zeige dir das Strafgericht über die große Hure, die an den vielen Gewässern sitzt. Denn mit ihr haben die Könige der Erde Unzucht getrieben, und vom Wein ihrer Hurerei wurden die Bewohner der Erde betrunken.* Das hier gemeinte Babylon zeigt bildlich in seinem Kanalnetz an, wie es auch die reale Stadt Babylon (am Eufrat) durchzog, dass durch sie alle Bewohner der Erde mit ihrem widergöttlichen und sittenlosen Geist durchzogen und verführt wurden. Nach Babylon war auch Israel in die Verbannung, in die Sklaverei, geführt worden. Wir dürfen uns aber nicht bloß auf die als Bild gemeinte Stadt festlegen, dann können wir weiter blicken und von Gott auch jederzeit durch ähnliche Zeichen angesprochen werden.

Die Hure Babylon

Es folgt in Vers 3 ein Blick in die Wüste: *Der Geist ergriff mich, und der Engel entrückte mich in die Wüste. Dort sah ich eine Frau auf einem scharlachroten Tier sitzen, das über und über mit gotteslästerlichen Namen beschrieben war und sieben Köpfe und zehn Hörner hatte.* Von einer Wüste aus hat auch Jesaja schon das Gericht über Babylon geschaut (vgl. Jes 21,1 und 21,10).

Die Hauptstadt des Antichristen erscheint nun sinnbildlich in Gestalt einer Frau. Einmal Babylon und die Hure und zum andern die Frau und das scharlachrote Ross, das sind zwei einander entsprechende Bilder für das Gleiche. Die Hure Babylon ist das Kontrastbild zu der Frau in Kapitel 12, zu Maria, dem Sinnbild der Kirche und auch zu der Braut des Lammes in Offb 21,9. Hingabe an den Willen Gottes und ihren Herrn Jesus Christus kennzeichnen die Kirche. Hingabe an den Willen Satans ist das Wesensmerkmal des Antichristen, der „Gegenkirche", daher auch der Name *Hure*. Im Alten Testament finden wir oft das Bild der Hure. Der Götzendienst wurde immer Hurerei genannt. Das Volk Israel hatte mit Gott einen Bund geschlossen, vergleichbar mit dem Ehebund; das gilt auch für uns in der Kirche heute noch. Unser Bund heute ist im Blute Jesu geschlossen. Die Hure dagegen reitet (gleichsam in einem gottwidrigen Bund) auf einem Tier, das aus dem Abgrund kommt; wir sprachen davon schon in Offb 13,1–10: Die gotteslästerlichen Namen auf dem Leib des Tieres zeigen die Artverwandtschaft mit dem Satan, von dem das Tier seine Vollmacht hat.

Gottlosigkeit und Sittenlosigkeit

Vers 17,4 zeigt das Weib als eine geschmacklose Ungeheuerlichkeit: *Die Frau war in Purpur und Scharlach gekleidet und mit Gold, Edelsteinen und Perlen geschmückt. Sie hielt einen goldenen Becher in der Hand, der mit dem abscheulichen Schmutz ihrer Hurerei gefüllt war.* Was an ihr herumhängt ist kein Schmuck mehr. Das ist ungefähr so, wie es in Spr 11,22 steht: *Ein goldener Ring im Rüssel eines Schweins ist ein Weib, schön, aber sittenlos.* Ihr doppelfarbiges Kleid trägt einmal die Farbe der Herrschaft, nämlich Purpur, dann die Farbe des Tieres (vgl. Vers 3). Dagegen erstrahlt die Frau in Offb 12,1 vor der der Drache stand, im Glanz himmlischen Lichtes. Wir müssen diesen Gegensatz sehen: Die eine prangt im Schmuck der Erde, die andere leuchtet im Schmuck des himmlischen Lichtes. Der aufdringliche Prunk zeigt etwas von der Armut und Leere, der Hässlichkeit und Unsicherheit im Inneren. Der Becher enthält (symbolisch) die schmutzige Verkommenheit, mit der sie alle Welt berauscht. Gottlosigkeit und Sittenlosigkeit gehen immer Hand in Hand! Das ist uns heute – nebenbei gesagt – alles nicht fremd, nicht fern. Wenn wir in unsere heutige Welt hineinblicken, z.B. in die Kommunikationsmittel, können wir das sehen.

Name und Wesen der *Frau*

Weitere Abscheulichkeiten folgen in Vers 5: *Auf ihrer Stirn stand ein Name, ein geheimnisvoller Name: Babylon, die Große, die Mutter der Huren und aller Abscheulichkeiten der Erde.* Die damals in Rom lebenden Huren trugen ein Stirnband mit ihrem Namen. Hier liest Johannes auf dem Stirnband dieser Hure den Namen Babylon. Johannes nennt dies *geheimnisvoll*, d.h. es handelt sich nicht um das historische Babylon, das damals schon nicht mehr existierte, sondern um einen Decknamen, wohl für Rom, das Johannes zu seiner Zeit nicht nennen wollte; Kaiser und Kulte waren nämlich sittlich völlig verkommen. Die konkrete Stadt Rom und das Imperium verbergen sich hier im Bild. Ob es nun als eine Stadt oder als eine Institution oder was auch immer gemeint ist, müssen wir wieder in unsere Zeit übertragen. Rom zwang damals während der Christenverfolgungen, die bis ins Jahr 313 gingen, die Christen in seinem riesigen Imperium dazu, den Göttern zu dienen und zu opfern, den Kaiser als Gott zu verehren. Aber in der Geheimen Offenbarung ist auch das nur Symbol für überzeitliche Abgötterei, wo immer sie auch stattfinden mag. Wir müssen auch hier offen sein und hören: Woher kommt Gottlosigkeit und Sittenlosigkeit? Wo ist das Zentrum?

Die Verse 17,6f schildern eine Art Blutrausch der Frau: *Und ich sah, dass die Frau betrunken war vom Blut der Heiligen und vom Blut der Zeugen Jesu. Beim Anblick der Frau ergriff mich großes Erstaunen. Der Engel aber sagte zu mir: Warum bist du erstaunt? Ich will dir das Geheimnis der Frau enthüllen und das Geheimnis des Tieres mit den sieben Köpfen und zehn Hörnern, auf dem sie sitzt.* Vor diesem Bild erschrak Johannes und verwunderte sich, wie so eine Scheußlichkeit überhaupt möglich war. In Vers 7 versucht der Engel, ihm Erläuterungen zu dem Geschauten zu geben.

Die Verse 17,8f enthalten diese Erläuterungen des Engels: *Das Tier, das du gesehen hast, war einmal und ist jetzt nicht; es wird aber aus dem Abgrund heraufsteigen und dann ins Verderben gehen. Staunen werden die Bewohner der Erde, deren Namen seit der Erschaffung der Welt nicht im Buch des Lebens verzeichnet sind. Sie werden bei dem Anblick des Tieres staunen; denn es war einmal und ist jetzt nicht, wird aber wieder da sein. Hier braucht man Verstand und Kenntnis. Die sieben Köpfe bedeuten die sieben Berge, auf denen die Frau sitzt. Sie bedeuten auch sieben Könige.* Das Tier, das aus dem Abgrund steigt und die zwei Propheten umbringt, wurde uns ja schon einmal vorgestellt in Offb 13,1-10.

Dass der Engel es hier noch einmal erklärt, ist ein Zeichen dafür, dass wir dem Tier, auf dem die Hure sitzt, als der wichtigeren Erscheinung mehr Aufmerksamkeit widmen sollen. Der Engel fügt also weitere Punkte an, an denen man das Tier besser erkennen kann. Weil Johannes es verschlüsselt weitergeben musste, bleibt manches für uns heute im Dunkeln. Er weist darauf hin, dass wir dazu Einsicht und Weisheit benötigen. Nur mit Hilfe der Gnade können wir den Antichristen erkennen, den das Tier ja darstellt.

Der „Affe Gottes“

Die ersten Angaben weisen uns auf die reichlich seltsame Geschichte des Tieres hin, die hin und her zwischen der sichtbaren und der unsichtbaren Welt wechselt: *Das Tier, das du gesehen hast, war einmal und ist jetzt nicht; es wird aber aus dem Abgrund heraufsteigen.* Dies scheint wieder eine Nachäffung des Gottesworts über Christus andeuten zu wollen: ... *der ist, der war und der kommen wird.* Aber es gelingt dem Antichristen nicht, ein ebenbürtiger Gegenspieler Gottes zu sein. Die ewige Herrschaft, die zum Wesen Gottes gehört, kommt ihm sicher nicht zu.

Noch ein zweiter Nachahmungsversuch ist hier erkennbar. Der Antichrist möchte nämlich die erste Ankunft Christi, dann seinen Weggang aus der Welt, nämlich seine Himmelfahrt und seine zweite Ankunft zum Gericht imitieren. Daher heißt es hier: *Das war, jetzt nicht ist und kommen wird.* Das wird ihm nur äußerlich gelingen, denn seine Wiederkunft entstammt nicht göttlicher Herrlichkeit, sondern dem Abgrund des Verderbens, dorthin muss er schließlich für immer zurückkehren. Wer aber das Wesen des Tieres nicht versteht, wird zwar bei seinem Wiedererscheinen großes Erstaunen und ehrfürchtige Ergebenheit empfinden, wie es in Offb 13,3 hieß. Aber die Auserwählten werden die notwendige Unterscheidungsgabe besitzen.

Rom – die Stadt ohne Gott

Die Botschaft hört sich so an, als ob Johannes mit den *sieben Hügeln* die Sieben-Hügel-Stadt Rom – wie schon oben angesprochen – gemeint hat. Sie war dann dieses *„Tier“*, das die Christen verfolgte, umbrachte und zum Götzendienst verführte. Die Zeit, *wo es nicht ist,* d.h. verborgen, und dann die Zeit, *wo es wiederkommen wird* ist das, was wir in unserer Umwelt erleben, eine Art „Wiedergeburt“ dieser Stadt. Auch hier müssen wir hinhören, dürfen aber nie an Worten hängenbleiben; weil wir sonst vieles übersehen könnten. Wir sehen das Bild für Hurerei, Götzendienst, Unsittlichkeit usw. Und wir spüren heute, dass wir in einer Welt leben, in der die Moral abhanden gekommen ist, wo die Menschen oft gegen bessere Einsicht handeln.

An dem Beispiel, das wir jüngst im Priesterseminar von St. Pölten erlebten, kann man erkennen, dass zwar alle bedeutenderen Kommunikationsmittel, die ansonsten Homosexualität und auch freie Sexualität propagieren, hier aber inkonsequenterweise das dort Geschehene angriffen – selbstverständlich auch mit Recht verurteilten. Aber hier wurde mit zweierlei Maß gemessen; in dem angeprangerten Fall hat man die Wahrheit gesagt, ansonsten aber gelogen. So ist unsere Welt, gleichsam mitten in „Babylon“. Die Sittenlosigkeit und der Götzendienst Babylons sind eine

Rückkehr zu den alten Göttern, denen der Germanen und anderer Völker.

Achten wir also auf die Zeichen der Zeit! In dem hier beschriebenen Kampf erscheint auch heute die apokalyptische Frau immer wieder am Himmel. An vielen Stellen der Erde gibt es Marienerscheinungen (soweit sie von der Kirche anerkannt sind). Auch da muss man aufpassen, ob es nicht wieder „Nachäffungen" sind, die vor allem leichtgläubige Menschen verführen sollen. Wo aber die Erscheinungen kirchlich anerkannt sind, kann viel Gnade geschenkt werden – weniger wichtig ist die körperliche Heilung von Menschen, denn die kann der Teufel auch wirken, Gnade aber nicht. Die Echtheit erkennt man an der Gnade, die Bekehrung, Umkehr bewirkt. Das kommt dann von der *apokalyptischen Frau,* Maria, die der Hure, die auf dem Tier sitzt, entgegensteht. Seien wir mutig, die Zeichen der Zeit zu erfassen, wie es Offb 17,9 sagt. Nur ein Christ kann das erfassen, der geschult ist, die Zeichen der Zeit im Heiligen Geist zu betrachten.

Sieben Hügel – Sieben Könige

Die *sieben Köpfe* werden zweifach gedeutet. Das Weib sitzt – wie wir andeuteten – auf den sieben Hügeln des damaligen Rom. Die sieben Könige würden als die sieben römischen Kaiser von damals auch dazu Sinn ergeben. So kann man es zwar zeitgeschichtlich ganz konkret sehen, ebenso aber auch unabhängig davon. Für uns ist es wichtig, darauf zu achten, wie sich das heute, wo und wodurch zeigt.

Vers 17,10: *Fünf sind bereits gefallen. Einer ist jetzt da, einer ist noch nicht gekommen; wenn er dann kommt, darf er nur kurze Zeit bleiben.* Für die Erklärung dieses Verses ist wahrscheinlich die Aussage *„einer ist jetzt da"* wichtig. In der Reihenfolge der damaligen römischen Kaiser wäre das Domitian, unter dem sehr viele Christen gemartert wurden; die Abfassung der Apokalypse fiel auch in seine Regierungszeit. Er hat Johannes nach Patmos verbannt. In der damaligen Reihe der Kaiser wäre der erste dann

Caligula gewesen und der letzte Nerva, auf den kein Mensch mehr als Regent folgen würde, sondern es wäre – nach dieser Deutung – das Tier gekommen, der Antichrist in Person. Hier wird deutlich, dass eine rein zeitgeschichtliche Deutung unzureichend ist. Die Siebenzahl – wir sahen es bereits – ist immer ein Symbol der Ganzheit: Mit dem siebten Glied kommt meist ein Abschluss. Sicher handelt es sich hier um eine Staatsgewalt, die Christen verfolgt, ähnlich wie bei den Tieren. Wer alle Völker sammelt, einigt und Herrschaft ausübt über Völker und Sprachen, muss eine Staatsgewalt sein. Für die damaligen Leser war es wohl eine große Hilfe im Blick auf Rom. Wir aber müssen den entsprechenden Bezug zu unserer Zeit finden.

Der achte König

Vers 17,11 gilt dem achten König: *Das Tier aber, das war und jetzt nicht ist, bedeutet einen achten König und ist doch einer von den sieben und wird ins Verderben gehen.* Auf ihn ist das Hauptinteresse gerichtet. Mit den sieben (der Ganzheit) – sagten wir – ist in der Regel alles abgeschlossen. Dieser achte König deutet nun an, dass es um etwas ganz Neues geht, eine krönende zeichenhafte Vollendung dessen, was voranging. Der achte König war in den sieben vorher bereits gegenwärtig, *ist doch einer von den sieben.* Die sieben werden als die Köpfe des Tieres bezeichnet, sind also mit ihm artverwandt, und doch ist der achte ganz anders als die sieben. Das Tier war ja bereits in Offb 13,1–10 als Inkarnation Satans geschildert worden, als ein übermenschliches dämonisches Wesen. In dem achten tritt nun nicht mehr ein Mensch stellvertretend für den Antichristen auf, sondern dieser selbst tritt in Erscheinung. Überall in der Geschichte, wo Widerchristliches aufkam, hat sich dieser achte bereits angemeldet. Das schreibt Paulus in 2 Thess 2,7 und ebenso 1 Joh 2,18 und ähnlich 1 Joh 2,22: Wir können heute sehen, wie viele Menschen Christus leugnen, in wie vielen Jesus-Büchern der letzten 10 Jahre aus Jesus irgendetwas, aber nicht der Sohn Gottes gemacht wurde. Das ist der Antichrist heute. Bei unseren katholischen Theologen gibt es auch manchmal ähnliche Meinungen; doch da geht es um

Einzelpersonen, die Christus leugnen. Ähnliches finden wir auch in esoterischen Bewegungen, die zwar von Jesus und Christus sprechen, aber nicht Christus, den Sohn Gottes, meinen, sondern eine „Wiedergeburt" dieser Art oder was auch immer. Die Apokalypse sagt sehr deutlich, dass dies der Antichrist ist. Das klärt vieles für uns heute!

Höhepunkt der Gottesfeindschaft

Mit dem Auftreten des Antichristen, des Tieres, auf dem die Hure sitzt, erreicht die Gottes- und Christusfeindschaft in der Weltgeschichte ihren Höhepunkt, aber auch ihr Ende. Kraft seiner übermenschlichen Fähigkeiten und Möglichkeiten vermag der Antichrist zwar die ganze Weltherrschaft an sich zu reißen, bevor Gott ihn ins Verderben stürzt. Aber sein Ende ist bereits zum zweiten Mal in unserem Abschnitt angemerkt, wie schon im Vers 17,8.

Die Verse 17,12f deuten die zehn Hörner des Tieres: *Die zehn Hörner, die du gesehen hast, bedeuten zehn Könige, die noch nicht zur Herrschaft gekommen sind; sie werden aber königliche Macht für eine einzige Stunde erhalten, zusammen mit dem Tier.* Sie sind eines Sinnes und übertragen ihre Macht und Gewalt dem Tier. Sie werden vom Engel auf zehn Könige gedeutet, wie schon in Dan 7,24. Daniel schaut, dass sie erst in Zukunft auftreten. Sie nehmen als getreue Vasallen, zusammen mit dem Tier, teil an seiner Herrschaft, stellen ihm all ihre politische, wirtschaftliche und militärische Leistungskraft zur Verfügung, aber nur für kurze Zeit. Da ist man versucht, an unsere jüngste Vergangenheit zu denken. Hitler war ja ganz auf der Seite des Bösen und hat ihm alle politische und militärische Kraft zur Verfügung gestellt. Vielleicht war das z.B. einer der sog. Könige. Wir wissen es nicht genau. Man kann hier vieles sehen, auch z.B. Institutionen, allerdings müssen wir immer wieder aufpassen, dass wir uns nicht zu früh festlegen.

Der Sieg des Lammes

In Vers 17,14 folgt dann der Sieg des Lammes: *Sie werden mit dem Lamm Krieg führen, aber das Lamm wird sie besiegen. Denn es ist der Herr der Herren und der König der Könige. Bei ihm sind die Berufenen, Auserwählten und Treuen.* Mit Hilfe menschlicher Machthaber führt der Antichrist – d.i. das Tier, selbst dämonischer Vasall Satans – den Kampf gegen Christus und seine Getreuen. Doch der Ausblick auf Frieden leuchtet auch hier kurz auf, wie schon in Offb 14,1–5. Gegen alle Mächte bleiben Christus und seine Auserwählten Sieger. Die Siegesgewissheit ist begründet im Lamm, das auf dem Thron Gottes als erhöhter Herr sitzt, als *Herr der Herren und König der Könige,* wie es dann auch in Offb 19,16 offenbart wird.

In Vers 17,15 deutet der Engel das Weib und sein Schicksal: *Und er sagte zu mir: Du hast die Gewässer gesehen, an denen die Hure sitzt; sie bedeuten Völker und Menschenmassen, Nationen und Sprachen.* Die Völker, Massen, Nationen, Sprachen (wieder die kosmische Vierzahl), werden als Bild für die Flussarme aufgezählt. Das bedeutet eine gewaltige Menschenmasse, anstatt der Stämme stehen Massen da, die sozusagen ferngesteuert, gewissensgetrübt sind und missbraucht werden, weil sie keine eigene Meinung haben. Wir müssen aufmerken, wenn irgendwelche Menschen Massen in bestimmte Richtungen bewegen.

Die Vernichtung der Hure

In Vers 17,16 wird das Unglaubliche geschildert, nämlich die Vernichtung der Frau, der Hure: *Du hast die zehn Hörner und das Tier gesehen; sie werden die Hure hassen, ihr alles wegnehmen, bis sie nackt ist, werden ihr Fleisch fressen und sie im Feuer verbrennen.* Das Tier, also der Antichrist, zerstört mit Hilfe seiner Vasallen die eigene Hauptstadt. Die Hure, die er auf seinem Rücken trug, wird in teuflischem Hass umgebracht. Hier richten sich die Gottesfeinde selbst zugrunde. Die Bilder von *wüst, nackt, fressen, verbrennen* rühren daher, dass hier die Stadt (*wüst, nackt*) und die Hure (*fressen, verbrennen*) in ein Bild zusammengefügt wurden.

In Vers 17,17 erfahren wir den Grund für das widersinnige Handeln des Antichristen: *Denn Gott lenkt ihr Herz so, dass sie seinen Plan ausführen: Sie sollen einmütig handeln und ihre Herrschaft dem Tier übertragen, bis die Worte Gottes erfüllt sind.* Der Antichrist muss den Plan Gottes erfüllen, für die Kirche damals wie heute eine große Beruhigung! Das ist auch eine Erklärung für so viele unverständliche Widersprüche, die uns im Laufe der Geschichte begegnen. Auch wenn es auf weiten Umwegen geschieht, kommt Gott mit allem und jedem doch immer an sein Ziel. Diejenigen, die glauben, sie würden führen, werden geführt, und die glauben, dass sie befehlen, müssen gehorchen, eine totale Demaskierung der Macht des Satans. In den sieben (Königen) war der achte – wie wir wissen – schon drin als der, der das Ende bewirkt. Jetzt wird er sichtbar und vollendet Gottes Plan.

Das Ende von Babylon

Vers 17,18: *Die Frau aber, die du gesehen hast, ist die große Stadt, die die Herrschaft hat über die Könige der Erde.* Gemeint ist die mächtige Hauptstadt (Babylon) der gottlosen Welt, die auf dem dämonischen Fundament errichtet ist, das der Teufel selbst gelegt hat, d.h. auf Unzucht, Sittenlosigkeit, Götzendienst usw. Vom Ende dieser Stadt ist nun im folgenden Kapitel 18 die Rede. Der Bericht ist weniger ein Bildbericht, sondern sozusagen mehr ein Hörbericht. Bei dieser Schilderung laufen auch wieder Zeitgeschichte und Endgeschichte zusammen. Rom, wie auch das ehemalige Babylon, werden hier als Sinnbild der Erbfeindschaft gegen Gottes Volk und gegen Gott dargestellt.

Vers 18,1–3: *Danach sah ich einen anderen Engel aus dem Himmel herabsteigen; er hatte große Macht, und die Erde leuchtete auf von seiner Herrlichkeit. Und er rief mit gewaltiger Stimme: Gefallen, gefallen ist Babylon, die Große! Zur Wohnung von Dämonen ist sie geworden, zur Behausung aller unreinen Geister und zum Schlupfwinkel aller unreinen und abscheulichen Vögel. Denn vom Zornwein ihrer Unzucht haben alle Völker getrunken, und die Könige der Erde haben mit ihr Unzucht getrieben. Durch die Fülle ihres Wohlstands sind die Kaufleute der Erde reich geworden.*

Es kommt ein anderer Engel, der uns das Geheimnis der Stadt offenbart; es ist nicht mehr einer der Schalenengel, denn diese erscheinen im *Abglanz der Herrlichkeit Gottes,* wie es da heißt. Dieser Engel steigt aus dem Himmel mit Macht herab. Er ist von dorther geschickt. Seine Lichtfülle erfüllt die Ruinen dieser Stadt, in der kein Mensch mehr lebt, nur noch Dämonen. Der Engel erinnert an die große Schuld Babylons, das die ganze Welt zum Abfall von Gott gebracht hat. Deswegen dürfen wir heute überlegen, woher der Abfall von Gott heute kommt, gerade auch in unserem eigenen Volk? Wer sind die, die dazu durch ihre Propaganda verführen?

Zwischen Gott und Welt

Die Gläubigen werden in den Versen 18,4–8 aufgefordert, die Stadt zu verlassen, vor allem aber vor dem Ungeist gewarnt: *Dann hörte ich eine andere Stimme vom Himmel her rufen: Verlass die Stadt, mein Volk, damit du nicht mitschuldig wirst an ihren Sünden und von ihren Plagen mitgetroffen wirst. Denn ihre Sünden haben sich bis zum Himmel aufgetürmt, und Gott hat ihre Schandtaten nicht vergessen. Zahlt ihr mit gleicher Münze heim, gebt ihr doppelt zurück, was sie getan hat. Mischt ihr den Becher, den sie gemischt hat, doppelt so stark. Im gleichen Maß, wie sie in Prunk und Luxus lebte, lasst sie Qual und Trauer erfahren. Sie dachte bei sich: Ich throne als Königin, ich bin keine Witwe und werde keine Trauer kennen. Deshalb werden an einem einzigen Tag die Plagen über sie kommen, die für sie bestimmt sind: Tod, Trauer und Hunger. Und sie wird im Feuer verbrennen; denn stark ist der Herr, der Gott, der sie gerichtet hat.*

Auch heute ist es sehr schwer – selbst unter Christen – noch eine grundkatholische Meinung im guten, im moralischen Sinn zu haben. Da gilt man sofort als „hinter dem Mond“, als mittelalterlich (eine Ignoranz, weil das Mittelalter so schlecht nicht war!); auch als Fundamentalist wird man beschimpft. Von manchen dieser Bezeichnungen wissen die Sprecher oft selbst nicht, was sie eigentlich bedeuten. Damit soll man nur verunsichert, sozusagen „fertiggemacht“ werden, oder man muss sich auf den Ungeist dieser Stadt einlassen und mitschuldig werden. Augustinus erklärt den oben zitierten Satz (Offb 18,4) so: *Wir wollen uns aus der Stadt dieser Welt auf und davon machen auf den Füßen des Glaubens, der in der Liebe tätig ist, hin zum lebendigen Gott.*

Das Dilemma des Christen in der heutigen Welt besteht darin, dass ihm einerseits die Welt als Aufgabe überantwortet ist, andererseits muss er auf der Hut sein, nicht selbst durch verkehrte Anpassung an Gegebenheiten, durch Grenzverwischungen zwischen Gott und Welt dem Geist dieser Welt zu verfallen. Das ist nicht einfach. Einerseits ist eine Kirche, die nicht mehr missionarisch ist, nicht die Kirche Christi. Andererseits müssen wir darauf achten, dass wir uns nicht mit dieser Welt gemein machen (vgl. Röm 12,2). Viele meinen, das sei normal, dass man alles so macht wie die Welt. Der Christ empfindet die schmerzliche Spannung in der Welt und muss deshalb gleichsam immer den „Auszug“ aus ihr üben. Ohne Entsagung geht der Mensch in der Welt auf und mit ihr unter. Das reicht bis hinein in die Familien, dass z.B. die Kinder im moralischen Bereich eine andere Meinung haben als die Eltern, weil sie deren Haltung als „vom alten Schlag“, als zu eng bezeichnen. Allerdings kann niemand beweisen, warum seine Haltung anders ist und welchen Sinn sie haben soll. Man kann zwar die Folgen des eigenen Fehlverhaltens erkennen, ignoriert sie aber. Viele Eltern z.B. geben da leider schon mal leichter nach aus lauter Liebe zu den Ihren, vielleicht werden sie sogar selbst so. Das ist eine große Gefahr!

Für Babylon als Residenz des Antichristen ist das Maß der Sünde, ebenso das Maß der Nachsicht Gottes, voll. Trotz vieler sinnloser Erfahrungen sind die Menschen immer gottloser geworden; jetzt folgt ein gerechtes Gericht. An einem einzigen Tag ihres Untergangs wird sich ihre ganze Verlogenheit herausstellen. Ihre ganze zur Schau gestellte scheinbare Sicherheit wird vor dem allherrschenden und allmächtigen Gott zusammenbrechen. Dafür gibt es heute schon in manchen Staaten auf der Welt konkrete Hinweise, wenn sie trotz all ihrer Macht zittern müssen, z.B. vor Terroristen oder wirtschaftlichen Zusammenbrüchen von Banken. Man redet zwar von Menschenwürde, tritt sie aber mit Füßen. Diese Bilder zu beachten, erfordert *Kenntnis* und *Weisheit* (vgl. Offb 17,9).

Die trauernden Gruppen

In den Versen 18,9–17a wird über den Untergang Babylons geklagt: *Die Könige der Erde, die mit ihr gehurt und in Luxus gelebt haben, werden über sie weinen und klagen, wenn sie den Rauch der brennenden Stadt sehen. Sie bleiben in der Ferne stehen aus Angst vor ihrer Qual und sagen: Wehe! Wehe, du große Stadt Babylon, du mächtige Stadt! In einer einzigen Stunde ist das Gericht über dich gekommen. Auch die Kaufleute der Erde weinen und klagen um sie, weil niemand mehr ihre Ware kauft: Gold und Silber, Edelsteine und Perlen, feines Leinen, Purpur, Seide und Scharlach, wohlriechende Hölzer aller Art und alle möglichen Geräte aus Elfenbein, kostbarem Edelholz, Bronze, Eisen und Marmor; auch Zimt und Balsam, Räucherwerk, Salböl und Weihrauch, Wein und Öl, feinstes Mehl und Weizen, Rinder und Schafe, Pferde und Wagen und sogar Menschen mit Leib und Seele. Auch die Früchte, nach denen dein Herz begehrte, sind dir genommen. Und alles, was prächtig und glänzend war, hast du verloren; nie mehr wird man es finden. Die Kaufleute, die durch den Handel mit dieser Stadt reich geworden sind, werden aus Angst vor ihrer Qual in der Ferne stehen, und sie werden weinen und klagen: Wehe! Wehe, du große Stadt, bekleidet mit feinem Leinen, mit Purpur und Scharlach, geschmückt mit Gold, Edelsteinen und Perlen. In einer einzigen Stunde ist dieser ganze Reichtum dahin.*

Bei diesem Text kann uns vielleicht auch manches aufgehen; hierzu nur ein paar Hinweise. Wir müssen um den Heiligen Geist beten; vor allem darum, dass wir uns nicht täuschen lassen. Wir sehen hier gleichsam drei Klage-Chöre: Einmal die Könige, die das „Wehe, wehe!" über die Stadt sprechen. Im zweiten „Chor" sind die Kaufleute der Erde, die sich am trügerischen Reichtum bereicherten und den Verlust des Absatzes beklagen. Alles Mögliche wird hier aufgezählt, Luxusartikel, Importgüter, sogar Menschen, über die man wie über eine Sache verfügte, also Sklavenhandel (heute z.B. Frauenhandel). Nach dem Attentat am 11. September klagte die ganze Welt; selbstverständlich war es schlimm genug für die betroffenen Menschen. Aber irgendwo war auch eine Macht wie gelähmt, da sie nie geglaubt hatte, dass sie so getroffen werden könne. Wenn man bedenkt, wer dort das Sagen hat, wer dort im Hintergrund wirkt, dann ist das möglicherweise ein Warnzeichen. Seither läuft ja vieles, z.B. auch in der Wirtschaft (siehe Bankenskandale), nicht mehr richtig. Wir müssen da nicht annehmen: Das ist es. Der Hinweis ist mehr als Anstoß zum Weiterdenken gemeint.

Die Verse 18,17b–19 zeigen eine dritte trauernde Gruppe: *Alle Kapitäne und Schiffsreisenden, die Matrosen und alle, die ihren Unterhalt auf See verdienen, machten schon in der Ferne halt, als sie den Rauch der brennenden Stadt sahen, und sie riefen: Wer konnte sich mit der großen Stadt messen? Und sie streuten sich Staub auf den Kopf, sie schrien, weinten und klagten: Wehe! Wehe, du große Stadt, die mit ihren Schätzen alle reich gemacht hat, die Schiffe auf dem Meer haben. In einer einzigen Stunde ist sie verwüstet worden.* Deren Trauer über den Untergang der Stadt ist nicht selbstlos, weil sie die Quelle ihres eigenen Wohlstandes verloren haben. Denken wir dabei ruhig auch an unsere Zeit, in der, wie wir wissen, größtmögliche Absicherung gegen alle Zufälligkeiten des Daseins unser Leben bestimmt. Man lässt sich diese Absicherungen viel kosten, aber unser Dasein bleibt in den Händen dessen, in dem wir leben, uns bewegen und sind. (vgl. Apg 17,28) Wir können im übertriebenen Wahn, uns zu versichern, ein Bild für die Vergötzung der vergänglichen Werte erkennen.

Lobpreis über den Sieg

Einen starken Trost schenkt uns Vers 18,20: *Freu dich über ihren Untergang, du Himmel – und auch ihr, Heilige, Apostel und Propheten, freut euch! Denn Gott hat euch an ihr gerächt.* Johannes hört das Urteil des Himmels, einen Jubelruf. Heilige, Apostel und Propheten – also die Künder des wahren Heils der Welt – werden aufgefordert, Gott zu lobpreisen, der den Sieg herbeiführte. Bevor aber der Himmel die Dankesliturgie später in Kapitel 19,1–10 anstimmt, wird die Gerichtsvision über Babylons Vernichtung in den Versen 18,21–24 abgeschlossen: *Dann hob ein gewaltiger Engel einen Stein auf, so groß wie ein Mühlstein; er warf ihn ins Meer und rief: So wird Babylon, die große Stadt, mit Wucht hinabgeworfen werden, und man wird sie nicht mehr finden. Die Musik von Harfenspielern und Sängern, von Flötenspielern und Trompetern hört man nicht mehr in dir. Einen kundigen Handwerker gibt es nicht mehr in dir. Das Geräusch des Mühlsteins hört man nicht mehr in dir. Das Licht der Lampe scheint nicht mehr in dir. Die Stimme von Braut und Bräutigam hört man nicht mehr in dir. Deine Kaufleute waren die Großen der Erde, deine Zauberei verführte alle Völker. Aber in ihr war das Blut von Propheten und Heiligen und von allen, die auf der Erde hingeschlachtet worden sind.* Diese symbolische Handlung des Engels hat ein Vorbild bei Jer 51,6–64: Jeremia hatte all das Unheil, das über Babel kommen sollte, in einer einzigen Buchrolle aufgeschrieben, alle jene Worte, die über Babel aufgezeichnet sind. Babylon ist nun für immer wie ein Stein im Meer versunken. Alle Spuren des Lebens sind erloschen. Alle Geräusche des früheren Alltags und des Arbeitsfleißes seiner Bewohner sind verstummt. Es ist eine gewisse Wehmut herauszuhören, dass auch wahre menschliche Werte des Daseins mit Babylon untergingen: Kein junger Mann redet mehr in Liebe zu der Braut seines Herzens; es gibt keine neuen Familiengründungen mehr; Kinder werden nicht mehr geboren. Es liegt über Babylon für immer finstere Nacht. Im Himmel wie auf der Erde aber herrscht Jubel über das Gottesgericht an Babylon.

XIII. Der Jubel im Himmel über den Sieg

Offb 19,1 – 20,5

Mit Kapitel 19 beginnt der Jubel im Himmel und auf Erden über das Gottesgericht an Babylon. In den Versen 19,1–4 erhebt sich der Blick aus dem verwüsteten Babylon hinauf zum Himmel. *Danach hörte ich etwas wie den lauten Ruf einer großen Schar im Himmel: Halleluja! Das Heil und die Herrlichkeit und die Macht ist bei unserm Gott. Seine Urteile sind wahr und gerecht. Er hat die große Hure gerichtet, die mit ihrer Unzucht die Erde verdorben hat. Er hat Rache genommen für das Blut seiner Knechte, das an ihren Händen klebte. Noch einmal riefen sie: Halleluja! Der Rauch der Stadt steigt auf in alle Ewigkeit. Und die vierundzwanzig Ältesten und die vier Lebewesen fielen nieder vor Gott, der auf dem Thron sitzt, beteten ihn an und riefen: Amen, halleluja!*

Dort feiern die seligen Geister zusammen mit den verklärten Menschen den Sturz der Residenz des Antichristen in schönen Siegesliedern. In drei Chören, deren jeder mit dem Jubelruf Halleluja beginnt, geht dieser Dank an den, der auf dem Thron sitzt. „Hallel" heißt „Preiset!" – „ja" ist die Verkürzung von Jahwe, also bedeutet Halleluja: Preiset den Herrn! Hier begegnet uns das Halleluja zum ersten und auch einzigen Mal in einer christlichen Schrift und im Neuen Testament. Die Ältesten und die vier Lebewesen vor dem Thron des Allerhöchsten greifen gleichsam diese Anbetung, diesen Jubelruf auf und bestätigen ihn mit ihrem Amen, halleluja!

Das dritte Halleluja braust noch mächtiger zum Thron Gottes empor in den Versen 19,5–8: Und eine Stimme kam vom Thron her: Preist unsern Gott, all seine Knechte und alle, die ihn fürchten, Kleine und Große! Da hörte ich etwas wie den Ruf einer großen Schar und wie das Rauschen gewaltiger Wassermassen und wie das Rollen mächtiger Donner: Halleluja! Denn König geworden ist der Herr, unser Gott, der Herrscher über die ganze Schöpfung. Wir wollen uns freuen und jubeln und ihm die Ehre erweisen. Denn gekommen ist die Hochzeit des Lammes, und seine Frau hat sich bereit gemacht. Sie durfte sich kleiden in strahlend reines Leinen. Das Leinen bedeutet die gerechten Taten der Heiligen.

Es ist ein unübersehbar großer Chor, vereint mit den Stimmen der lautesten Naturgewalten. Der Lobpreis der Engel und Heiligen und das Tosen und Brausen der Naturgewalten gehen ineinander über. Die Aufforderung zum Lobpreis aus der Nähe des Thrones Gottes kommt sicher von einem Lebewesen, denn es geht ja darum, unseren Gott zu ehren; das kann nicht Gottes Stimme selbst sein. Die Kirche Gottes auf Erden jubelt und dankt vor allem deswegen, weil Gott nun im Gericht alles hinweggefegt hat, was seiner Herrschaft im Wege stand. Die Geschöpfe haben immer wieder die Engel der Plagen gerufen, haben sich vormals gleichsam am Menschen rächen wollen, weil der die Schöpfung durch seine Sünde zerstörte. Nach dem Gerichtsurteil rufen sie zum Lobpreis Gottes auf, und die ganze Schöpfung jubelt mit. Wir dürfen heute schon darauf gespannt sein, wie das einmal aussehen wird.

Die Hochzeit des Lammes

Der zweite Grund des Jubels ist die Stunde der *Hochzeit des Lammes,* die nun herannaht, eine ewige Hochzeit. In Offb 21,9 wird diese genauer beschrieben. In diesem Bild der Hochzeit, das die ganze Hl. Schrift durchzieht, geht es um die Beziehung zwischen Gott und seinem Volk, im Neuen Testament zwischen der Kirche und Christus. Christliche Ehe ist ein sakramental gnadentragendes Bild für die ewige Hochzeit Christi mit seiner Braut Kirche. Weil bräutliche Liebe im Grunde die selbstloseste Liebe ist, wird dieses Bild gewählt. Mütter wissen, dass ihre Liebe nicht immer ganz selbstlos ist, ebenso ist es die Kindesliebe nicht, auch nicht die Freundes- und Gattenliebe. Aber die bräutliche Liebe will nichts, staunt nur über den anderen, entdeckt ihn ständig neu. Solche Brautschaft gibt es heute kaum mehr.

Die Kirche als Braut

Ohne bräutliche Liebe geht verloren, was letztlich das innerste Geheimnis des geliebten Menschen ist. Wer sich an der bräutlichen Liebe orientiert, sagt: Etwas Schöneres gibt es nicht! Man könnte sich fast darüber wundern, dass bräutlich liebende Menschen überhaupt noch heiraten und nicht in ihrer bräutlichen Liebe bleiben. Leidgeprüfte Christgläubige können bei der Ankündigung der Hochzeit des Lammes sagen: Der Herr kommt, um seine Kirche aus der Fremde in seine Herrlichkeit heimzuholen. Wenn Christus und Kirche vereint sind, dann ist das Ziel seines Erlösungswerkes voll erreicht. Jetzt noch steht die Kirche erwartungsvoll und sehnsüchtig in ihrem Brautschmuck bereit, ihren Herrn zu empfangen. Ihr Brautkleid ist ein Geschenk Gottes, das ihr gegeben wurde. Die Frau des Lammes durfte sich in strahlend reines Leinen kleiden, das die gerechten Taten der Heiligen bedeutet.

Deshalb ist es widersinnig, wenn jemand sagt, Gott sei ihm wichtig, aber mit Kirche wolle er nichts zu tun haben. Die Kirche ist Braut Christi und ein Geheimnis, und das ist sie mit allen ihren Eigen-heiten, Fehlern und Runzeln usw. Wir sind insgesamt eine Kirche von Sündern, aber eben ein Geheimnis Gottes. Beide zu trennen, würde gleichsam das Haupt vom Leib abschlagen, brächte einen Torso hervor. In solcher Sicht würde man die Kirche nur noch als eine Institution sehen, als soziologisches Gebilde. Sie ist aber Leib Christi, seine Braut, und die Sünden der Braut sind viel schlimmer als die der Heiden, weil dann Christus als Bräutigam mit in die Sünde hineingezogen wird. Das zu erkennen brauchen wir allerdings den Heiligen Geist, und wenn wir nicht um ihn bitten, wenn wir alles besser wissen wollen, können wir dies Ge-heimnis nicht erfassen! Der Bräutigam selbst hat seine Braut mit seiner Gnade ausgestattet. Ihr Kleid ist schlicht und echt und edel, nicht wie vergleichsweise das üppige der Hure Babylons. Die weiße Farbe ist Sinnbild ihrer Heiligkeit, denn sie erwartet die Verklärung in der Herrlichkeit Gottes, nicht wie bei der Hure Babylons, die umhängt ist mit aller irdischen nur scheinbaren Schönheit. Darüber hinaus ist ihr Kleid aber auch – wie es heißt – aus den guten Werken der Christen gewoben. Das Zusammenwirken der Gnade Gottes und der freien Mitarbeit des Menschen bleibt ebenso ein Geheimnis.

Es folgt eine *prophetische Rede* in den Versen 19,9f: *Jemand sagte zu mir: Schreib auf: Selig, wer zum Hochzeitsmahl des Lammes eingeladen ist. Dann sagte er zu mir: Das sind zuverlässige Worte, es sind Worte Gottes. Und ich fiel ihm zu Füßen, um ihn anzubeten. Er aber sagte zu mir: Tu das nicht! Ich bin ein Knecht wie du und deine Brüder, die das Zeugnis Jesu festhalten. Gott bete an!* Das Zeugnis Jesu ist der Geist prophetischer Rede. Das eben gehörte Jubellied der Kirche auf Erden, mit dem sie in den Dankeshymnus des Himmels einstimmte, ist noch Zukunft, eine Vorausschau. Es ist Ausdruck der Hoffnung, auf die hin zu leben und zu sterben Christen bereit sein sollten. Es möchte Zuversicht und Tatkraft für die Zeit der Verfolgung wecken. Wir hören in der hl. Messe, bevor wir dem Lamme in der heiligen Kommunion begegnen und mit ihm eins werden: *Selig, die zum Hochzeitsmahl des Lammes geladen sind!* Die Eucharistie führt – z.B. im Kanon nach dem Vaterunser – immer wieder zum kommenden Herrn hin. Nach der Wandlung beten wir: *Wir erwarten sein Kommen in Herrlichkeit.* Das müssen wir immer tiefer verinnerlichen, denn eine nicht wartende Braut ist im Grunde keine.

Prophetischer Geist im Christen

Der Engel bedeutet dem Johannes, dass hinter den Offenbarungsworten Gott selbst mit seiner Wahrhaftigkeit und Verlässlichkeit steht. Johannes ist davon so beeindruckt, dass er anscheinend vergisst, wen er da vor sich hat; er will anbetend vor dem Engel niederfallen; der aber wehrt energisch ab und stellt sich als einer vor, der wie Johannes und die christlichen Propheten in Gottes Dienst steht. In der Apokalypse hören wir also das Zeugnis Jesu selbst, das in den Worten, die der Geist den Propheten eingibt, fortlebt und sich entfaltet, wie es Joh 14,26 beschreibt. In Joh 15,26 verspricht Jesus selbst, dass der Geist *Zeugnis für* IHN ablegen wird. Wir sind alle in der Taufe, vor allem in der Firmung, gesalbt zu Propheten, d.h. wir sollen wie Propheten laut rufen, wenn etwas nicht dem Willen Gottes entspricht. Der Geist Gottes ist ja auch der Geist Jesu, wie es Jesus in Joh 16,13 sagt. Ähnlich verkündet Röm 8,9, dass der Geist Gottes in uns wohnt. In 2 Kor 3,17 heißt es in eindrucksvoller Parallele: *Der Herr aber ist der Geist, und wo der Geist des Herrn wirkt, da ist Freiheit.* Verkündigung, die letztlich nicht Christus meint und im Heiligen Geist sein Zeugnis weitergibt, ist keine christliche Verkündigung.

Wiederkunft Christi und Endgericht

In Offb 19,11–20,15 hören wir nun von der Wiederkunft Christi und dem Endgericht. Es ist ein Blick nach oben – wie schon öfter – dann allerdings schauen wir wieder zurück zu den Ereignissen auf dieser Erde. Zunächst folgt sofort noch das Gerichtsurteil über das Tier und seinen Anhang, das nach Gottes Ratschluss dem Antichristen und seinen Verbündeten selbst zufiel, nämlich sich selbst zu zerstören.

Nun erscheint Christus, der den Antichristen an den Ort verbannt, an den er gehört. Danach wird auch seinem Auftraggeber, dem Satan die Macht entzogen in Offb 20,1–6: *Dann sah ich einen Engel vom Himmel herabsteigen; auf seiner Hand trug er den Schlüssel zum Abgrund und eine schwere Kette. Er überwältigte den Drachen, die alte Schlange – das ist der Teufel oder der Satan – und er fesselte ihn für tausend Jahre. Er warf ihn in den Abgrund, verschloss diesen und drückte ein Siegel darauf, damit der Drache die Völker nicht mehr verführen konnte, bis die tausend Jahre vollendet sind. Danach muss er für kurze Zeit freigelassen werden. Dann sah ich Throne; und denen, die darauf Platz nahmen, wurde das Gericht übertragen. Ich sah die Seelen aller, die enthauptet worden waren, weil sie an dem Zeugnis Jesu und am Wort Gottes festgehalten hatten. Sie hatten das Tier und sein Standbild nicht angebetet, und sie hatten das Kennzeichen nicht auf ihrer Stirn und auf ihrer Hand anbringen lassen. Sie gelangten zum Leben und zur Herrschaft mit Christus für tausend Jahre.*

Die übrigen Toten kamen nicht zum Leben, bis die tausend Jahre vollendet waren. Das ist die erste Auferstehung. Selig und heilig, wer an der ersten Auferstehung teilhat. Über solche hat der zweite Tod keine Gewalt. Sie werden Priester Gottes und Christi sein und tausend Jahre mit ihm herrschen.

Satan wird aus der Schöpfung Gottes für immer verbannt nach Offb 20,7–10: *Wenn die tausend Jahre vollendet sind, wird der Satan aus seinem Gefängnis freigelassen werden. Er wird ausziehen, um die Völker an den vier Ecken der Erde, den Gog und den Magog, zu verführen und sie zusammenholen für den Kampf; sie sind so zahlreich wie die Sandkörner am Meer. Sie schwärmten aus über die weite Erde und umzingelten das Lager der Heiligen und Gottes geliebte Stadt. Aber Feuer fiel vom Himmel und verzehrte sie. Und der Teufel, ihr Verführer, wurde in den See von brennendem Schwefel geworfen, wo auch das Tier und der falsche Prophet sind. Tag und Nacht werden sie gequält, in alle Ewigkeit.*

Nun kann die Neuordnung der Welt (Offb 20,11-15) beginnen, die durch das Endgericht eingeleitet wird: *Dann sah ich einen großen weißen Thron und den, der auf ihm saß. Vor seinem Anblick flohen Erde und Himmel, und es gab keinen Platz mehr für sie. Ich sah die Toten vor dem Thron stehen, die Großen und die Kleinen. Und Bücher wurden aufgeschlagen; auch das Buch des Lebens wurde aufgeschlagen. Die Toten wurden nach ihren Werken gerichtet, nach dem, was in den Büchern aufgeschrieben war. Und das Meer gab die Toten heraus, die in ihm waren; und der Tod und die Unterwelt gaben ihre Toten heraus, die in ihnen waren. Sie wurden gerichtet, jeder nach seinen Werken. Der Tod und die Unterwelt aber wurden in den Feuersee geworfen. Das ist der zweite Tod: der Feuersee. Wer nicht im Buch des Lebens verzeichnet war, wurde in den Feuersee geworfen.*

Reich Gottes in uns verborgen

Vor all diesem aber erscheint der Logos-Reiter in Offb 19,11-16, eine Vision von der Erscheinung Christi: *Dann sah ich den*

Himmel offen, und siehe, da war ein weißes Pferd, und der, der auf ihm saß heißt «Der Treue und Wahrhaftige»; gerecht richtet er und führt er Krieg. Seine Augen waren wie Feuerflammen, und auf dem Haupt trug er viele Diademe; und auf ihm stand ein Name, den er allein kennt. Bekleidet war er mit einem blutgetränkten Gewand; und sein Name heißt «Das Wort Gottes». Die Heere des Himmels folgten ihm auf weißen Pferden; sie waren in reines, weißes Leinen gekleidet. Aus seinem Mund kam ein scharfes Schwert; mit ihm wird er die Völker schlagen. Und er herrscht über sie mit eisernem Zepter, und er tritt die Kelter des Weines, des rächenden Zornes Gottes, des Herrschers über die ganze Schöpfung.

So wie der Erlöser bei der ersten Ankunft in einem hilflosen Kind kam und dem Drachen preisgegeben war (vgl. Offb 12), so verborgen ist auch die Wirklichkeit der erlösten Welt zwischen Himmelfahrt und Wiederkunft des Herrn. Sie ist nicht äußerlich sichtbar, sondern sie ist im Menschen. *Das Reich Gottes ist in euch!* Nur die Gläubigen können im Glauben diese Wirklichkeit erkennen. Deshalb stellen wir oft fest, dass manche Menschen das, was ihnen ihr Glaube sagt, doch nicht annehmen können. Man kann eben den Glauben nicht lernen, man muss ihn sich schenken lassen. Allerdings muss man auch mittun, muss mitweben am Brautkleid der Kirche. Es gibt Menschen, die sich gegen den Heiligen Geist wehren. Sie erkennen zwar manches, mögen aber nicht darauf eingehen und bringen alle möglichen Argumente, um sich das Erkannte sozusagen vom Leib zu halten. Manchmal sagen uns Menschen: „*Wenn ich nur glauben könnte wie Sie!*“ Gut daran ist, dass es bei ihnen eine Sehnsucht zu geben scheint; dann kann sich in Zukunft bei ihnen noch etwas bewegen. Man kann ihnen empfehlen, sich Christus zu öffnen, ihm zu erlauben, dass ER an ihnen handeln darf. Gott sucht jeden Menschen. So wie Christus verborgen in die Welt kam, so verborgen ist auch das Reich Gottes zwischen der ersten und zweiten Wiederkunft Christi.

Glauben und Schauen

Mit der Offenbarung der Herrlichkeit des erhöhten Herrn und mit der Wiederkunft schauen nun die Seinen, was sie bisher geglaubt haben. Weil in Offb 14,6–13 bereits Einzelheiten dieses Wiederkommens des Herrn geschildert wurden, kann die nachfolgende Betrachtung kürzer gehalten werden.

Nun heißt es in Vers 19,11: *Dann sah ich den Himmel offen, und siehe, da war ein weißes Pferd, und der, der auf ihm saß, heißt «Der Treue und Wahrhaftige»; gerecht richtet er und führt er Krieg.* Den *Treuen (Heiligen) und Wahrhaftigen* lernten wir schon bei der Gemeinde Philadelphia kennen. (Offb 3,7). Johannes sieht jetzt bereits zum dritten Mal den Himmel geöffnet. (vgl. z.B. Offb 4,1 und Offb 11,19) Jetzt aber wird sich der Himmel nicht mehr verschließen, denn der jetzt kommt, wird die Gläubigen nicht mehr verlassen wie ehedem bei der Himmelfahrt. Johannes sieht ein weißes Ross, ähnlich der weißen Wolke, dem Zeichen der Gegenwart Gottes, wie die Wolke auf Tabor, die Wolke bei der Himmelfahrt oder bei seiner Wiederkunft. Wir werden gleichsam in die Gegenwart Gottes zum Himmel erhoben. Das Symbol der Wolke ist hier wichtig; wir erfahren, dass wir dann im Lichte Gottes sind und im Lichte Gottes emporsteigen. Der Richter erscheint hier im Rahmen unseres Bildes als Heerführer, der über seine Feinde triumphiert. Das strahlende Weiß des Pferdes weist auf die verklärte Welt des Himmels hin. Der Reiter wird mehr von innen, also gleichsam von seinem Wesen und von der Art des Handelns her geschildert, nämlich als der Treue und Wahrhaftige. So ist uns der hier gemeinte Menschensohn schon im ersten Kapitel vorgestellt worden. Seine Wiederkunft erweist dem Gläubigen, dass er sich nicht umsonst auf ihn verlassen und in der Verfolgung standgehalten hat. Christus, der Bräutigam, ist treu zu seiner Braut, ist wahrhaftig, verbirgt ihr nichts.

Das gerechte Gericht

Danach wird sein gerechtes Walten, seine Einstellung gegenüber den Feindmächten in der Welt beschrieben. In Jes 11,3–5 ist der

Messias ebenso geschildert. Jetzt erscheint er, um seinen Gläubigen Recht vor ihren Gegnern zu verschaffen, sein Aussehen gibt Vers 19,12 wider: *Seine Augen waren wie Feuerflammen, und auf dem Haupt trug er viele Diademe; und auf ihm stand ein Name, den er allein kennt.* Hier sind die Symbole seiner Herrschermacht nicht zahlenmäßig beschränkt wie beim Drachen in Offb 12,3: Das heißt, dass der Reiter auf dem weißen Ross allmächtig ist. Der ungenannte Name bezeugt sein Wesen, das nicht zu begreifen ist. In Phil 2,9 heißt es dazu: *Darum hat ihn Gott über alle erhöht und ihm den Namen verliehen, der größer ist als alle Namen.* Das besagt im Grunde auch, dass wir eine Ewigkeit lang das unendliche Geheimnis Gottes nicht ergründen können.

Christus kommt, mit einem Gewand bekleidet, aus der Herrlichkeit des Himmels, wie es Johannes in Vers 19,13 sieht: *Bekleidet war er mit einem blutgetränkten Gewand; und sein Name heißt «Das Wort Gottes».* Gericht ist hier so verstanden, dass der Mensch, der diesen Erlöser zwar erkannte, aber alle Angebote seiner Liebe sein Leben lang ablehnte; sich damit selbst richtete. Das blutgetränkte Gewand weist auf den erlösenden Tod Christi hin. Der Richter ist auch der Erlöser der Welt. Der Name des Reiters *(Wort Gottes)* ist nicht eine nachträgliche Mitteilung des in Vers 19,11 nicht genannten Namens, sondern er stammt aus dem Prolog in Joh 1,1, wo es heißt: *Im Anfang war das Wort, und das Wort war bei Gott, und das Wort war Gott.* Im Prolog des Johannesevangeliums war es eine Art Tätigkeitsbezeichnung, hier ist es mehr, denn der Wiederkommende hat vor Gott auch Zeugnis abgelegt. Das wird mit dem Blutmantel ausgedrückt. Das Wort Gottes kommt jetzt als Richter, als treu und wahrhaftig vor aller Welt. Jesus sagte nämlich einmal: *Wer mich verachtet und meine Worte nicht annimmt, der hat schon seinen Richter: Das Wort, das ich gesprochen habe, wird ihn richten am Letzten Tag.* (Joh 12,48) Wir richten uns also durch unsere Entscheidung selbst. Zwar wird es nicht gerade einfach sein, das auszuhalten. Das Wunderbare ist, dass beim Empfangen der Sakramente, z.B. des Bußsakraments, nicht nur alles Negative in uns vergeben, sondern vollkommen vernichtet ist, weil im Bußsakrament der Tod Christi gegenwärtig ist. Das Sakrament der Versöhnung ist nämlich etwas völlig anderes als eine Bitte. Die Sünde wird da sozusagen im Tod Jesu vor Gott zunichte gemacht, gleichsam begraben, so als wäre sie nie geschehen. Auch ich selbst werde meine Sünde in meinem Tod nicht mehr erkennen. Deshalb ist es wichtig, sich gut auf den Tod vorzubereiten. Wenn wir bewusst bereuen und das Sakrament der Krankensalbung empfangen können, das Sünden und Sündenstrafen nachlässt, dann ist die Erlösung Jesu vollkommen; wir können sie mit Freuden in Anspruch nehmen. Wir haben einen so großen Schatz, eine solche Fülle des Heils durch Christus! Leider gehen wir oft zu lässig damit um, wissen nicht mehr, welchen Wert das alles hat.

In Vers 19,14 erscheint dann wieder das Weiß: *Die Heere des Himmels folgten ihm auf weißen Pferden; sie waren in reines, weißes Leinen gekleidet.* Gedacht ist dabei vor allem an die Himmelsscharen, aber auch an die erlösten, seligen Menschen im Himmel, die an dem Gericht teilnehmen, wie es an verschiedenen anderen Stellen der Hl. Schrift heißt, z.B. bei Mk 13,27. Da wird niemand vergessen; wir alle brauchen aber keine Angst zu haben, dass wir irgendwo gleichsam antreten müssten; wir werden von Engeln abgeholt, ähnlich wie in Mt 25,32 oder wie in 2 Thess 1,7. Auch diese Parallelstellen sind wunderbar aufbauend für uns.

Gericht über die ganze Welt

In Vers 19,15 taucht wieder das eiserne Zepter aus Kapitel 12 auf: *Aus seinem Mund kam ein scharfes Schwert; mit ihm wird er die Völker schlagen. Und er herrscht über sie mit eisernem Zepter, und er tritt die Kelter des Weines, des rächenden Zornes Gottes, des Herrschers über die ganze Schöpfung.* Bisher ging es um die Beziehung von Christus zu den Gläubigen im Bilde von Braut und Bräutigam. Jetzt geht es um die Beziehung zu den „Völkern", d.h. hier zu den Ungläubigen. Als Richter und Herr der ganzen Welt bringt Christus nicht nur die Geschichte seiner Kirche, sondern auch die Geschichte der Welt zur Vollendung. Heute trennt man oft bei der Sünde zwischen geistlich, christlich, religiös auf der einen und Welt auf der andern Seite, ein Kardinalfehler unserer Zeit! Man will nicht akzeptieren, dass die Sünde auf religiösem Gebiet eine massive Wirkung auf die gesamte Weltgeschichte und die ganze Schöpfung hat; deswegen trennt man beides. Aber wenn der Herr kommt, geht es um die Vollendung der ganzen Welt. Alles gehört zu ihm, auch die Heiden. Sein Urteil wird sofort vollstreckt. Es trifft alle mit einem Schlag, gleichsam mit eisernem Stab, wie es hier heißt. Jeder erkennt das sofort, was sich hier verwirklicht. Trotzdem bleibt Christus auch als Richter unendliche Liebe und Barmherzigkeit. Zu erkennen, was er da in seinem Leben ablehnte, muss für jeden schrecklich sein. Der Schuldige hält das wohl nicht mehr aus, weil er sich nämlich selbst der Gerechtigkeit ausliefert, sich selbst sein Urteil spricht.

Dann wird in Vers 19,16 nochmals sein Name genannt: *Auf seinem Gewand und auf seiner Hüfte trägt er den Namen: „König der Könige und Herr der Herren“*. Das hat er schon vor Pilatus bekannt. Dieser Name begründet seine Allmacht als Richter und auch die Ohnmacht der Gerichteten, die ja vorher meinten, sie beherrschten die Welt; ihnen könne keiner etwas anhaben. Der Name steht hier auf jener Körperstelle, die beim Reiter am meisten ins Auge fällt, am Oberschenkel.

Der Triumph über die Feinde Gottes

In Vers 19,17–21 geht es um die Vernichtung des Tieres und seiner Verbündeten. Zunächst zeichnen die Verse 17 und 18 ein schauriges Bild, über dem ein strahlender Engel steht: *Dann sah ich einen Engel, der in der Sonne stand. Er rief mit lauter Stimme allen Vögeln zu, die hoch am Himmel flogen: Kommt her! Versammelt euch zum großen Mahl Gottes. Fresst Fleisch von Königen, von Heerführern und von Helden, Fleisch von Pferden und ihren Reitern, Fleisch von allen, von Freien und Sklaven, von Großen und Kleinen!* Schon bei Ez 39,17–20 finden wir in einem schaudervollen Bild den Blick auf das Endgericht, ein erschütterndes Gegenstück zum Hochzeitsmahl des Lammes.
In den Versen 19,19–21 wird der Triumph des Logos-Reiters über alle Feinde festgestellt: *Dann sah ich das Tier und die Könige der*

Erde und ihre Heere versammelt, um mit dem Reiter und seinem Heer Krieg zu führen. Aber das Tier wurde gepackt und mit ihm der falsche Prophet; er hatte vor seinen Augen Zeichen getan und dadurch alle verführt, die das Kennzeichen des Tieres angenommen und sein Standbild angebetet hatten. Bei lebendigem Leib wurden beide in den See von brennendem Schwefel geworfen. Die übrigen wurden getötet mit dem Schwert, das aus dem Mund des Reiters kam; und alle Vögel fraßen sich satt an ihrem Fleisch.

Der *falsche Prophet*, man meint hier das zweite Tier; das *Schwert aus dem Mund des Reiters* bedeutet das Wort. Der hier geschilderte Kampf ist schon beim Tod Jesu längst ausgetragen und durch seine Auferstehung siegreich entschieden worden. In Off 12,5–12 wurde uns das schon kurz angedeutet. Deshalb finden wir hier auch keine Spur mehr von einer Auseinandersetzung; alle, die im Namen des Antichristen antraten, liegen bereits tot und erschlagen am Boden. Sie wollen zwar gegen den Logos-Reiter und seine Heere Krieg führen, werden aber nur noch gepackt und den Vögeln vorgeworfen. Sie sind alle schon besiegt durch Tod und Auferstehung Christi, können nicht mehr gegen ihn kämpfen.

Satan ist bereits besiegt

Deutlich wird hier, dass der Teufel in der Zwischenzeit nur noch den Menschen missbrauchen kann, dass dieser an seiner Statt gegen Gott kämpft, er selbst kann es nicht mehr. Wenn wir heute mit dämonischen Kräften zu kämpfen haben, wirkt das Dämonische immer über Menschen, die sich z.B. abergläubischen Kulten zuwenden, zum Wahrsager gehen, sich solchen und ähnlichen Kräften zur Verfügung stellen. Flüche und Lästerung gegen Gott, wie wir sie an dem Tier sahen, kann es nur noch durch Menschen geben.

Schon vom Paradies an versucht der Satan, den Menschen dafür zu gewinnen. Der Satan selbst ist durch den Tod und die Auferstehung Christi bereits besiegt. Wenn sich *der Löwe aus dem Stamme Juda* vor der Welt enthüllt, hat er längst schon gesiegt, und es geht nur noch (ohne Mühen und Anstrengungen) um die Folgen aus seinem Sieg. Die scheinbar Mächtigen auf Erden sind dann wie von einer Ohnmacht gelähmt; die beiden Tiere werden an den Ort zurückgebracht, von dem sie kamen, nämlich in die Hölle. Ihnen und ihrem ganzen Anhang spricht der allmächtige Richter das Todesurteil, das sogleich vollstreckt wird. ER, das Wort, der Logos und das Schwert haben sie schon gerichtet. Paulus beschreibt das in einem schönen Bild: *Nehmt den Helm des Heils und das Schwert des Geistes, das ist das Wort Gottes.* (Eph 6,17) Von dem endgültigen Schicksal der Tieranbeter ist später noch die Rede in Offb 20,15 und Offb 21,8). Wir kommen später noch darauf zu sprechen.

In Offb 20,1–10 folgt das Gericht über Satan, den Drachen, selbst: *Dann sah ich einen Engel vom Himmel herabsteigen; auf seiner Hand trug er den Schlüssel zum Abgrund und eine schwere Kette. Er überwältigte den Drachen, die alte Schlange – das ist der Teufel oder der Satan –, und er fesselte ihn für tausend Jahre. Er warf ihn in den Abgrund, verschloss diesen und drückte ein Siegel darauf, damit der Drache die Völker nicht mehr verführen konnte, bis die tausend Jahre vollendet sind. Danach muss er für kurze Zeit freigelassen werden. Dann sah ich Throne; und denen, die darauf Platz nahmen, wurde das Gericht übertragen. Ich sah die Seelen aller, die enthauptet worden waren, weil sie an dem Zeugnis Jesu und am Wort Gottes festgehalten hatten. Sie hatten das Tier und sein Standbild nicht angebetet, und sie hatten das Kennzeichen nicht auf ihrer Stirn und auf ihrer Hand anbringen lassen. Sie gelangten zum Leben und zur Herrschaft mit Christus für tausend Jahre. Die übrigen Toten kamen nicht zum Leben, bis die tausend Jahre vollendet waren. Das ist die erste Auferstehung. Selig und heilig, wer an der ersten Auferstehung teilhat. Über solche hat der zweite Tod keine Gewalt. Sie werden Priester Gottes und Christi sein und tausend Jahre mit ihm herrschen. Wenn die tausend Jahre vollendet sind, wird der Satan aus seinem Gefängnis freigelassen werden. Er wird ausziehen, um die Völker an den vier Ecken der Erde, den Gog und den Magog, zu verführen und sie zusammenholen für den Kampf; sie sind so zahlreich wie die Sandkörner am Meer. Sie schwärmten aus über die weite*

Erde und umzingelten das Lager der Heiligen und Gottes geliebte Stadt. Aber Feuer fiel vom Himmel und verzehrte sie. Und der Teufel, ihr Verführer, wurde in den See von brennendem Schwefel geworfen, wo auch das Tier und der falsche Prophet sind. Tag und Nacht werden sie gequält, in alle Ewigkeit.

Der Satan ist jetzt ganz ohne seinen Anhang, seine Werkzeuge, nämlich das Tier, den falschen Propheten und die, die sich von ihnen verführen ließen. Er ist nun ganz auf sich selbst angewiesen. Durch die Erlösungstat Christi war er bereits schon auf verlorenem Posten, wie wir im Sturz durch Michael sahen (Offb 12,7–12). Es war ihm – hieß es – aber noch eine Frist gelassen, um sein Unwesen auf Erden weitertreiben zu können (Offb 12,12). Er hat in dieser Zeit alle Kinder der Frau, die den Geboten Gottes treu waren, verfolgen dürfen. Seine Scheinmacht wird nun vor aller Welt entlarvt, noch innerhalb der Weltgeschichte, also für uns noch erlebbar, nicht erst dann, wenn alles vorbei ist. Das Reich Gottes, die Braut Christi, ist verborgen in den Glaubenden, wie Christus verborgen in einem Kind in diese Welt kam und als Mensch durch diese Welt ging bis an das Kreuz, bis zur Auferstehung. Nun aber bricht diese Herrlichkeit Christi so gewaltig durch, dass die einen das aushalten können, die anderen nicht. Darauf weisen wohl die Fesselung Satans und das tausendjährige Reich, das nachfolgt, und die kurzfristige Freilassung des Teufels hin. Das Tier und der Prophet kommen nicht mehr; sie sind erledigt. Aber Satan ist noch da. Er wird für kurze Zeit festgebunden. Das folgt nun in Kapitel 20,1–6.

Die Fesselung Satans

Johannes hat nun in Vers 20,1 eine neue Vision: *Dann sah ich einen Engel vom Himmel herabsteigen; auf seiner Hand trug er den Schlüssel zum Abgrund und eine schwere Kette.* Ein Engel steigt aus dem Himmel mit der Vollmacht Gottes auf die Erde herab. Den Schlüssel zum Abgrund hat nach Offb 1,18 Christus in Verwahrung: Niemand kann schließen, wo er geöffnet, und niemand kann öffnen, wo er geschlossen hat. Der Schlüssel war schon einmal einem gefallenen Engel ausgehändigt worden in Offb 9,1. Dieser Engel jetzt hat den Auftrag, die Dämonen einzusperren, vor allem ihren obersten Anführer. Das zeigt die Kette, die er mitbringt. Es ist auch im Befreiungsdienst der Kirche ganz gut und sehr wirksam, den Engel darum zu bitten, die uns bedrängenden Mächte gleichsam an die Kette zu legen, weil uns das *Wort Gottes* dies hier mitteilt, dürfen wir es jetzt schon nützen.

In Vers 20,2 vollzieht der Engel mühelos seinen Auftrag: *Er überwältigte den Drachen, die alte Schlange – das ist der Teufel oder der Satan – und er fesselte ihn für tausend Jahre.* Der Drache muss sich ohnmächtig fesseln lassen. Trotz seiner Gefährlichkeit ist er schon ganz entmachtet. Auf dem Monte Sant Angelo in Süditalien, in der Höhle des hl. Michael, wird das in einer Skulptur eindrucksvoll abgebildet: Michael hält ganz lässig einen Ring am Finger seiner Hand mit einer Kette, die am Zahn des Drachen hängt. Man sieht die gewaltige Macht des Engels und den schrecklichen, scheußlichen Drachen, der ganz besiegt ist. Denken wir an Kapitel 12, wo er das Kind noch umbringen wollte und tobte, wie er auch heute noch durch die von ihm verführten Menschen in der Weltgeschichte herumtobt. Wenn sich alle Menschen bekehren würden, hätte er überhaupt keine Macht mehr! Für den Engel ist es deswegen so leicht, diesen Auftrag auszuführen, weil Christus ihn schon besiegt hat. Auch wir Menschen können dem Widersacher im Namen Gottes entgegentreten und ihm ohne Furcht und mit unbedingter Sicherheit begegnen. An sich kann der Teufel nicht mehr gefährlich werden; er wird es nur durch die Menschen, die ihm ihre Freiheit zur Verfügung stellen.

Das Bild in Vers 20,3 lässt uns den unheimlichen Hass des Drachen in Offb 12 auf dieses Kind verstehen, das ihn wehrlos macht.: *Er warf ihn in den Abgrund, verschloss diesen und drückte ein Siegel darauf, damit der Drache die Völker nicht mehr verführen konnte, bis die tausend Jahre vollendet sind. Danach muss er für kurze Zeit freigelassen werden.* Deswegen setzt Satan alles in Bewegung, um das Kind mit Hilfe von Menschen, wie z.B. Herodes, aus dem Weg zu schaffen. Den endgültigen

Ausschluss Satans aus der Geschichte verbürgt Gott mit seinem Siegel. Tausend Jahre sind zwar eine verhältnismäßig lange Zeit, aber in dieser Zeit hat der Teufel keinen Einfluss auf das Weltgeschehen und muss die Menschheit in Ruhe lassen. Danach muss er – nach Gottes Ratschluss – ein letztes Mal kurz freigelassen werden. Dann erst wird das Endurteil über ihn gefällt. Darin liegt im Grunde ein Hinweis auf eine zweifache Wiederkunft, dazwischen die Zeit des Reiches Gottes, das jetzt noch in uns verborgen ist. Gott ist es sich sozusagen schuldig, möchte man fast sagen, dass diese gewaltige Tat der Erlösung noch in dieser Weltzeit offenbar wird; so wird es regelrecht spannend. Diese Herrlichkeit würden wir vielleicht noch gern erleben, aber das liegt in Gottes Willen. Der Durchbruch wird vermutlich nicht einfach sein, sozusagen mit Geburtswehen.

Die Martyrer aller Jahrhunderte spielen eine ganz große Rolle; das zeigen die Verse 20,4f: *Dann sah ich Throne; und denen, die darauf Platz nahmen, wurde das Gericht übertragen. Ich sah die Seelen aller, die enthauptet worden waren, weil sie an dem Zeugnis Jesu und am Wort Gottes festgehalten hatten. Sie hatten das Tier und sein Standbild nicht angebetet, und sie hatten das Kennzeichen nicht auf ihrer Stirn und auf ihrer Hand anbringen lassen. Sie gelangten zum Leben und zur Herrschaft mit Christus für tausend Jahre. Die übrigen Toten kamen nicht zum Leben, bis die tausend Jahre vollendet waren. Das ist die erste Auferstehung.*

Die treuen Seelen haben das Zeichen des Tieres nicht angenommen, das in jedem Jahrhundert anders aussieht. Die jetzige Vision ist eine Gerichtssitzung, die sich im Himmel abspielt. Die Richter bleiben unbenannt, sind ohne Belang. Über zwei verschiedene Gruppen wird das Urteil gesprochen, die Schar der Martyrer und die der Bekenner, die sich in der Zeit des Antichristen im Glauben bewährten, ohne es mit ihrem Blut bezeugen zu müssen. Ihnen allen wird neues Leben, wie bereits gesagt, nach dem Tod zugesprochen.

Erste und zweite Auferstehung

Dieses Gericht im Himmel zeigt an, dass der Lohn, den diese Seelen jetzt bekommen, nicht der endgültige ist. Es wird nur gezeigt, welches Los ihnen während der tausend Jahre zufällt. Es geht also darum, herauszufinden, was der Sinn der Aussage ist: Sie gelangten zum Leben. Es wird immer wieder vom *zweiten Tod, der zweiten Auferstehung* usw. gesprochen. Die Auferstehung des Fleisches erfolgt erst später beim Weltgericht, und zwar für Gute und Böse, wie in 20,12 und 20,15 beschrieben: *Ich sah die Toten vor dem Thron stehen, die Großen und die Kleinen. Und Bücher wurden aufgeschlagen; auch das Buch des Lebens wurde aufgeschlagen. Die Toten wurden nach ihren Werken gerichtet, nach dem, was in den Büchern aufgeschrieben war* (Offb 20,12). *Wer nicht im Buch des Lebens verzeichnet war, wurde in den Feuersee geworfen* (Offb 20,15). Die Anhänger des Tieres bleiben dagegen im Tod. Aus diesem Grund kann die erste Auferstehung nicht einfach eine im Sinn der *Auferstehung des Fleisches* kurz vor dem Endgericht sein. Die erste ist also wohl zu verstehen als die Teilnahme an der Herrlichkeit und damit auch an der Herrschaft des verklärten Christus. Aber da geschieht noch nicht unsere Vollendung. Johannes sagt in 1 Joh 3,2: *Jetzt sind wir Kinder Gottes. Aber was wir sein werden, ist noch nicht offenbar geworden.* Auch Christus hat jetzt seiner Menschheit nach noch nicht die ganze Fülle erreicht, denn wir sind als Glieder seines Leibes noch nicht alle im Himmel. Erst wenn sein ganzer mystischer Leib, die Kirche, in der Fülle seiner Herrlichkeit ist, dann wird auch Christus seiner Menschheit nach vollendet sein und wir mit ihm. Was uns noch erwartet, können wir uns deshalb überhaupt nicht vorstellen. Wir sind jetzt schon Kinder Gottes. Das ist etwas unbegreiflich Schönes, dass wir teilhaben am Wesen Gottes. Aber es soll ein Weiteres dazukommen.

Gott der Lebenden

Manche nicht-katholische Richtungen meinen, dass nach dem normalen Sterben eines Menschen alles an ihm tot sei, nichts mehr lebe, und dass Christus dann wieder alle ganz neu auferwecke. Das könnte zwar aus dieser Stelle abgeleitet werden; es ist aber als Vorstellung untragbar, dass Gott uns so auslöschen sollte, dass wir gar nicht mehr da sind. Das widerstrebt unserem Wesen, die wir – wie uns verheißen – ewig leben wollen. Gott zerstört nicht, was er unendlich liebt, was sein Ebenbild ist. Deshalb leugnen diese genannten Richtungen auch das Fegefeuer. Der Blick in den Himmel zeigt hier aber deutlich, was den Martyrern entspricht, die schon in der Herrlichkeit sind: nämlich das ewige Leben. *Er ist doch kein Gott von Toten, sondern von Lebenden; denn für ihn sind alle lebendig.* (Lk 20,38; parr. Mt 22,32; Mk 12,27)

Die anderen sind fern von Gott schon in der Hölle. Daran wird sich für sie in den tausend Jahren nichts ändern. Sie erfahren keine Auferstehung zur Herrlichkeit. Die eigentliche *Auferstehung des Fleisches* wird dann bei ihnen wie bei uns allen vor dem Gericht sein, denn fern von Gott können sie nicht in die Auferstehung zur Herrlichkeit des Himmels hineinkommen, weil sie das ja auch gar nicht wollen. Die Teilnahme an der Herrschaft des verklärten Christus wird denen zuteil, die für das Bekenntnis zu Christus ihr Leben hingeopfert haben und auch ohne Martyrium im Glauben an ihn durch das Tor des Todes geschritten sind. Aus ihrem ersten Tod, dem natürlichen Tod, wurde so ihre erste Auferstehung. Sehr eindeutig ist der zweite Tod, von dem hier die Rede ist, die Hölle. Für alle Übrigen, die mit dem Siegel des Tieres Bezeichneten, erwartet nach dem ersten Tod das, was in Offb 20,14 so erklärt wird: *Der Tod und die Unterwelt aber wurden in den Feuersee geworfen. Das ist der zweite Tod: der Feuersee.*

XIV. Sieg über Satan – Gottes Wohnen unter den Menschen

Offb 20,6 – 21,21

Nach der ersten Auferstehung erfolgt eine Seligpreisung: *Selig und heilig, wer an der ersten Auferstehung teilhat. Über solche hat der zweite Tod keine Gewalt. Sie werden Priester Gottes und Christi sein und tausend Jahre mit ihm herrschen.* (Offb 20,6) Die Seliggepriesenen werden heilig genannt, sind also eingegangen in die Lebensgemeinschaft mit Gott, dessen Wesen Heiligkeit ist. Auf Grund dieser neuen Existenzweise kann den Seligen der zweite Tod nichts anhaben; sie bleiben vor der ewigen Verdammnis des zweiten Todes bewahrt. Der erste ist – wie wir schon sagten – der physische, der zweite ist biblisch die Hölle, die ewige Verdammnis. Deswegen schließen sich erste Auferstehung und der zweite Tod gegenseitig aus. In der ersten Auferstehung darf ich, wenn ich gerettet bin, schon an der Herrlichkeit Gottes teilhaben. Es liegt nahe, die erste Auferstehung als die selige Vereinigung mit Christus in der Herrlichkeit des Vaters anzunehmen. Das fügt sich gut in die Umschreibung des Lebens als eines Priesterdienstes für Gott und Christus ein und als Mitherrschaft mit dem Welterlöser auf dem Thron des Vaters, wie wir schon des Öfteren sahen. Wir schließen daraus etwas über die Kirche auf Erden während der Zeit, in der Satan keine Macht hat. Er kann sich in dieser Zeit im Kampf gegen das Volk Gottes weder dämonischer noch menschlicher Werkzeuge bedienen. Es folgt also eine Friedenszeit außen und im Innern, die wir alle sehen können. Die Herrschaft Christi und seiner Heiligen und ihr Triumph im Himmel werden sich auf der Erde widerspiegeln können, und zwar in der Verfassung der menschlichen Gesellschaft, aber auch ihrer einzelnen Gruppen, in denen das irdische Leben vom Gesetz Gottes, von dem Hauptgebot der Liebe bestimmt ist. Es ist gleichsam eine Art Machtergreifung Christi und seiner Heiligen. Dann könnte sich das Evangelium frei unter den Menschen ausbreiten und sich ungehindert auf die menschliche Gesellschaft auswirken.

Allerdings ist mit der Entmachtung des Teufels das Böse nicht vollständig verbannt. Die andere Quelle des Bösen, das menschliche Herz, dessen Trachten böse ist von Jugend auf (vgl. Gen 8,21), ist die Erbschuld in uns, sie kann zwar nicht mehr missbraucht werden durch die Mächte der Finsternis, aber Verkehrtheit, Sünde in dieser Zeit wie Unheil und Tod werden gegenwärtig bleiben. Wir werden jedoch nicht behindert werden, all dies im Lichte Gottes zu verstehen. Wir brauchen deswegen in dieser Zeit z.B. das Bußsakrament, die Vergebung der Sünden, aber es gibt kein Hindernis mehr für die freie Entscheidung. Die Behinderung des Evangeliums heute in unserem eigenen Land und anderswo geschieht durch die Freiheit des Menschen. Man könnte das bildlich so beschreiben: Der Wagen kann laufen, die Bremse dafür ist nur noch meine Freiheit, die ihn anhalten kann.

Der endgültige Sieg über Satan

Es folgt der endgültige Sturz Satans in Offb 20,7–10: *Wenn die tausend Jahre vollendet sind, wird der Satan aus seinem Gefängnis freigelassen werden. Er wird ausziehen um die Völker an den vier Ecken der Erde, den Gog und den Magog, zu verführen und sie zusammenholen für den Kampf; sie sind so zahlreich wie die Sandkörner am Meer. Sie schwärmten aus über die weite Erde und umzingelten das Lager der Heiligen und Gottes geliebte Stadt. Aber Feuer fiel vom Himmel und verzehrte sie. Und der Teufel, ihr Verführer, wurde in den See von brennendem Schwefel geworfen, wo auch das Tier und der falsche Prophet sind. Tag und Nacht werden sie gequält, in alle Ewigkeit.*

In den Versen 7 und 8 wird deutlich, dass im Menschen immer noch gleichsam die Antenne für das Böse da ist: *Wenn die tausend Jahre vollendet sind, wird der Satan aus seinem Gefängnis freigelassen werden. Er wird ausziehen um die Völker an den vier Ecken der Erde, den Gog und den Magog, zu verführen und sie zusammenholen für den Kampf; sie sind so zahlreich wie die Sandkörner am Meer.* Wenn also Satan wieder auszieht, kann er immer noch Menschen gewinnen. Er macht sich noch einmal allein ans Werk, da er keine Helfer mehr hat, spannt die politischen Mächte der Welt ein, hetzt sie gegeneinander auf, vor allem gegen die Heiligen und gegen Christi Kirche, die *geliebte Stadt.* Er kann – obwohl wir erlöst sind – alle Untugenden in uns Menschen gleichsam wieder aktivieren: Neid, Eifersucht, Stolz etc. Es gelingt ihm tatsächlich nach dieser langen Zeit des Friedens überall (Vier ist hier wieder die kosmische Vollzahl) einen Aufruhr zu entfesseln. Unübersehbar (so der biblische Vergleich: *Sandkörner am Meer*) sind die Massen, die sich als zweites Aufgebot Satans zusammenrotten und sich seinem Kommando zum letzten Angriff gegen Gottes Volk unterstellen.

Die Lage der Kirche erscheint zunächst wieder ganz hoffnungslos gegenüber dieser gewaltigen Heeresmacht, die das Lager der Heiligen umzingelt. *Sie schwärmten aus über die weite Erde und umzingelten das Lager der Heiligen und Gottes geliebte Stadt. Aber Feuer fiel vom Himmel und verzehrte sie. Und der Teufel, ihr Verführer, wurde in den See von brennendem Schwefel geworfen, wo auch das Tier und der falsche Prophet sind. Tag und Nacht werden sie gequält, in alle Ewigkeit.* (20,9f) Wie beim ersten Mal findet auch jetzt keine Schlacht statt. Gott greift wunderbar zur Befreiung seiner *geliebten Stadt,* seiner Kirche, ein, indem er durch Feuer vom Himmel die feindliche Übermacht im Nu vernichtet. Wir wissen nicht, auf welche Weise und wann das geschehen wird. Vermutlich wird es im eigentlichen Sinn keine Martyrer mehr geben, weil Gott selbst eingreift.

Mit diesem letzten Versuch ist das Geheimnis der Bosheit in seiner ganzen Grauenhaftigkeit, aber auch Ohnmacht vollständig enthüllt. Die Bösen wollen kämpfen, werden aber schon vorher in die Flucht gejagt. Die Niederlage Satans durch Tod und Auferstehung Christi wird jetzt auch geschichtlich offenkundig. Die kurze Zeit ist vorbei, in der er noch einmal seine Wut als schon Verdammter in der Kirche Christi auf Erden austoben durfte. Seine Trennung von Gott endet in ewiger Unglückseligkeit. Die satanische Dreieinheit – Drache (gleich Teufel), Tier und falscher Prophet – findet sich ohnmächtig in der ewigen Qual der Verworfenen. Jeder, der Satan oder Christus folgte, hat sich für eine ganze Ewigkeit entschieden. Das ist Wort Gottes, ist Lehre der Kirche.

Auch wenn manche bekannten Theologen vermuteten, die Hölle könne nicht ewig sein, weil die Barmherzigkeit Gottes größer sei, so bleibt dieses Gotteswort *(in alle Ewigkeit)* eindeutig. Deshalb müssen wir unruhig bleiben, solange wir nicht alles getan haben, um zu retten, was zu retten ist, vor allem durch unser alltägliches Leben, das wir in Treue zum Herrn leben. Aus all den kleinen Überwindungen, den kleinsten „Verdiensten", können wir sozusagen „himmlisches Kapital schlagen", Gnade zu den Menschen fließen lassen, damit sie gerettet werden. Unsere Stellvertretung für alle ist außerordentlich wichtig; wir können Gott um Erbarmen, Vergebung bitten und dadurch viele retten. Auch Christus vollzog stellvertretend für uns die Erlösung; so können auch wir stellvertretend füreinander eintreten. Vielleicht ist das uns Christen zu wenig bewusst.

Das letzte Gericht über alle Toten

Dann sah ich einen großen weißen Thron und den, der auf ihm saß; vor seinem Anblick flohen Erde und Himmel, und es gab keinen Platz mehr für sie. Ich sah die Toten vor dem Thron stehen, die Großen und die Kleinen. Und Bücher wurden aufgeschlagen; auch das Buch des Lebens wurde aufgeschlagen. Die Toten wurden nach ihren Werken gerichtet, nach dem, was in den Büchern aufgeschrieben war. Und das Meer gab die Toten heraus, die in ihm waren; und der Tod und die Unterwelt gaben ihre Toten heraus, die in ihnen waren. Sie wurden gerichtet, jeder nach seinen Werken. Der Tod und die Unterwelt aber wurden in den Feuersee geworfen. Das ist der zweite Tod: der Feuersee. Wer nicht im Buch des Lebens verzeichnet war, wurde in den Feuersee geworfen. (Offb 20,11–15) Der Sieg über das Böse wird – wie wir schon sagten – in der Weltgeschichte geschrieben. Es wird alles erlebbar sein.

Johannes schaut in Offb 20,11: *Dann sah ich einen großen weißen Thron und den, der auf ihm saß; vor seinem Anblick flohen*

Erde und Himmel, und es gab keinen Platz mehr für sie. Mit dem Satan ist jetzt der eigentliche Störfaktor, die letzte Ursache aller chaotischen Abläufe in der Weltgeschichte, aus der Schöpfung Gottes entfernt. Nun kann die Welt neu geordnet und vollendet werden in den *neuen Himmel, die neue Erde.* Alle Gerichte Gottes im Verlauf der Geschichte zielten letztlich auf die Wiederherstellung der heiligen Ordnung Gottes, seiner Gebote, nach denen der Mensch in Freiheit, Frieden und Glück leben kann. Die von der Sünde des Menschen entstellte Schöpfung (vgl. Gen 3,17) vergeht, wenn die Herrlichkeit Gottes zum Gericht erscheint. Dieses Weltende, das auch in Mk 13,24–27 ausgemalt ist, wird hier nur in wenigen Strichen gekennzeichnet: Himmel und Erde sind einfach vergangen. Übrig bleibt allein das Symbol des Gerichtes, der beherrschende große Thron im strahlenden Weiß der göttlichen Herrlichkeit. Auch hier wird, wie schon in Offb 4,2f, der Thronende aus Ehrfurcht nicht mit Namen genannt. Das schließt nicht aus, dass der Vater das Gericht durch den Sohn abhalten wird, was an verschiedenen Stellen der Schrift gesagt wird.

Noch einmal müssen alle Christus anerkennen als den Retter, Erlöser und Richter. *Ich sah die Toten vor dem Thron stehen, die Großen und die Kleinen. Und Bücher wurden aufgeschlagen; auch das Buch des Lebens wurde aufgeschlagen. Die Toten wurden nach ihren Werken gerichtet, nach dem, was in den Büchern aufgeschrieben war. Und das Meer gab die Toten heraus, die in ihm waren; und der Tod und die Unterwelt gaben ihre Toten heraus, die in ihnen waren. Sie wurden gerichtet, jeder nach seinen Werken.* (20,12f)

Die Unterwelt – Hölle

Die *Unterwelt* bedeutet hier *Hölle*. Keiner kann sich dem Gericht entziehen. Das muss für die Gegner Gottes ein schrecklicher Augenblick sein, wenn sie die Herrlichkeit Gottes schauen, den sie vollkommen ablehnen. *Hölle* bedeutet nämlich, dass man aus eigener Entscheidung von Gott fern sein will. Diese Menschen können nicht mehr lieben, es gibt für sie keine Beziehung mehr.

Alles, was eigentlich Gemeinschaft der Heiligen ist, was Leib Christi ist, ist dort ins Gegenteil verkehrt. In gewissem Sinne kann man darin noch die Liebe Gottes sehen, weil diese Menschen in der Ferne Gottes sein dürfen und weil es furchtbar für sie wäre, wenn sie ihn schauen müssten. Selbst da zeigt sich also noch die Barmherzigkeit Gottes. Es ist ja der Schmerz der Verdammten, geliebt zu sein und trotzdem hassen zu müssen. Vor dem göttlichen Richter gibt es kein Ansehen der Person, da steht jeder allein vor Gott, der das Urteil spricht.

Zweierlei Bücher (bildhaft gesprochen) geben die nötige Auskunft. Die eine Art ist in vielen Exemplaren vorhanden: *Und Bücher wurden aufgeschlagen; auch das Buch des Lebens wurde aufgeschlagen* (20,12).Vermutlich gibt es ein Buch für jeden Einzelnen, so könnte man es deuten. Die zweite Art enthält wohl die Namenslisten, sozusagen die „Bürgerliste des Himmels". Davon ist schon in Offb 3,5, ebenso in Offb 17,8 die Rede. Das Buch des Lebens wird auch *Lebensbuch des Lammes* genannt. (Offb 13,8) und Offb 21,27) Das andere Buch beschreibt wohl seine Werke, wie es schon in Dtn 7,10 steht. Auserwählung und Werke, Gnade und Mitarbeit, Berufung und deren persönliche Erfüllung, Wort und Tat müssen zusammengesehen werden, müssen übereinstimmen, wenn das Urteil positiv ausfallen soll. So ist das Endgericht nichts anderes als die universale Enthüllung der von jedem Menschen selbst getroffenen Entscheidungen. So etwas kann nur Gott, der alles in einem Augenblick durchschaut.

Entmachtung des Todes

Der Tod und die Unterwelt aber wurden in den Feuersee geworfen. Das ist der zweite Tod: der Feuersee. Wer nicht im Buch des Lebens verzeichnet war, wurde in den Feuersee geworfen. (20,14f). Zwei Mächte dieser Weltzeit, die ihre Existenz der Sünde verdanken, werden eigens erwähnt: Tod und Totenreich, hier als dämonische Wesen personifiziert. Sie werden als letzte Feinde aus der Schöpfung Gottes ausgeschlossen. Paulus drückt es so aus: *Der letzte Feind, der entmachtet wird, ist der Tod.* (1 Kor

15,26) Sie haben als Folge der Sünde die ursprüngliche Gestalt der Schöpfung verwüstet und verkehrt. Gott aber hat die Menschen zum Leben geschaffen und nicht zum Tod. Die Hölle, den hoffnungslosen Zustand der Verdammten in ewiger Pein, nennt die Apokalypse den zweiten Tod, aus dem es keine Auferstehung mehr gibt. *Und der Teufel, ihr Verführer, wurde in den See von brennendem Schwefel geworfen, wo auch das Tier und der falsche Prophet sind. Tag und Nacht werden sie gequält, in alle Ewigkeit.* (Offb 20,10)

Vollendung

Nun folgt die Schilderung der Vollendung in Offb 21,1–22,5. Jetzt brauchen wir keine Angst mehr zu haben, denn jetzt geht es nur noch um das wunderbare Licht. Wir erinnern uns noch einmal, dass es bei der ganzen Apokalypse wichtig ist, immer wieder das Ganze (Diesseits und Jenseits) zu sehen und gerade deswegen auch diesen wunderbaren Schluss der Apokalypse im Gedächtnis zu behalten.

Der Höhepunkt

In den beiden folgenden Versen dürfen wir den Höhepunkt des ganzen Buches sehen: *Dann sah ich einen neuen Himmel und eine neue Erde; denn der erste Himmel und die erste Erde sind vergangen, auch das Meer ist nicht mehr. Ich sah die heilige Stadt, das neue Jerusalem, von Gott her aus dem Himmel herabkommen; sie war bereit wie eine Braut, die sich für ihren Mann geschmückt hat.* (Offb 21,1f mit der erst 21,9 beginnenden Schilderung) Von der ersten Schöpfung ist nichts mehr übrig. Die neue Welt ist das himmlische Jerusalem. Menschlicher und göttlicher Lebensbereich sind jetzt ineinandergefügt, sind nicht mehr getrennt wie bisher. Das neue Jerusalem ist seinem Wesen nach eine transzendente, eine übernatürliche Wirklichkeit, die von Ewigkeit her bei Gott schon bestand. Das ist das, was auch Jesus immer wieder mit dem Königreich der Himmel, der βασιλεία τϖν οὐρανϖν meint. Was vor aller Zeit war, ist jetzt Gegenwart. Im zweiten Bild, nämlich dem der Braut, wird dieses neue Jerusalem als Kirche Jesu Christi gesehen. Hier sehen wir gleichsam die Innenseite dieses personalen Verhältnisses Christus – Kirche (= Bräutigam – Braut) als heilige Gemeinschaft.

Das Zelt Gottes unter den Menschen

Da hörte ich eine laute Stimme vom Thron her rufen: Seht, die Wohnung Gottes unter den Menschen! Er wird in ihrer Mitte wohnen, und sie werden sein Volk sein; und er, Gott, wird bei ihnen sein. (Offb 20,3) Diese *Wohnung Gottes* erinnert an die *Stiftshütte* der Wüste, wo die Israeliten noch keinen Tempel, sondern nur das heilige Zelt hatten, das Zelt Gottes unter den Menschen. Gott geht mit uns, zieht sich auch einmal zurück und ist dann wieder weiter mit uns. Gott öffnet hier nun das Allerheiligste des Tempels (das nur der Hohepriester einmal im Jahr betreten durfte) der gesamten Menschheit, dem neuen, wahren Israel, und schließt einen ewigen Bund mit ihm.

Glückseligkeit

Er wird alle Tränen von ihren Augen abwischen: Der Tod wird nicht mehr sein, keine Trauer, keine Klage, keine Mühsal. Denn was früher war, ist vergangen (20,4). Alles, was die Erfüllung der Seligkeit beeinträchtigen könnte, z.B. das tägliche Kreuz, alle Leiden, aller Fluch der Sünde kann es bei Gott nun nicht mehr geben. Das ist ja letztlich auch die Sehnsucht jedes Menschen, in diese Vollendung der Glückseligkeit zu kommen, in eine Vollendung der Liebe, der nichts mehr entgegensteht, auch keine Mühen (z.B. der Askese), bei denen man sich ständig überwinden muss. Jetzt gibt es nur mehr Seligkeit; man freut sich an jedem Menschen, jeder ist für den anderen nur bereichernd, ein wunderbares Geschenk. Jeden sozusagen „bissigen Kaktus“ zu lieben und jeden auch noch zu streicheln, das war im Leben nie angenehm. Jetzt aber ist alles Wünschen erfüllt; das können wir uns auch heute schon annähernd vorstellen, weil wir alle diese

Sehnsucht in uns haben. Deshalb lohnt es sich ja überhaupt erst zu leben! Die paar mühseligen Jahre, die wir hier auf der Erde zu leben haben, können wir in solchem Bewusstsein aushalten. Wir müssen nur auf das schauen, was wir ersehnen und alles nutzen, um recht viele Menschen für Gott zu gewinnen. Unsere körperlichen Beschwerden, die uns sowieso verfolgen, sollten wir – so weit möglich – vergessen. Wir bekommen einen viel schöneren Leib, einen – bildlich gesprochen – gleichsam vergoldeten mit Edelsteinen. Für uns ist es eine unbegreifliche Chance, unser Leben für viele einzusetzen, denn den *zweiten* Tod will ich dann nicht einmal meinem Todfeind wünschen. Ich werde Feindesliebe üben, indem ich sage: *Herr, ich möchte, dass selbst mein Todfeind gerettet wird. Die Hölle wünsche ich ihm nicht.* Maria lässt bei ihren Erscheinungen die Seherkinder manchmal in die Hölle schauen, damit sie motiviert sind, sich für die Rettung der Menschen einzusetzen. Das kann auch uns anspornen, wenn wir einmal einen solchen gleichsam heiligen Schrecken bekommen.

Gott selbst ergreift das Wort

Die Apokalypse lässt nun Gott zum ersten und einzigen Mal unmittelbar das Wort ergreifen: *Er, der auf dem Thron saß, sprach: Seht, ich mache alles neu. Und er sagte: Schreib es auf, denn diese Worte sind zuverlässig und wahr.* (Offb 21,5) Jetzt redet Gott selbst, *der auf dem Thron sitzt.* Das erste Wort Gottes in der Bibel lautet: *Es werde!* (Gen 1,3) Hier nun steht sein letztes Wort. Es wiederholt jenes erste, indem es vollendet, was durch das erste Wort ins Dasein gerufen ward: *Seht, ich mache alles neu.* Für dieses Wort der Vollendung verbürgt sich Gott feierlich und gebietet dem Seher, diese Botschaft schriftlich festzuhalten: *Schreib es auf!* Die Erfüllung seines ersten Wortes durch dieses letzte bringt tatsächlich das ersehnte Paradies auf Erden.

Wenn Gott nämlich spricht, geschieht etwas. *Er sagte zu mir: Sie sind in Erfüllung gegangen. Ich bin das Alpha und das Omega, der Anfang und das Ende. Wer durstig ist, den werde ich umsonst aus der Quelle trinken lassen, aus der das Wasser des Lebens strömt.* (20,6) Sein Wort ist immer zugleich Tat, wie es hier wörtlich heißt: *Sie sind in Erfüllung gegangen.* Wie bei der ersten Schöpfung in Gen 1,3ff wird das Wort Gottes auch bei der Neuschöpfung Wirklichkeit. Bei ihm, dem Ewigen, fallen Anfang und Ende der Welt zeitlich zusammen. Er ist als Schöpfer zugleich auch Vollender. Er steht am Beginn und ist auch das Ziel. Das meint die Formel *Alpha und Omega* den ersten und letzten Buchstaben im griechischen Alphabet, wie bei unserm das A und Z. Es folgt nun noch ein persönliches Wort an jeden: Wer den Durst nicht am Glück der Welt stillen konnte, wird jetzt umsonst vom Wasser des Lebens trinken können.

Schicksal der Treulosen

Dann kündet Gott auch das Schicksal all derer, die sich feige besiegen ließen, anstatt zu siegen. *Wer siegt, wird dies als Anteil erhalten: Ich werde sein Gott sein, und er wird mein Sohn sein. Aber die Feiglinge und Treulosen, die Befleckten, die Mörder und Unzüchtigen, die Zauberer, Götzendiener und alle Lügner – ihr Los wird der See von brennendem Schwefel sein. Dies ist der zweite Tod.* (Offb 21,7f) Das ist eine Drohung für die, die versagten; hier stehen die Feiglinge und die Ungläubigen an der Spitze des Lasterkatalogs, diejenigen, die aus ängstlicher oder grundsatzloser Nachgiebigkeit Gott die Treue gebrochen haben. Auch heute gibt es diese grundsatzlose Nachgiebigkeit, die alles bejaht, was Spaß macht, was nicht herausfordert; das sind diejenigen, die aus Geistesstolz Gott nicht wahrhaben wollten. Die anderen Treulosen werden zusammengefasst unter dem Stichwort *Lügner,* das sind die mit falscher Gesinnung, mit Falschheit in Wort und Tat. Man sieht hier ihre Geistesverwandtschaft mit dem *Vater der Lüge,* wie Johannes in Joh 8,44 den Teufel nennt. Wer diesem *Vater der Lüge* geistesverwandt ist, verdient daher auch dessen Schicksal. Das ist – wie wir bereits sahen – *der zweite Tod.* Zur Warnung kehrt diese Drohung im Folgenden noch zweimal wieder, in Offb 21,27 und in Offb 22,15: Wir sehen dort die gleiche Aufzählung der Sünden, und immer ist auch die Lüge dabei.

Die Vision der vollendeten Schöpfung

In drei farbigen Bildern wird in Offb 21,9–22,5 der vollkommene und beseligende Endzustand der Welt, aber auch der Endzustand der Menschheit entfaltet, zuerst die Außenansicht, das neue Jerusalem (Offb 21,5–21), dann das Stadtinnere dieses Jerusalem (Offb 21,21–27), dann das neue Paradies (Offb 22,1–5). Die letzte Schilderung ist am breitesten ausgeführt; man hat den Eindruck, dass sich Johannes nicht von diesem ihn beeindruckenden Schlussbild losreißen konnte.

Nun erscheint wieder einer der sieben Schalenengel, der Johannes in das neue Jerusalem entrückt: *Und es kam einer von den sieben Engeln, die die sieben Schalen mit den sieben letzten Plagen getragen hatten. Er sagte zu mir: Komm, ich will dir die Braut zeigen, die Frau des Lammes. Da entrückte er mich in der Verzückung auf einen großen, hohen Berg und zeigte mir die heilige Stadt Jerusalem, wie sie von Gott her aus dem Himmel herabkam, erfüllt von der Herrlichkeit Gottes. Sie glänzte wie ein kostbarer Edelstein, wie ein kristallklarer Jaspis.* (Offb 29,9-11)

Bei den Schalenvisionen wurde Johannes vom Engel in die Wüste geführt, jetzt auf einen hohen Berg, von dem aus er, wie damals Mose in Dtn 32,40, das Gelobte Land sehen kann. Das Alte Testament ist, wie wir schon öfter sahen, auch hier das Vorbild. Dem Seher wird jetzt die volle Erfüllung des alttestamentlichen Verheißungsbildes gezeigt, aber er schaut jetzt nicht mehr das Bild, sondern das endgültige, neue Jerusalem. Das ist natürlich auch für uns spannend, weil wir uns immer wieder fragen, wie es wohl im Himmel aussehen mag.

Die Braut

In Offb 17,1–3 sah Johannes die Hure, das Sinnbild des Abfalls von Gott und seinem Messias. Hier nun, wo ihn der Engel wiederum entrückt und auf den Berg stellt, zeigt er ihm die Braut, das Gegenbild der Hure. Das Lamm holt die Braut zum Hochzeitsmahl, dem Sinnbild der innigsten Lebensgemeinschaft zwischen Christus und der Kirche. Hier ist es die Erwählte, damals die Verworfene. Hier ist die Braut mit der heiligen Stadt Jerusalem gleichgesetzt, dort war die Hure mit der großen Stadt des Antichristen verbunden. Immer wieder sehen wir diese Parallelen.

In Vers 20,11 tritt das Bild der Braut zunächst hinter dem der Stadt zurück. Die Braut ist ja die heilige Stadt Jerusalem, die Johannes wie schon vorher Ezechiel in Ez 40,2 gezeigt bekam. Ezechiel sah sie nur verschwommen, Johannes schaut sie nun konkret. Das Wesentliche an der ganzen Stadt ist hier hervorgehoben, nämlich Gottes Herrlichkeit; seine doxa (δοξα) wohnt in ihr. Sie ist Ausdruck für die ganze Fülle und Schönheit Gottes, die wir nicht beschreiben können. Sie zieht nicht – wie bei Ezechiel – in dieser Stadt erst ein, sondern sie gehört wesenhaft zu ihr. Bei Ezechiel (Ez 43,2ff) hieß es: *...Und die Herrlichkeit des Herrn zog in den Tempel ein durch das Tor, ...Und die Herrlichkeit des Herrn erfüllte den Tempel.* Ezechiel sieht das Kommende, Johannes die Vollendung: Der Himmel Gottes ist im Bild des Diamanten ausgedrückt, der das Sonnenlicht in allen Farben sprühen lässt.

Die Mauer und die Maße der Stadt

In Offb 12–14 sehen wir die Mauer: *Die Stadt hat eine große und hohe Mauer mit zwölf Toren und zwölf Engeln darauf. Auf die Tore sind Namen geschrieben: die Namen der zwölf Stämme der Söhne Israels. Im Osten hat die Stadt drei Tore und im Norden drei Tore und im Süden drei Tore und im Westen drei Tore. Die Mauer der Stadt hat zwölf Grundsteine; auf ihnen stehen die zwölf Namen der zwölf Apostel des Lammes.*

Die Mauer ist immer beides, sie scheidet das Drinnen vom Draußen und umgekehrt. Es tauchen wieder die vier Himmelsrichtungen (Vierzahl!) hier auf, jede Mauer von drei Toren durchbrochen, die Drei hier als Symbolzahl des Göttlichen. Über den insgesamt zwölf Toren (zwölf – drei mal vier! – als die Symbolzahl der heilsgeschichtlichen Vollendung!) stehen gleichsam wie Hüter zwölf Engel. Diese Stadt muss zwar nicht mehr gegen Feinde geschützt werden; sie hat offene Tore, die einladen, in die strahlende Herrlichkeit hineinzutreten. Auf jedem Tor steht (wie bei Ez 48,31–34) der Name eines der zwölf Stämme Israels geschrieben. Auf den zwölf Fundamenten, die die Mauer tragen und zusammenhalten, stehen – in Parallele zum AT – die Namen der zwölf Apostel Christi. Sie sind die Fundamente des neuen Jerusalem. Die Einheit des alttestamentlichen und neutestamentlichen Gottesvolkes wird hier ganz deutlich.

Offb 21,15–17 bringt in Maßangaben ein Bild von der Himmelswirklichkeit: *Und der Engel, der zu mir sprach, hatte einen goldenen Messstab, mit dem die Stadt, ihre Tore und ihre Mauer gemessen wurden. Die Stadt war viereckig angelegt und ebenso lang wie breit. Er maß die Stadt mit dem Messstab; ihre Länge, Breite und Höhe sind gleich: zwölftausend Stadien. Und er maß ihre Mauer; sie ist hundertvierundvierzig Ellen hoch nach Menschenmaß, das der Engel benutzt hatte.*

Es handelt sich hier nicht um eine räumliche Vorstellung, sondern nur um ein Bild. Deshalb heißt es auch: *Und der Engel, der zu mir sprach, hatte einen goldenen Messstab.* Das deutet zeichenhaft an, dass wir hier gleichsam in himmlischen Dimensionen denken müssen, damit wir eine kleine Ahnung davon bekommen; deswegen bedient sich der Engel zwar der Messstäbe, die unter Menschen gebräuchlich sind. Aber mit ihnen lässt sich die überirdische Wirklichkeit nicht angemessen darstellen. Man kann nämlich das Unendliche nicht mit Endlichem vergleichen, es ist also nur ein vergleichsweise schwaches Bild.

Die Stadt wäre bei den angegebenen Längen, Höhen, Breiten und Tiefen ein gewaltiger quadratischer Würfel, der in der Antike das Bild der Vollkommenheit war. Ähnlich war auch die Form des Allerheiligsten in der Stiftshütte. Der Seher beschreibt hier also das Urbild und die Erfüllung dessen, was im Tempel Israels nur Bild und zugleich Verheißung war. Das Vorbild des Tempels benutzt Johannes, um die unendliche Wirklichkeit der Gottesstadt ahnen zu lassen. Die Kantenmaße von zwölftausend Stadien – eine Stadie sind 192 m – ergäben einen Kubus von riesigem Ausmaß, fast 2400 km hoch und breit. Damit sollen volle Ausgewogenheit und Vollkommenheit der Maße angedeutet werden: In der Zwölf und der Unermesslichkeit (Tausend) der neuen Wirklichkeit ist Gott selbst alles in allem. Im Paradox dieser Bilder soll eine (schwache) Vorstellung des Unvorstellbaren vermittelt werden.

Johannes legt großen Wert auf die Beschreibung der Mauer, die nicht dem Schutz dient, weil die Tore ja offen sind. Wir dürfen annehmen, dass mit dieser Schilderung der Mauer etwas von der Gottesherrschaft des Alten und Neuen Bundes auch in dieser ewigen Vollendung sichtbar bleibt: Gott ist der Schutz. Die menschliche Geschichte verschwindet nicht spurlos in der Ewigkeit, sie ist nicht einfach vorbei, sondern auf eine neue, gleichsam himmlische Weise noch gegenwärtig.

Schönheit und Kostbarkeit des Himmels

Über die folgende Beschreibung (Offb 21,18-21) könnte man leicht hinweglesen: *Ihre Mauer ist aus Jaspis gebaut, und die Stadt ist aus reinem Gold, wie aus reinem Glas. Die Grundsteine der Stadtmauer sind mit edlen Steinen aller Art geschmückt; der erste Grundstein ist ein Jaspis, der zweite ein Saphir, der dritte ein Chalzedon, der vierte ein Smaragd, der fünfte ein Sardonyx, der sechste ein Sardion, der siebte ein Chrysolith, der achte ein Beryll, der neunte ein Topas, der zehnte ein Chrysopras, der elfte ein Hyazinth, der zwölfte ein Amethyst. Die zwölf Tore sind zwölf Perlen; jedes der Tore besteht aus einer einzigen Perle. Die Straße der Stadt ist aus reinem Gold, wie aus klarem Glas.*

Johannes versucht hier über das Baumaterial etwas ins Bild zu bringen, wieder um uns wenigstens eine Ahnung zu vermitteln. Die Elemente sind wieder für uns unvorstellbar, sollen Vollkommenheit bedeuten. Die Stadt besteht aus purem *Gold* und die Mauer aus *Jaspis*. Menschlich gesprochen wäre das ein

Super-Reichtum, so könnte man sagen, das Edelste vom Edlen. Nur die schönsten und wertvollsten Werkstoffe der Erde taugen dazu, diese Fülle der himmlischen Herrlichkeit in etwa ahnen zu lassen. Es scheint fast unmöglich, das Geschaute auszudrücken. Es ist nicht einfach nur wie Gold, sondern es strahlt selbst so rein und licht wie durchscheinendes Glas. Das hört sich widersprüchlich an, wenn Gold so durchsichtig sein soll wie Glas. Der Seher erhöht noch auf diese Weise das himmlische Gold gegenüber dem irdischen. So unvorstellbar wie die Ausmaße, die wir vorher erfuhren, sind auch die Kostbarkeiten und die Schönheiten des neuen Jerusalem. Jeder einzelne der Grundsteine ist ein großer *Edelstein* und alle sind in ihrer Art verschieden, Bild der Mannigfaltigkeit, der Fülle. Primitives gibt es nicht bei Gott. Wie kostbar muss erst das Innere sein, wenn schon der Zugang so unvergleichlich schön und wertvoll ist!

Die *zwölf Edelsteine,* die Johannes hier nennt, waren auch auf der vergoldeten Brusttasche des Hohenpriesters zu finden; das ist ähnlich den zwölf sogenannten heilenden Steinen der hl. Hildegard. Da die heilige Stadt im Format des Allerheiligsten im Tempel, der Stätte der Gegenwart Gottes, gebaut ist, kann man vermuten, dass Johannes hier einiges aus dem Tempelkult als Erklärungsmittel benutzt hat. Das völlig abgeschlossene Allerheiligste, das der Hohepriester – wie gesagt – nur einmal im Jahr betreten durfte, ist jetzt die ganze heilige Stadt. Das kann im Grunde nur ein gläubiger Jude ein wenig nachvollziehen, was für ihn das Allerheiligste des Tempels bedeutete und was es hieß, in der Nähe der Gegenwart Gottes sein zu dürfen. Für ihn war die Bundeslade der einzige Ort, an den Gott seine Gegenwart gebunden hatte. Deshalb pilgerten ja die Juden nach Jerusalem. Jetzt aber ist dieses Allerheiligste, das vorher nie ein Mensch betreten durfte, jedem zugänglich! Für einen Juden war das unfassbar, was wir vielleicht gar nicht mehr so nachvollziehen können.

Johannes schreitet nun fort von der Außenschilderung weiter zum Inneren der Stadt. Wenn schon das Äußere so großartig ist, kann man das Innere gar nicht mehr erklären. Die Straße hinter dem Tor ist mit dem Material gepflastert, aus dem die ganze Stadt besteht: aus reinem Gold, durchsichtig wie Glas. Es lohnt sich, diese Bilder ein wenig zu betrachten und auf sich wirken zu lassen.

Was will uns Johannes mit dieser großartigen Schau des himmlischen Jerusalem sagen? Er schaut im Bild das, worauf wir zugehen, nämlich auf genau diese Stadt, das himmlische Jerusalem. Wir dürfen dazu auch sagen: die *Braut*, und das sind wir! Die Braut ist es hier, die herabsteigt, um mit dem Lamm Hochzeit zu halten. Das Paradies wird erst später geschildert. Diese Stadt ist die *Frau des Lammes* (21,9). Das erscheint unvorstellbar. Wir finden immer wieder diesen Wechsel von *Braut des Lammes zur heiligen Stadt Jerusalem* (ähnlich wie bei der *Hure Babylon zur Stadt Babylon*). Wir selbst sind es, die als das himmlische *Jerusalem,* die Braut, in diese Herrlichkeit eintreten. Darüber dürften wir uns eigentlich nur noch freuen! Da gibt es dann nichts und niemanden mehr, an dem man sich nicht ohne Maß freuen kann. Jeder ist in diesem Gastmahl des ewigen Lebens ein wunderbares Geschenk für die andern; wir dürfen uns ständig gegenseitig beschenken mit all dem, was Gott in jeden von uns hineingelegt hat.

Vielleicht sollten wir öfter unter diesem Aspekt die Schilderung der heiligen Stadt betrachten und dabei (im Bilde) an all die „stachligen Kakteen" denken, die jetzt noch um uns herum leben und wie die dann alle einmal „blühen" werden! Dann kann Gott uns vielleicht auch heute schon einmal einen Blick in das Innere dieser „Kakteen" geben, das wir so vielleicht noch gar nicht entdeckt haben, weil wir uns meist von ihrem Äußeren haben abstoßen lassen. Oft haben wir nämlich den Schatz im Herzen dieser Menschen noch nicht entdeckt, wie er hier in der Apokalypse im Bild der Braut und der heiligen Stadt geschildert wird. Wir bereiten uns ja auf die Hochzeit mit dem Lamme vor; dazu sind wir auf Erden!

XV. Das neue Jerusalem

Offb 21,22–22,21

Johannes schaut nun (21,22f) das *neue Jerusalem,* die Braut, die Frau des Lammes, die herabsteigt: *Einen Tempel sah ich nicht in der Stadt. Denn der Herr, ihr Gott, der Herrscher über die ganze Schöpfung, ist ihr Tempel, er und das Lamm. Die Stadt braucht weder Sonne noch Mond, die ihr leuchten. Denn die Herrlichkeit Gottes erleuchtet sie, und ihre Leuchte ist das Lamm.*

Die große Tempelanlage bildete das Stadtzentrum des alten Jerusalem, des alttestamentlichen Vorbilds für das Neue Testament. Im neuen Jerusalem nun gibt es keinen Tempel mehr, weil Gott auf Erden so gegenwärtig ist wie im Himmel. Jetzt ist die ganze Stadt wirklich das *Zelt Gottes unter den Menschen,* wie es auch in Offb 21,3 schon hieß. Wer im neuen Jerusalem eintritt, der bleibt nicht, wie im Allerheiligsten des alten Tempels, vor Gott stehen, sondern er steht in ihm. Er ist von Ihm umgeben. Er lebt in Ihm, wie es Paulus ausdrückt (Apg 17,28), oder wie es die Mystiker schon erleben dürfen, wenn sie schildern, was sie, ständig sich steigernd, erleben, nämlich die Einheit mit dem Vater, mit dem Sohn, mit dem Heiligen Geist. Sie versuchen auszudrücken, wie sie da hineingenommen sind in dieses flutende göttliche Leben. Es ist wirklich ein In-Gott-Sein.

Da ahnen wir etwas von dem, was in der Taufe schon in uns grundgelegt ist: Teilhabe an seinem Wesen. Sonne und Mond, diese irdischen Lichter sind überflüssig geworden, denn das ewige Licht der ständigen Gegenwart Gottes erleuchtet das neue Jerusalem; nun ist ewiger Tag, in dem die Herrlichkeit Gottes nicht abnehmen und auch nicht zunehmen kann, denn sie verträgt sich mit keiner Form der Finsternis. In dieser Stadt ist also (bildlich gesprochen) keine Spur der Dunkelheit, wie es Johannes schon in seinem Evangelium schreibt. Dunkelheit meint das Begrenzte, fehlender Sinn, fehlende Durchsicht usw. Wir werden dort vollkommen im Licht sein; nichts kann uns mehr unruhig machen, nichts uns verwirren. So weit ein Mensch in seinem

Leben Christus hat Gestalt werden lassen, so wird er auch im Himmel in dem Licht Christi erstrahlen. Diese schlichten Bilder zu betrachten, würde sich lohnen; dann könnten wir jetzt schon freudig ahnen, was es heißt, in Christus zu sein. Wir besitzen ja jetzt schon in uns diese Wirklichkeit, zwar noch im Verborgenen; dann aber in selbstverständlicher, sichtbarer Wirklichkeit!

Stadt des Lichtes

Die Verse 21,24–27 künden die Pracht dieser Stadt: *Die Völker werden in diesem Licht einhergehen, und die Könige der Erde werden ihre Pracht in die Stadt bringen. Ihre Tore werden den ganzen Tag nicht geschlossen – Nacht wird es dort nicht mehr geben. Und man wird die Pracht und die Kostbarkeiten der Völker in die Stadt bringen. Aber nichts Unreines wird hineinkommen, keiner, der Gräuel verübt und lügt. Nur die, die im Lebensbuch des Lammes eingetragen sind, werden eingelassen.*

Es ist nur noch Tag in diesem neuen Jerusalem, deshalb sind die Stadttore immer offen. Von dieser strahlenden Schönheit hatten schon die Propheten im Alten Testament geweissagt. Sie sahen die Völker der Erde von allen Seiten heranziehen in das Licht der Stadt Gottes. Missverständnisse zwischen den Nationen sind ab jetzt unmöglich, weil in der Klarheit des göttlichen Lichtes die Wahrheit aufleuchtet. Missverständnisse kommen bei uns heute meist aus Unkenntnis oder Teilkenntnis. Jetzt aber ist ewiger Friede. Unter den Völkern gibt es keinen Neid mehr auf Macht und Besitz; alle bringen ihre Reichtümer und Kostbarkeiten mit, um ihrem Gott zu huldigen. Alle sind einmütig in ihrem Dienst vor dem Allherrscher und bleiben so ewig einträchtig untereinander. Alles, was auf dieser Erde echt, gut, schön ist, wird im Himmel Gottes verewigt sein.

Diese bildlichen Hinweise erinnern uns daran, dass wir dort nicht etwa vergleichsweise mit Rucksack und Koffer ankommen und unsere Habseligkeiten wie etwa in ein Altersheim mitbringen. Jeder bringt all das dort ein, was Gott ihm an Kostbarem gegeben hat, etwa z.B. den Stein mit dem einmaligen Namen, einmalige Beziehungen, alles Einmalige. Ebenso bringen die Völker die Gaben mit, die Gott ihnen gegeben hat. Das sind ja auch übernatürliche Gaben. So wird alles eine Bereicherung für das Ganze sein. Wo man früher manchmal Krieg führte, um einander die materiellen Güter abzujagen, da wird es genau umgekehrt sein: Man wird sich gegenseitig beschenken. Alles, was wir bekommen haben, haben wir ja nur erhalten, um es für die anderen zu verwalten. Das könnten wir als wissende Christen heute schon einüben, *Verwalter der mannigfaltigen Gaben Gottes* (vgl. 1 Petr 4,10) zu sein. Wir sind nicht etwa Eigentümer, die mit anderen um das streiten, was jene mehr haben. Wie für den menschlichen Leib gibt es auch für die Pracht der Völker eine Auferstehung, bei der alle Werke Anteil erhalten an der Vollendung dessen, der sie bewirkte. Johannes will uns also dafür begeistern, dass wir uns rechtzeitig für eine solche Ewigkeit frohen Herzens entscheiden. Das will uns letztlich die Schilderung des *neuen Jerusalem* nahelegen, der Braut, die vom Himmel herabsteigt; es ist gleichzeitig auch eine Schilderung einer Kirche, wie sie Paulus in seiner Lehre von den Charismen darlegt: Jedes Glied am Leib dient dem andern (vgl. 1 Kor 12,25).

Das neue Paradies

Jetzt schauen wir in das neue Paradies in Offb 22,1–5: *Und er zeigte mir einen Strom, das Wasser des Lebens, klar wie Kristall; er geht vom Thron Gottes und des Lammes aus. Zwischen der Straße der Stadt und dem Strom, hüben und drüben, stehen Bäume des Lebens. Zwölfmal tragen sie Früchte, jeden Monat einmal; und die Blätter der Bäume dienen zur Heilung der Völker. Es wird nichts mehr geben, was der Fluch Gottes trifft. Der Thron Gottes und des Lammes wird in der Stadt stehen, und seine Knechte werden ihm dienen. Sie werden sein Angesicht schauen, und sein Name ist auf ihre Stirn geschrieben. Es wird keine Nacht mehr geben, und sie brauchen weder das Licht einer Lampe noch das Licht der Sonne. Denn der Herr, ihr Gott, wird über ihnen leuchten, und sie werden herrschen in alle Ewigkeit.*

Mit dem Paradies begann das erste Buch der Heiligen Schrift, die Genesis, und machte damit den Anfang der Geschichte Gottes mit der Menschheit. Mit dem Paradies schließt – nicht ohne Grund – das letzte Buch der Bibel und lässt so die Geschichte Gottes mit dem Menschen und des Menschen mit Gott wieder ausmünden in einen neuen glücklichen Anfang, dem kein Ende mehr gesetzt werden kann. Endzeit und Anfangszeit entsprechen einander. Die Stadt Gottes ist hauptsächlich – wie wir bereits sahen – als Stadt des „Ewigen Lichtes" gekennzeichnet. Sie wird nun mit Hilfe dieser Paradiesvorstellung zugleich als Stadt des „Ewigen Lebens" geschildert.

Im Vers 22,1 sieht Johannes nun den Lebensstrom am Thron Gottes und des Lammes entspringen. Der Urquell ewigen Lebens ist der Menschheit durch das *geschlachtete Lamm* von Neuem erschlossen. Leben ist hier nicht bloß als ein Vegetieren, Existieren, im Gegensatz zu tot sein zu verstehen, sondern es meint die *Fülle des Lebens,* alles, was zum Leben gehört. Für den orientalischen Menschen sind Glück und Liebe usw., Wasser und Leben untrennbar miteinander verbunden. Wo Wasser ist, da ist für ihn üppiges Wachstum; wo es fehlt, ist Wüste. Dieses Bild stammt auch aus der Gegend, in der Patmos liegt, das ja eine Felseninsel ist.

Lebensbäume

Die Verse 22,2f weisen auf die Lebensbäume hin, die es schon in der Genesis gab: *Zwischen der Straße der Stadt und dem Strom, hüben und drüben, stehen Bäume des Lebens. Zwölfmal tragen sie Früchte, jeden Monat einmal; und die Blätter der Bäume dienen zur Heilung der Völker. Es wird nichts mehr geben, was der Fluch Gottes trifft. Der Thron Gottes und des Lammes wird in der Stadt stehen, und seine Knechte werden ihm dienen.*

Im Paradies stand der Baum des Lebens in der Mitte. In Gen 3,22 wird er noch einmal genannt. Vom Baum des Lebens essen heißt: ewig leben. Johannes sieht aber gleichsam eine ganze Allee von

Bäumen, so wie Ezechiel in Ez 47,7. Sie bringen ununterbrochen Früchte, d.h. den Bewohnern des neuen Paradieses geht die Speise der Unsterblichkeit niemals aus. Ein weiteres Merkmal ist hier, dass ihre Blätter Heilkraft besitzen. Das finden wir schon bei Ezechiel (Ez 47,12). Aber Krankheiten und Tod, die Folgen des Sündenfluches sind, kann es im neuen Jerusalem nicht mehr geben. Es existiert nichts Verfluchtes mehr, nachdem der Urheber des Bösen, Satan, für alle Ewigkeit aus der neuen Welt ausgeschlossen bleibt. So wird uns in diesem Bild gesagt, dass die Menschen dort wirklich das neue Leben bewahren, nicht wie wir, die wir es empfangen und oft durch eigene Schuld wieder verscherzen. Der Himmel Gottes und die Welt der Menschen waren bisher zwei getrennte Wirklichkeiten: Johannes hat in der Apokalypse immer wieder (wie wir sahen) in den Himmel geschaut und dann wieder die irdische Wirklichkeit wahrgenommen. Diese beiden Realitäten sind jetzt wieder, wie am Anfang im Paradies, eins geworden. Ein Sündenfall wie im ersten Paradies ist nun für immer ausgeschlossen, weil der Mensch jetzt in der vollen Gotteserkenntnis ist. Da kann und will er ja nichts anderes mehr.

Vor Gottes Angesicht

Die Menschen stehen vor dem Angesicht des Allerhöchsten in treuer Dienstbereitschaft (Verse 22,4f). *Sie werden sein Angesicht schauen, und sein Name ist auf ihre Stirn geschrieben. Es wird keine Nacht mehr geben, und sie brauchen weder das Licht einer Lampe noch das Licht der Sonne. Denn der Herr, ihr Gott, wird über ihnen leuchten, und sie werden herrschen in alle Ewigkeit.* Alles ist nun erfüllt, was im ersten Paradies vorgebildet war, aber durch die Schuld des Menschen misslang; da kam es zur Trennung von Himmel und Erde in der Schöpfung. Die vor dem Thron Gottes und dem Lamme stehen, schauen nun Gott, wie er ist; das ist für sie der Inbegriff ihrer Seligkeit. Ihr Schauen meint hier nicht einfach nur ein Sehen; es ist ein Erkennen mit Verstand, Herz, in Liebe. Die in uns lebende, stets suchende Sehnsucht lässt uns jetzt nur noch ein wenig davon ahnen. Wir freuen uns vielleicht auf die nahenden Ferien oder auf das kommende Wochenende, aber wir spüren selbst, dass dies nicht die Erfüllung unserer Sehnsucht sein kann. Selbst wenn das Wochenende oder die Ferien ewig dauern würden, wäre uns das zu wenig. Man kann schließlich nicht ständig fernsehen oder lesen; es würde uns bald langweilig. So gibt es vieles im Leben, von dem wir meinen, es sei eine willkommene, glückliche Abwechslung; aber auch das langweilt uns bald wieder. Wir spüren da in uns die Sehnsucht, die in dieser Welt nicht erfüllt werden kann. Viele Menschen, die alles besitzen, die schon überall waren, wissen oft vor lauter Langeweile nicht, was sie noch tun sollen – manche bringen sich dann sogar um. Andere sammeln Geld, um etwa auf den Mond zu fliegen, weil sie etwas ganz Neues, Einmaliges erleben wollen und weil es für sie nichts mehr Neues auf dieser Welt gibt. Wenn wir aber auf diese unsere echte Sehnsucht schauen, dann ahnen wir vielleicht etwas von dem, was Johannes hier schildert. All das ist jetzt schon in uns, und jeder spürt, dass es sich in dieser irdischen Wirklichkeit nicht erfüllt.

Unerfüllte Sehnsucht – nun erfüllt

Wenn jemand z.B. verliebt ist, meint er vielleicht, das sei das Paradies auf Erden; wenn man sich dann aber länger kennt, wird auch das wieder alltäglich, und es kann sein, dass man froh wäre, wenn der Partner einmal in Ferien fahren würde, damit man wieder so etwas wie seine Ruhe hat. So schön das alles sein kann, so lieb man auch einander haben mag: Wir spüren trotz allem, dass uns das nicht ganz erfüllt. Aber es kann uns deutlich werden, welche große Sehnsucht in uns wohnt, die nichts und niemand auf dieser Welt erfüllen kann. Von dieser tiefen Sehnsucht müssen wir ausgehen. Würde sie nicht erfüllt, wäre der Mensch das einzig unvollendete Geschöpf dieser Welt. Alle Geschöpfe, Tiere wie Pflanzen, finden in dieser Welt ihre Vollendung, ihre ganze Erfüllung; nur der Mensch nicht. Erst die unmittelbare und ewige Lebensgemeinschaft mit Gott, dem Schöpfer und Erlöser, gibt sie ihm. Die Frau ist für den Mann z.B. – so könnte man sagen – ein schönes Versprechen, das sie nie erfüllen kann; aber das gerade ist ihre Gnade! Sie verspricht zwar das „Paradies“, kann es aber nicht geben. Dadurch weist sie über sich hinaus auf den, der nicht enttäuscht, der das erfüllen kann. So sind wir alle gleichsam Wegweiser, die über sich hinausweisen. Wir spüren dabei: Was uns ewig glücklich macht, muss eine personale Beziehung sein, die alles enthält: die tiefsten Erkenntnisse unseres Herzens, vor allem aber die Liebe. Diese Wahrheit sollten wir ständig in uns wachsen lassen. Die Mystiker, die manchmal schon über sich hinausschauen dürfen, meinen, dieses metaphysische Fühlen könne man in dieser Welt kaum mehr aushalten; trotzdem steigere es sich, wachse mehr und mehr.

Die Verklärung umgreift die gesamte Schöpfung Gottes. Der neue Himmel und die neue Erde werden dadurch Wirklichkeit, dass Gott alles in allem wird, wie es ja Paulus in 1 Kor 15,28 schreibt. Man kann hier nur staunen, was Paulus alles geschaut haben muss. Er sagt (sinngemäß) einmal: Ich kenne einen Menschen, der – ich weiß nicht, wie – in den dritten Himmel erhoben wurde. (vgl. 2 Kor 12,2ff) Er hat gewiss seine in den Briefen niedergeschriebenen Offenbarungen von Gott bekommen; aus sich selbst allein kann er das nicht haben. Zurzeit erleben die Heiligen und Seligen, die heute schon bei Gott sind, den neuen Himmel und die neue Erde noch nicht, denn diese sind noch nicht Wirklichkeit. Deswegen warten sie noch auf eine Erfüllung. Johannes schreibt: *Liebe Brüder, jetzt sind wir Kinder Gottes. Aber was wir sein werden, ist noch nicht offenbar geworden. Wir wissen, dass wir ihm ähnlich sein werden, wenn er offenbar wird; denn wir werden ihn sehen, wie er ist.* (1 Joh 3,2). Lassen wir uns in diese Spannung mit hineinnehmen! Die Zukunft Gottes begründet und bestimmt die ewige Zukunft des Alls.

Dreifache Beglaubigung des Offenbarungsbuches
(Offb 22,6–9)

Die Echtheit der Offenbarung bestätigt Vers 22,6: *Und der Engel sagte zu mir: Diese Worte sind zuverlässig und wahr. Gott, der Herr über den Geist der Propheten, hat seinen Engel gesandt, um seinen Knechten zu zeigen, was bald geschehen muss.* Hauptanliegen dieser Schlussbemerkung des Engels ist es, darauf hinzuweisen, dass diese Offenbarung echt und zuverlässig ist. Das wurde schon in Offb 19,9 gesagt. Ähnlich steht das auch in Offb 21,5. Dort hat sich die Bestätigung auf bestimmte Aussagen beschränkt. Es sei *Wort Gottes,* das für ganz bestimmte Dinge gelte. Hier aber geht es nun um das ganze Buch. Mit der Wendung, *was in Bälde geschehen muss,* wurde auch in der Einleitung Offb 1,1 das Thema des Buches genannt: *Offenbarung Jesu Christi...*

Nach Vers 22,7 könnte man – eingeschränkt – sagen, dass wir dort schon selig-, nicht heiliggesprochen werden: *Siehe, ich komme bald. Selig, wer an den prophetischen Worten dieses Buches festhält.* Das gilt also auch jetzt schon, wenn wir am hier gelesenen Wort Gottes festhalten, d.h. mit Verstand und Weisheit die Welt beobachten, nicht ängstlich, sondern mit Freude auf das, was uns verheißen ist.

Die zweite Bestätigung kommt dann von Christus her: *Siehe, ich komme bald!* Er bestätigt, dass er selbst es ist, der bald kommt. In den Versen 22,12 und Vers 22,20 wird diese Aussage noch einmal wörtlich wiederholt und bekräftigt. Je nach der Perspektive besagt diese Aussage eine Drohung oder eine drängende Mahnung oder auch eine Aufmunterung für den, der sie hört. Für den, der noch nicht umkehrte, ist es eine eindringliche Drohung: Jetzt wird es Zeit! Drängende Mahnung ist es für den, der noch zögert und Aufmunterung für den, der schon auf dem Wege ist. Es ist das seelsorgerliche Anliegen der Geheimen Offenbarung, für die Verfolgungszeit Mut zu machen, dass der Ausgang der Weltgeschichte bei Gott ist. Die Apokalypse will zur Treue aufrufen. Das wird jetzt zum Schluss noch einmal stark betont. Wenn die Geheime Offenbarung das alles nicht schildern würde, könnten wir leicht irre werden, wenn alles Fürchterliche eintritt. Wäre der Blick nur in den Himmel gerichtet, würde uns das in der irdischen Wirklichkeit eintretende Gegenteil aus der Fassung bringen. Deshalb wurde uns mit den Schalen, Siegeln und Visionen auch in aller Radikalität offenbart, womit wir rechnen müssen, immer aber wissend, dass das im christlichen Leben sozusagen ganz „normal" ist. Dann die Verse 22,8f: *Ich, Johannes, habe dies gehört und gesehen. Und als ich es hörte und sah, fiel ich dem Engel, der mir dies gezeigt hatte, zu Füßen, um ihn anzubeten. Da sagte er zu mir: Tu das nicht! Ich bin nur ein Knecht wie du und deine Brüder, die Propheten, und wie alle, die sich an die Worte dieses Buches halten. Gott bete an!*

Dritter Bürge für die Echtheit der Schrift ist Johannes selbst. Johannes ist Augen- und Ohrenzeuge von allem gewesen und zeichnete alles im Auftrag Christi auf. Er nennt sich ganz schlicht *Johannes.* Man kennt ihn in den Gemeinden, an die das Buch gerichtet ist, gut und weiß, dass man sich auf ihn verlassen kann. Er war in diesen Gemeinden tätig, bevor er in die Verbannung kam, und danach wieder. Er fügt hier noch ein persönliches Echtheitszeugnis hinzu, indem er schildert, wie er vom ganzen überwältigt ist und sogar den Engel anbeten will. Damit weist er auf den Abgesandten Gottes hin. Der Engel bestätigt noch einmal die prophetische Berufung des Johannes. Wer die Anweisungen dieser prophetischen Verkündigung ernstnimmt und sich daran hält, tritt nach diesen Worten in die Reihe der Engel und der Propheten ein. So ist es auch für uns wichtig und entscheidend, dieses letzte Buch der Hl. Schrift ernstzunehmen und immer wieder zu betrachten.

Auftrag und Mahnungen Christi

Vers 22,10: *Und er sagte zu mir: Versiegle dieses Buch mit seinen prophetischen Worten nicht! Denn die Zeit ist nahe.* Er soll – heißt es – das Buch nicht für eine unbestimmte Zeit aufheben. Daniel wurde damals nämlich die Veröffentlichung seiner Visionen verboten. (Dan 8,26) Hier bei Johannes dürfen die gleichen Visionen nicht versiegelt, also geheimgehalten werden, denn *die Zeit ist nahe.* Die damals bei Daniel noch ferne Zeit ist jetzt nahe, deswegen muss Johannes diese Visionen sofort bekanntmachen. Daniels Auftrag und Weisung haben sich, wie gesagt, auf eine spätere Zeit bezogen. Dan 2,26 ließ die Deutung noch offen. Die Visionen des Johannes aber sind auch für die Kirche der

Gegenwart zur Orientierung und Stärkung wichtig, weil sie als Prophetien die wahre Geschichte im Weltgeschehen aufdecken. Sie benennen Hintergründe und das, womit man rechnen, worauf man achten muss. Der Prophet erklärt die Gegenwart, indem er das Endziel des ganzen Geschichtsweges, also den Himmel, das Paradies, mit einbezieht. Der Sinn der Gegenwart ist die Entscheidung für Christus; alles drängt darauf hin, die Menschen zur Vernunft zu bringen, damit sie ihr Endziel erreichen, das in der Geschichte Jesu Christi zum Vorschein kam. Das Christusgeschehen ist ein vorausgreifendes Ereignis, in dem die Zukunft zu sehen ist und vorweggenommen wird. In Tod und Auferstehung Jesu sind Ende der alten und Anfang der neuen Welt bereits gesetzt. In dem verklärten Christus ist die ewige Zukunft der Schöpfung zum ersten Mal in dieser Weltzeit sichtbar geworden. In Christus, der die ganze Schöpfung in sich aufgenommen hat, ist die zweite göttliche Person mit dieser Schöpfung in ihrem Leib bereits in die Herrlichkeit eingegangen. Damit hat er etwas vollkommen Neues begonnen, was für uns alle bestimmt ist. Diese Zukunft Gottes wird nach außen in Erscheinung treten bei der Wiederkunft des verklärten Herrn. Sie ist jetzt noch verborgen bei uns, aber doch schon in der Geschichte wirksam, denn in Christus sind wir eigentlich schon in der Herrlichkeit. Darüber spricht das wunderbare Wort im Kolosserbrief: *Wenn Christus, unser Leben, offenbar wird, dann werdet auch ihr mit ihm offenbar werden in Herrlichkeit.* (Kol 3,4) In Christus ist sie schon bei seiner Verherrlichung auf Tabor, dann auch bei der Auferstehung offenbar geworden. Wir können deswegen von uns sagen: Die Zukunft ist schon in uns, unter uns. *Das Reich Gottes ist schon mitten unter euch,* sagt das Wort Gottes (Lk 17,21). Diese Wirklichkeit verlieren wir leider immer wieder zu schnell aus den Augen, weil sie unseren Augen verborgen ist. Aus dem Wissen um die sichere Zukunft Gottes, die uns durch Christus zugesichert ist, versteht christliche Prophetie die Gegenwart zu deuten, weil alles dem Endziel Gottes dienen muss. Alle bildhaften Berichte der Geheimen Offenbarung versuchen das Weltgeschehen durchsichtig zu machen hin auf die verborgene Wirklichkeit des Reiches Gottes in uns.

Klare Fronten, klare Entscheidung

In Vers 22,11 setzen sich die Fronten klar gegeneinander ab: *Wer Unrecht tut, tue weiter Unrecht, der Unreine bleibe unrein, der Gerechte handle weiter gerecht und der Heilige strebe weiter nach Heiligkeit.* In der Endzeit ist die Scheidung der Geister voll im Gange, die Guten und Bösen setzen sich klar gegeneinander ab. Der Mensch plant und baut seine Zukunft selbst. Kraft seiner Freiheit setzt er Taten, die seine Zukunft sozusagen im Voraus entwerfen. Deshalb heißt es hier: *Wer Unrecht tut, tue weiter Unrecht.* Das heißt nicht, dass Gott das so will, sondern es ist hier ein Ausdruck für die klare Scheidung. Der Mensch wird im Gericht vor Gott als die Person stehen, zu der er sich selbst machte. Die Bösen verscherzen die ewige Herrlichkeit des Gottesreiches; sie können nicht darin sein, weil sie es – wie wir schon sagten – selbst nicht wollen. Da dürfen wir uns nicht von gegenteiligen Aussagen blenden lassen. Wenn der Mensch nur im Augenblick des Todes erkennen und erst dann sich nur für Gott entscheiden könnte, brauchten wir nicht 70 oder 80 Jahre zu leben, weil das unlogisch wäre. Jesus verkündet oft, dass das Leben hier die Entscheidung sei. Das Wort, das sie gehört haben, hat sie gerichtet. Ähnlich drückt es Jesus im Gleichnis aus, wenn er beispielsweise sagt: *...dann ist die Tür verschlossen.* Es gibt ein „Zu spät“. Es ist natürlich der Wunsch jedes Menschenherzens, genügend Zeit zur Entscheidung und Vorbereitung zu haben. Aber die haben wir ja in 70, 80 Jahren unseres Lebens. Jeder bekommt ja so viel Gnade, dass er gerettet werden kann! Das ist Dogma der Kirche. Ebenso ist auch das Maß der Liebe Christi. Das Läuten der Glocken kann manchen Schläfer wecken und ihm den Gedanken eingeben: Du könntest ja mal... Das kann Gott benutzen; es kann aber auch sein, das sich der Schläfer umdreht und weiterschläft. Dann war der Impuls da – ohne Erfolg – vielleicht sogar sehr oft. Gott klopft immer wieder an. Es ist unwahrscheinlich, dass ein Mensch nie eine Chance bekommt. Das wird hier deutlich ausgesagt.

Vers 22,12: *Siehe, ich komme bald, und mit mir bringe ich den Lohn, und ich werde jedem geben, was seinem Werk entspricht.*

Diese Ankündigung seines baldigen Kommens hatte ja die Bedeutung einer Gerichtsdrohung. Der Herr kommt mit Lohn und er teilt ihn zu.

Vers 22,13: *Ich bin das Alpha und das Omega, der Erste und der Letzte, der Anfang und das Ende.* Zum Gericht wird Christus in seiner göttlichen Herrlichkeit erscheinen und das Urteil mit göttlicher Vollmacht sprechen. Mit dem Titel *das Alpha und das Omega, der Erste und der Letzte, der Anfang und das Ende* ist klargestellt, warum Gott (und ebenso Christus) Gericht halten können. Christus, genauso wie der Vater, nehmen das Wort in Anspruch: *Ich bin das Alpha und das Omega, der Anfang und das Ende.* Vater und Sohn sind eins. Das ist die Ankunft in Herrlichkeit, bei der die Menschen sich entscheiden müssen, bei der die Erlösung durchbricht, bei der die Menschen offen sind für das Wort, bei der Evangelisation geschehen kann auf der ganzen Welt und alle Christus finden können: Das ist der Abschluss dieser Welt!

Ein Lasterkatalog

Dann folgen die Verse 22,14f: *Selig, wer sein Gewand wäscht: Er hat Anteil am Baum des Lebens, und er wird durch die Tore in die Stadt eintreten können. Draußen bleiben die «Hunde» und die Zauberer, die Unzüchtigen und die Mörder, die Götzendiener und jeder, der die Lüge liebt und tut.* Auch hier wird, wie früher schon, die Lüge erwähnt. Hier ist ebenso die siebte und letzte Seligpreisung der Apokalypse, eine Warnung vor dem Gericht und eine Ermahnung, dafür bereit zu sein. Wie es vorher schon einmal hieß, haben die ein förmliches Anrecht auf das Paradies, welche die Frucht des Sühnetodes Christi annahmen. *Sie haben ihre Gewänder gewaschen und im Blut des Lammes weiß gemacht.* (Offb 7,14) Um den Ernst dieser Entscheidung auf den Schluss hin noch einmal bewusst zu machen, folgt hier gleichsam ein vorausgenommenes Verdammungsurteil, und zwar über alle, die aus eigener Schuld die Straße der heiligen Stadt Jerusalem ins Paradies verfehlten. Es ist wieder ein Lasterkatalog, der im

Wesentlichen mit dem von Offb 21,8 übereinstimmt. Die mit Gräuel befleckten werden hier *die Hunde* genannt. *Hund* ist im Orient bis zum heutigen Tag ein häufiges, sehr schweres Schimpfwort. Außerdem werden die Lügner hier genau gekennzeichnet als solche, die in Gesinnung und Tat gelogen haben: *Der die Lüge liebt und tut.* Wir können nie genug darauf achten, dass wir immer wahrhaftiger werden, wahrhaftig in Wort und Tat, in allem, vor allem dass wir nicht nur so tun, als ob... usw. Es ist schön, einem wahrhaftigen Menschen zu begegnen, nicht aber einem, bei dem man nie weiß, wo man dran ist, der sowohl in seinem Wort als auch in seiner Haltung immer zweideutig ist. Von einem unwahrhaftigen Menschen fühlt man sich auch nicht angenommen, man hat kein Vertrauen zu ihm, es kommt zu keiner Beziehung, man fühlt sich in seiner Nähe nicht wohl. Das alles ist die Art des *Vaters der Lüge.* Es gibt viele Anstandsformen, die lügen. Wenn z.B. eine Mutter zu ihrem Kind sagt: Geh an die Türe und sage, die Mama ist nicht zu Hause. Das Kind könnte dann – weil es von Natur aus wahrhaftiger ist, melden: Die Mama hat gesagt, ich soll dir sagen, sie ist nicht da. Wieso muss die Mutter denn lügen? Sie könnte doch sagen: *Ich bin da, aber ich habe jetzt keine Zeit. Komme in einer Stunde wieder.* Wäre der Läutende dann beleidigt, dann ist das sein Problem und nicht ihres. Wird ihm das ehrlich und in Liebe gesagt, und er ist darüber böse, dann muss er sich überlegen, wo bei ihm die Ursache liegt, dass er das nicht akzeptieren kann.

Dann Vers 22,16: *Ich, Jesus, habe meinen Engel gesandt als Zeugen für das, was die Gemeinden betrifft. Ich bin die Wurzel und der Stamm Davids, der strahlende Morgenstern.* Mit *Gemeinde* ist hier Kirche gemeint. In zwei knappen Ich-Aussagen schließen nun die Worte Jesu. Sie verknüpfen das Ende mit dem Anfang des Buches. Jesus bezeugt sich hier als der Urheber dieser Offenbarung. Mit dem zweiten Selbstzeugnis wird das erste dann begründet, indem nun die Stellung Jesu in der Heilsgeschichte anhand der alttestamentlichen Verheißungen ins Gedächtnis gerufen wird. *Ich bin die Wurzel Davids.* In Jes 11,1 lesen wir, ein förmliches Anrecht auf das Paradies hätten die, welche die Frucht des stellvertretenden Sühnetodes Christi annahmen. Jesus bezieht sich auf Prophetien des Alten Bundes, die in ihm erfüllt wurden. Er ist außerdem aus dem Stamm Davids, d.h. der Nachkomme, in dem sich alle messianischen Verheißungen erfüllen, die Gott dem König David gegeben hat. Dazu passt dann auch die dritte Selbstbezeichnung als *Morgenstern: Ich bin der strahlende Morgenstern.* Sie nimmt höchstwahrscheinlich Bezug auf die Weissagung Bileams in Num 24,17. Der Stern, der in Jakob aufgeht, ist der Morgenstern.

Die Worte Vers 22,17 sind eine Art Schlussgruß, sind Ausdruck der Sehnsucht nach der baldigen Ankunft Christi, aber auch Warnung vor Verfälschung dieser schriftlich niedergelegten Offenbarung. *Der Geist und die Braut aber sagen: Komm! Wer hört, der rufe: Komm! Wer durstig ist, der komme. Wer will, empfange umsonst das Wasser des Lebens.*

Der Geist und die Braut

Wir hörten im bisher angeschauten Schlusswort die Worte Christi, des Offenbarungsengels und des Sehers Johannes. Nun kommen noch zwei weitere Stimmen hinzu, nämlich die Stimme des Geistes und die Stimme der Braut. Die Braut begegnete Johannes schon als Sinnbild der Kirche im Himmel und der Kirche auf Erden. Der Geist, der ja in Offb 2,7 zu den Kirchen sprach und jetzt in Offb 22,6 durch die prophetischen Worte des Sehers redet, macht sich die Bitte der Kirche ganz zu eigen. Man darf in der Braut – wie wir schon sagten – beides sehen: die Kirche und auch Maria, die ja Urbild und Mutter der Kirche ist. Christus hatte seiner Kirche auf Erden den Heiligen Geist als Anwalt (Joh 16,7) zugesagt, der sich nach den Worten des heiligen Paulus der menschlichen Schwachheit annimmt und die Anliegen der Christgläubigen vor Gott in rechter Weise vertritt (Röm 8,26). Hier nun übernimmt der Geist die Bitte der Braut und macht sie sich zu eigen. *Der Geist und die Braut aber sagen: Komm! Wer hört, der rufe: Komm!* Wir sollen den Ruf der Braut und des Geistes gleichsam aufnehmen und weitertönen lassen. So können wir auch in der gesamten Theologie der Heilsgeschichte feststellen: Den Geist und die Braut, Maria, können wir nicht voneinander trennen. Beide haben die Menschwerdung Christi bewirkt. Unter dem Kreuz empfängt Maria in der Kraft des Wortes Gottes die Kirche, den Leib Christi, den mystischen Leib Christi (Joh 19,27). Wenn Jesus sagt: *Siehe, deine Mutter!* ist das ein göttliches Wort, das bewirkt, was es sagt (vgl. Jes 55,11). Ebenso empfängt Maria den Leib Christi im Pfingstsaal mitten unter den Jüngern (das wird eigens betont); der Hl. Geist und sie bringen wieder gemeinsam den Leib Christi, den mystischen Leib, hervor, nämlich die Kirche – es ist gleichsam ihre Geburtsstunde. So sehen wir immer wieder in der Hl. Schrift und der Heilsgeschichte das gemeinsame Wirken Mariens und des Geistes, dann auch der Kirche und des Geistes.

In den Versen 22,18f sichert Johannes die Offenbarung vor Fälschungen: *Ich bezeuge jedem, der die prophetischen Worte dieses Buches hört: Wer etwas hinzufügt, dem wird Gott die Plagen zufügen, von denen in diesem Buch geschrieben steht. Und wer etwas wegnimmt von den prophetischen Worten dieses Buches, dem wird Gott seinen Anteil am Baum des Lebens und an der heiligen Stadt wegnehmen, von denen in diesem Buch geschrieben steht.* Wie das Gesetz des Alten Bundes gegen Streichungen und Zusätze in Dtn 4,2 oder Dtn 13,1 abgesichert worden ist, so macht es Johannes abschließend auch hier.

Das letzte Wort des Offenbarungsbuches spricht nun Jesus selbst in 22,20: *Er, der dies bezeugt, spricht: Ja, ich komme bald. – Amen. Komm, Herr Jesus!* Er antwortet auf die Bitte, welche die Braut im Heiligen Geist an ihn richtete, indem er sein baldiges Kommen zusagt. Der hl. Vinzenz Pallotti forderte deswegen immer wieder dazu auf, wir sollten – sozusagen als „Braut" – bitten, dass das Kommen des Herrn beschleunigt werde. Es geht hier um den Ruf: *Maranatha! Komm, Herr Jesus!*, bei dem sich der Geist unserer Bitte annimmt, mit uns ruft und Jesus antwortet: *Er, der dies bezeugt, spricht: Ja, ich komme bald.* Die wartende Braut, die Kirche, antwortet darauf mit *Amen* und fügt noch das *Maranatha* hinzu, d.h. *Amen. Komm, Herr Jesus!*

Wer also mit Glaubensgewissheit den kommenden Herrn erwartet und in dieser Hoffnung seines Daseins wahrhaft froh wird, dazu noch in liebendem Verlangen die Vollendung der Gottesherrschaft für die Welt herbeisehnt und erbetet (z.B. auch im Vaterunser: *Dein Reich komme!*), der hat die Botschaft des letzten Buches der Offenbarung Gottes erfasst. Im Vaterunser klingt die ganze Apokalypse mit: *Dein Reich komme!* Das ist das Rufen der Braut, zusammen mit dem Geist und in der Kraft des Geistes.

Die Apokalypse, ein Buch für das Leben

Der letzte Vers 22,21 lässt uns (nochmals) spüren, dass wir einen Brief gelesen haben: *Die Gnade des Herrn Jesus sei mit allen!* Dieser Segens-Gruß (wie am Anfang) gilt auch uns, die wir jetzt auf die Botschaft gehört haben und sie (hoffentlich) nicht vergessen werden. In der Geheimen Offenbarung ist, wie am Anfang gesagt wurde, das ganze Evangelium mit den alttestamentlichen Prophetien aufgenommen und verdeutlicht.

Vor allem ist die Apokalypse das Buch, das uns durch das Leben begleitet, das uns Hinweise und Ausblicke gibt für das, was ist und was kommen wird. Wir können miteinander und füreinander bitten, dass Gott uns immer mehr die Sensibilität schenkt, dass wir in dieser Hoffnung nicht gleich hinter allen unglücklichen Ereignissen ängstlich so etwas wie Weltuntergänge vermuten. Wir lernen dort, auf die großen Linien in der Weltgeschichte, in der Politik, in der Wirtschaftsgeschichte, offen hinzuhören, alles aber auch besser zu hören als andere Menschen, ohne uns gleich festzulegen: Wir sollen nur hellhörig werden, um im entscheidenden Augenblick nicht auf etwas hereinzufallen, weil wir immer den Blick auf unser Ziel behalten.

Wichtig ist für uns vor allem der Ruf: *Komm, Herr Jesus!* und seine Antwort: *Ja, ich komme bald!*

Das II. Vatikanische Konzil über die göttliche Offenbarung. Dei Verbum (DV)

Das II. Vatikanische Konzil hat 1965 ein Dokument gebilligt, das die große Bedeutung des WORTES GOTTES (d.h. Dei Verbum) für das Leben eines jeden Christen herausstellt. Wie wichtig das ist, sehen wir auch daran, dass im Oktober 2008 sich eine **Weltbischofssynode** mit dem Thema: **„Das Wort Gottes im Leben und in der Sendung der Kirche"** befasste. Der Heilige Vater, Papst Benedikt XVI., betonte in seiner Predigt zur Eröffnung des Synode (am 5.10.08): „Wenn Gott spricht, fordert Er immer zu einer **Antwort** heraus; Sein Heilswirken erfordert die **Mitwirkung** des Menschen; Seine Liebe wartet auf eine **Erwiderung**." (Osservatore Romano, 6./7.10.2008) Und er fährt fort mit einem Wort des hl. Hieronymus: „Wer die Schriften nicht kennt, kennt weder die Macht Gottes noch seine Weisheit. **Die Schrift nicht kennen, heißt Christus nicht kennen.** (Prolog zum Jesajakommentar: PL 24,17)" (ebd.) Und weiter sagt der Papst: „Wir spüren alle, wie notwendig es ist, das Wort Gottes **in den Mittelpunkt unseres Lebens** zu stellen, Christus als unseren einzigen Erlöser, als das Reich Gottes in Person anzunehmen, so dass sein Licht jeden Bereich des menschlichen Lebens erleuchte..." (ebd.)
In gleicher Weise betonte das Konzil: „Dem offenbarenden Gott ist der **‚Gehorsam des Glaubens'** (Röm16,26; vgl. Röm 1,5; 2 Kor 10,5-6) zu leisten." (DV Nr. 5).
Über die Auslegung der Schrift (was uns in diesem Zusammenhang besonders bewegt), sagt das Konzil: „Da Gott in der Heiligen Schrift durch Menschen nach Menschenart gesprochen hat, muss der Schrifterklärer, um zu erfassen, was Gott uns mitteilen wollte, sorgfältig erforschen, was die heiligen Schriftsteller wirklich zu sagen beabsichtigten und was Gott mit ihren Worten kundtun wollte" (DV Nr. 12).

Das Konzil fährt fort: „Will man richtig verstehen, was der heilige Verfasser in seiner Schrift aussagen wollte, so muss man schließlich genau auf die vorgegebenen umweltbedingten Denk-, Sprach- und Erzählformen achten, die zur Zeit des Verfassers herrschten, wie auf die Formen, die damals im menschlichen Alltagsverkehr üblich waren“ (DV Nr. 12) „Aufgabe der Exegeten ist es, ...auf eine **tiefere Erfassung und Auslegung des Sinnes der Heiligen Schrift** hinzuarbeiten, damit so gleichsam aufgrund wissenschaftlicher Vorarbeit das Urteil der Kirche reift. Alles, was die Art der Schrifterklärung betrifft, untersteht letztlich dem Urteil der Kirche,...“ (DV Nr. 13)

Um diese Texte zu verstehen, braucht man dazu das Gebet, was das Konzil so ausdrückt: „Darin (d.i. im Glauben) überantwortet sich der Mensch Gott als ganzer in Freiheit, indem er sich ‚dem offenbarenden Gott mit Verstand und Willen voll unterwirft' und seiner Offenbarung willig zustimmt. Dieser Glaube kann nicht vollzogen werden ohne die **zuvorkommende und helfende Gnade Gottes** und ohne den inneren **Beistand des Heiligen Geistes,** der das Herz bewegen und Gott zuwenden, die Augen des Verstandes öffnen und es jedem leicht machen muss, der Wahrheit zuzustimmen und zu glauben. Dieser Geist vervollkommnet den Glauben ständig durch seine Gaben, um das Verständnis der Offenbarung mehr und mehr zu vertiefen“ (DV Nr. 5).

Die oben erwähnte Weltbischofssynode erwähnt als Hilfe (neben vielen anderen Möglichkeiten) die sog. **Lectio divina** „als betende Lesung im Heiligen Geist, die fähig ist, dem Gläubigen den Schatz des Wortes Gottes zu eröffnen, aber auch Begegnung mit Christus, dem lebendigen göttlichen Wort, zu bewirken.“ Diese Lectio divina beschreibt sie wie folgt: „Sie beginnt mit der **Lektüre** (lectio) des Textes, die eine Frage der echten Kenntnis seines wirklichen Inhalts hervorruft: Was sagt der biblische Text an sich? Es folgt die **Meditation** (meditatio), bei der die Frage lautet: Was sagt uns der biblische Text? So geht man zum **Gebet** (oratio), das eine weitere Frage voraussetzt: Was sagen wir zum Herrn als Antwort auf sein Wort? Und sie schließt mit der **Kontemplation** (contemplatio), während der wir als Geschenk Gottes die Realität mit seinem Blick betrachten und uns fragen:

Um welche Bekehrung des Geistes, des Herzens und des Lebens bittet der Herr uns?“

Deswegen habe ich die 15 Kapitel in viele **Überschriften** unterteilt, damit jeder bei solcher Lektüre (lectio divina) einzelne ihn berührende und für ihn wichtige Fragen aufgreifen kann, die er im Alltag, der ihn mit Arbeiten und Verpflichtungen fordert, nacheinander bearbeiten kann.
Immer aber sollte jegliche Lektüre mit einem Gebet um den von Jesus verheißenen Heiligen Geist beginnen, der uns in die Wahrheit und in der Wahrheit führen soll und kann (vgl. Joh 16,13).

Helmut Arz UAC
Studiendirektor